정보관리기술사 &
컴퓨터시스템응용기술사

Information Management
Computer System Application

vol.8 | **데이터베이스**

권영식 지음

성안당

www.cyber.co.kr

저자소개

저자 권영식

- 성균관대학교 정보보호학과 졸업(공학석사)
- 삼성종합기술원 연구원
- 삼성전자 선임/책임/수석연구원
- 국립공원공단 정보융합실장
- 컴퓨터시스템응용기술사
- 정보시스템수석감리원
- 정보통신특급감리원
- 정보통신특급기술자
- 과학기술정보통신부 IT 멘토
- 데이터관리인증심사원(DQC-M)
- 韓(한)·日(일)기술사 교류회 위원
- http://cafe.naver.com/96starpe 운영자

정보관리기술사
컴퓨터시스템응용기술사
- vol. 8 데이터베이스

2015. 10. 12. 초 판 1쇄 발행
2019. 3. 15. 개정증보 1판 1쇄 발행
2025. 1. 8. 개정증보 1판 2쇄 발행

지은이 | 권영식
펴낸이 | 이종춘
펴낸곳 | **BM** ㈜도서출판 **성안당**

주소 | 04032 서울시 마포구 양화로 127 첨단빌딩 3층(출판기획 R&D 센터)
| 10881 경기도 파주시 문발로 112 파주 출판 문화도시(제작 및 물류)
전화 | 02) 3142-0036
| 031) 950-6300
팩스 | 031) 955-0510
등록 | 1973. 2. 1. 제406-2005-000046호
출판사 홈페이지 | **www.cyber.co.kr**
내용문의 | simon_kwon@naver.com
ISBN | 978-89-315-5502-8 (13000)
정가 | 45,000원

이 책을 만든 사람들
책임 | 최옥현
진행 | 최창동
본문 디자인 | 이다혜
표지 디자인 | 박원석
홍보 | 김계향, 임진성, 김주승, 최정민
국제부 | 이선민, 조혜란
마케팅 | 구본철, 차정욱, 오영일, 나진호, 강호묵
마케팅 지원 | 장상범
제작 | 김유석

머리말

필자는 기업에 입사 후 학습량이 절대적으로 부족한 상태에서 여러 번 응시한 적이 있었고, 그때마다 답안 작성을 위해 참고할 만한 서적이 있었으면 하는 생각이 간절했었습니다. 1.6mm 볼펜으로 400분 동안 자신이 알고 있는 내용을 요약해서 해당 교시 별로 14 페이지에 논리적으로 기술하기란 쉬운 일이 아닙니다. 심지어 알고 있는 내용일지라도 답안에 기술하기 란 또한 쉽지 않습니다.

이 책은 이런 어려움을 극복하기 위한 차원에서 학원 수강을 통해 습득한 내용과 멘토링을 진행하면서 스스로 학습한 내용을 바탕으로 답안 형태로 작성하였고, IT분야 기술사인 정보관리기술사와 컴퓨터시스템응용기술사 자격을 취득하기 위해 학습하고 있거나 학습하고자 하는 분들을 위해 만들었습니다.

기술이란 과거 기술의 연장선으로 성능을 향상하였거나 보안요소 그리고 저전력, 사용자 편의성을 지향하는 방향으로 발전되고 있습니다. 해당 기술은 어떤 필요성에 의해 탄생이 되었을까? 그리고 어떤 기술 요소를 가지고 있고 다른 기술과의 관계는 어떻게 형성이 되는지? 그리고 향후에는 어떻게 발전될 것이며, 현업(실무자 차원)에서 경험한 문제와 해결 방법 등을 답안에 기술해야 고득점을 획득할 수 있습니다.

답안은 외워서 작성하는 것 보다 실무 경험에서 쌓은 노하우를 논리적으로 기술하는 방법이 제일 좋습니다. 특히 IT 분야는 매우 다양하기 때문에 현업을 수행하면서 주위의 동료나 다른 부서의 팀원과의 교류를 통해 간접적인 경험을 축적해 보는 것이 학습에 많은 도움이 되며, 직접 경험하지 못한 분야에 대해서는 간접적인 경험을 통해 습득하는 것도 좋은 방법입니다.

DB(Database) 또한 현업과 밀접한 연관 관계가 있어 실무자 입장에서 접근하게 되면 보다 빨리 이해되리라 판단합니다. 즉, 현업에서 이루어지는 모든 일의 집합이라고 볼 수 있습니다.

항목	분류	내용
1	DB 기초 및 특징	- DB의 정의와 특성, 특징과 장·단점 - DB의 생성 목적과 구성 요소 - ANSI/SPARC 구조 - 기존 File System의 문제점과 DBMS의 장점 - DBMS(Data Base Management System)의 정의, 역할, 필수 기능, 장·단점 - Schema와 Instance, DDL(Data Definition Language), DML(Data Manipulation Language), DCL(Data Control Language) - DB의 생명주기(Life Cycle)와 설계 과정 - DB의 설계 과정인 기획, 분석, 설계, 구현 과정에서의 Activity와 산출물 - DB의 3-Schema(스키마) 구조의 정의와 실제 사용 예 (장·단점) - DB의 Data 독립성 - DB의 속성(Attribute) 및 종류
2	DB 모델링(Modeling)	■ ER(Entity Relationship) 다이어그램 및 관계 대수 - Data Modeling의 절차 - ER(Entity Relationship) 다이어그램 표기법 - ER Model의 작성 절차 - ER Model의 연결 함정 - EER(Enhanced ER) Model - 관계 대수(Relational Algebra)의 연산자와 연산자 실행 예 ■ 정규화(Normalization) - 정규화(Normalization)의 수행 절차 - Super Key, Primary Key, Alternate Key, Foreign(외래) Key - 외래키(Foreign Key)의 정의(목적)와 예제 - Database에서 Key의 본질적 제약과 내재적 제약 설명 - DB에서 함수적 종속성(Function Dependency)(암스토롱 공리) - DB에서 이상 현상(Anomaly)의 유형과 사례, 해결 방안 - 제1정규형, 제2정규형, 제3정규형, BCNF정규형, 제4정규형, 제5정규형 - 제4정규형의 개념과 제약 조건, 제4정규형의 사례 설명 - 반 정규화(역정규화, De-Normalization)
3	SQL	- SQL(Structured Query Language)의 3가지 언어 - ORDER BY, 새로운 열 이름이 명시된 검색, 복수 Table 사용 - 자기 자신의 Table에 조인하는 검색, 집계 함수를 이용 - GROUP BY 이용, HAVING 사용 - 부속 질의문 및 IN 이용, 부속 질의문을 사용하고 NOT IN을 이용 - BETWEEN을 이용 검색, ALL 키워드 사용, LIKE를 이용한 검색 - EXISTS 검색을 사용, UNION 사용 - UPDATE문 사용 - SQL View

항목	분류	내용

4	회복 기법 및 백업 기법	– 즉시 갱신 기법(Immediate Update)과 지연 갱신 기법(Deferred Update)
		– Checkpoint 회복 기법
		– 그림자(Shadow) Paging 회복 기법과 Media 회복 기법
		– CDP(Continuous Data Protection)
		– Backup 방법
		  • 전체 백업(Full Backup)
		  • 증분 백업(Incremental Backup)
		  • 차등 백업(Differential Backup)
		  • 합성 백업(Synthetic Full Backup)

5	병행 제어	– Transaction의 상태 전이도와 4가지 특성(ACID) – DBMS에서 동시성(Concurrent, 병행성) 제어 방법의 종류와 장·단점 – DBMS 병행 처리와 병행 제어 정의, 병행 처리 시의 문제점들과 대책 – Transaction 스케줄링(Scheduling)의 종류 – 프로그램 병행성 – 직렬성(Serializability) – 갱신 유실 문제(Lost Update Problem), 오류 읽기 문제(Temporary Update (Dirty Read) Problem), 잘못된 요약 문제(Incorrect Summary Problem) – Serial(직렬) 스케줄의 예와 Non-Serial 스케줄 – 로킹(Locking Protocol) – 2PL(Two Phase Locking) – DB에서 Transaction 시 동시성 제어 방법인 Time Stamp Ordering 기법 – Transaction 동시성 제어 방법인 낙관적(Validation) 검증 기법 – DB에서 교착 상태(Deadlock) 발생 원인과 해결 방안 – 교착 상태 회피 기법인 Wait-Die & Wound-Wait 기법 – 교착 상태(Deadlock)를 탐지할 수 있는 대기 그래프(Wait-for Graph)
6	해싱(Hashing)	– 해쉬 함수(Hash Function)의 4가지 특징(필수 요건) – Hash Table 작성 예제 – 해싱(Hashing) 함수의 종류와 Hashing의 장·단점 – Hashing, Hash Table, Hash Function 정의, Hashing 충돌과 해결 방법 – Hashing 충돌 해결 방법인 선형 탐색(Linear Probing) 기법과 예 – Hashing 충돌 해결 방법인 체이닝(Chaining) 기법과 예

7	DB 응용	– DW(Data Warehouse)의 구성 요소와 구축 방법
		– 데이터 마이닝(Mining)
		– Data Mining 기법(연속(Sequence) 규칙, 분류(Classification) 규칙, 데이터
		  군집화(Clustering) 규칙)
		– Data Mining 기법 중 연관 규칙의 지지도(Support), 신뢰도(Confidence),
		  향상도(Lift)
		– Data Mining의 단계별 Activity에 대해 설명하고 OLAP와 비교
		– Web Mining, Web Mining의 유형, 구조, 절차
		– ETL(Extraction, Transformation, Loading)
		– 오피니언(Opinion) Mining
		– Stream Data Mining

항목	분류	내용
8	DB의 종류	− DBMS의 기능과 발전 단계, RDBMS, OODBMS, ORDBMS 비교 − MMDB, Hybrid MMDB − 생체 인식 Database − 멀티미디어(Multi-Media) Database − XML Database − Tiny DB − NoSQL Database − Streaming DBMS − Embedded DB − 분산(Distributed) DB 종류와 일반 Database와 비교 설명 − 분산 DB에서 Data의 분할(Partition)과 할당(Allocation) 전략 − 분산 DB의 3가지 설계 전략을 비교, 분산 DB 구비 요소 4가지 특성 − 분산 DB 구축시의 고려 사항 − 2PC(Phase Commit)
9	DB 품질	− Data 표준화의 필요성과 원칙 − 메타데이터(MetaData) − 데이터 품질 기준, 유효성, 활용성, 완전성, 정확성, 일관성 − DRM(Data Reference Model) − DQM(Data Quality Management) − DQM3(Data Quality Management Maturity Model) − DB 개발 과정 시 무결성 확보 방안(개체/참조/영역/업무 무결성) − Database에서 Data 프로파일링(Profiling)
10	DB 성능	− DB 성능 개선을 위한 평가 항목과 성능 개선 절차 − DB 성능 개선을 위해 Hardware와 Software 측면에서 개선 가능한 항목 − DB 성능 향상을 위한 Partition의 정의, 장점, 필요성, 유형 − DB Table Partition의 유형과 특징 − 샤딩(Sharding)−대용량 데이터 처리 − DB 튜닝(Tuning)의 3단계와 튜닝의 기대 효과 − AVL Tree 불균형, 균형 유지 이유 − m−원 탐색 Tree 특징 − B −Tree, B −Tree 삽입, B −Tree 삭제 − B+ −Tree, B+ −Tree 삽입 − B* −Tree Key 분리, B* −Tree 키 값 재분배 − R −Tree − T −Tree − Tree 발전 과정 및 비교

항목	분류	내용
11	DB 감리, 보안, Service 등	– Database 보안(Security) – BigData 어플라이언스(Appliance) – DB 구축 사업에 대한 정보 시스템 감리 Framework, 감리 점검 사항 – Database에서 사용되는 래퍼(Wrapper)와 미디에이터(Mediator) – Database에서 CDC(Change Data Capture) – Data Masking – 중복 제거(De-Duplication) – 서버 가상화(Server Virtualization)에서 하이퍼바이저(Hypervisor) – 전 가상화(Full-Virtualization)와 반 가상화(Para-Virtualization) – SAN(Storage Area Network)과 NAS(Network Attached Storage) 비교 – Cloud Computing 보안 – Crowd Sourcing – PaaS(Platform as a Service) – 문서 중앙화 – 서비스 제공 측면에서의 개인화(Personalization)

위와 같은 형태로 Domain별 세부내용과 전체 구성을 미리 파악하면 학습에 많은 도움이 됩니다.

본 교재는 발전 동향, 배경 그리고 유사 기술과의 비교, 다양한 도식화 등 25년 간의 실무 개발자 경험을 토대로 작성한 내용으로 풍부한 경험적인 요소가 내재되어 있는 장점이 있습니다. 다시 한번 더 학습자 여러분의 답안 작성 방법에 많은 도움이 되었으면 하는 바람입니다.

교재 구입 후 추가로 궁금한 내용이나 문의 사항에 대해서는 운영중인 카페 http://cafe.naver. com/96starpe에 질문 답변을 통해 언제든지 성심성의껏 답변드릴 것을 약속 드리오며, 본 교재의 내용도 지속적으로 보완하여 학습자에게 도움을 드리고자 합니다.

총 8권의 책이 집필되는 동안 옆에서 묵묵히 내조해 준 사랑하는 아내와 딸 지혜, 아들 대호에게 고맙고 또한 출판을 위해 여러모로 도움을 주신 성안당 관계자분들께 감사드립니다.

저자 권영식

정보관리기술사 출제기준

■ 필기시험

직무 분야	정보통신	중직무 분야	정보기술	자격 종목	정보관리기술사	적용 기간	2023. 1. 1.~2026. 12. 31.

- 직무내용 : 정보관리에 관한 고도의 전문지식과 실무경험에 입각하여 정보시스템을 계획, 연구, 설계, 분석, 시험, 운영, 시공, 감리, 평가, 진단, 사업관리, 기술판단, 기술중재 또는 이에 관한 기술자문과 기술지도 업무를 수행

검정방법	단답형/주관식 논문형	시험시간	400분(1교시당 100분)

시험과목	주요항목	세부항목
정보의 구조, 수집, 정리, 축적, 검색 등 정보시스템의 설계 및 수치계산, 그 밖에 정보의 분석, 관리 및 기본적인 응용에 관한 사항	1. 정보 전략 및 관리	1. 정보전략 　- 정보기술 전략 기획, 수립 및 관리 등 　- 비즈니스 및 정보기술 환경분석 　- 정보기술 아키텍처 설계 　- 투자성과 분석 　- SW제품 개발 계획 수립 등 2. 경영정보 　- 조직 경영전략 및 환경 분석 　- 정보시스템 개선방안 도출 　- 정보시스템 인프라 및 애플리케이션 분석 3. 정보 및 AI윤리 4. IT감리 　- 감리계획 수립 및 수행 5. 통계 　- 통계 분석 　- 가설 검정 6. 프로젝트 관리 　- IT프로젝트 관리 활용

시험과목	주요항목	세부항목

	2. 소프트웨어 공학	1. 소프트웨어 개발방법론
		  – 소프트웨어개발 방법론 활용
		2. 소프트웨어 분석 및 설계
		  – SW아키텍처 설계 및 문서화
		  – SW아키텍처 이행
		  – SW아키텍처 변경관리
		  – 기능모델, 정적모델 설계 등
		  – UI/UX 계획 수립
		  – UI/UX 콘셉트 기획
		  – UI/UX 아키텍처 설계
		  – 시스템SW 아키텍처 설계
		  – 시스템SW 기술문서 작성
		3. 소프트웨어 구현 및 시험
		  – 프로그래밍 언어 및 응용 SW 기초 기술 활용
		  – 임베디드 애플리케이션 분석 및 설계
		  – IT테스트 기획, 계획, 분석 및 설계 등
		  – IT테스트 결과 관리
		  – IT테스트 관리 및 자동화
		4. 정보시스템 운영 및 유지보수
		  – 애플리케이션 리팩토링
		  – IT시스템 운영기획 및 관리
		  – 응용SW, HW, NW, DB 운영관리
		5. 소프트웨어 품질
		  – IT품질보증
		  – SW 안전

	3. 자료처리	1. 자료구조론
		2. 데이터모델링
		  – 데이터베이스 요구사항 분석 및 설계 등
		  – 물리 데이터베이스 설계
		3. DBMS과 분산파일처리
		4. 데이터마이닝
		  – 정형 데이터마이닝
		  – 비정형 데이터마이닝
		5. 데이터 품질관리
		  – 데이터 품질관리 체계
		  – 빅데이터 품질관리 체계
		6. 빅데이터분석
		  – 빅데이터 분석기획
		  – 빅데이터 탐색
		  – 빅데이터 모델링
		  – 빅데이터 결과해석

시험과목	주요항목	세부항목
	4. 컴퓨터 시스템 및 정보통신	1. 컴퓨터 시스템 　가. 운영체제 　나. 시스템 프로그래밍 　다. 수치해석 　라. 알고리즘 　마. 기상회 　바. 인프라 아키텍처 2. 정보통신 　가. 네트워크 및 프로토콜 분석 　나. 네트워크 설계 　다. 통신시스템
	5. 정보보안	1. 보안기술(암호화 등) 2. 보안시스템 3. 정보보호(보안엔지니어링 등) 4. 관리적 보안 5. 디지털 포렌식 6. 개인정보보호 및 개인정보 활용
	6. 최신기술, 법규 및 정책	1. 최신기술 　가. 인공지능, 영상/그래픽 응용, IoT, 모바일, 클라우드, 스마트 팩토리 등 최신 이론, 기술 및 동향 2. 법규 및 정책 　가. 전자정부법, 개인정보보호법, 소프트웨어진흥법, 데이터산업법 등 관련 법령 및 지침 　나. 소프트웨어, 데이터 등 정보통신 관련 정책

컴퓨터시스템응용기술사 출제기준

■ 필기시험

직무분야	정보통신	중직무분야	정보기술	자격종목	컴퓨터시스템응용기술사	적용기간	2023. 1. 1.~2026. 12. 31.

• 직무내용 : 컴퓨터시스템에 관한 고도의 전문지식을 가지고 풍부한 실무경험에 입각하여 계획, 연구, 설계, 분석, 시험, 운영, 시공, 평가하는 작업을 수행하며, 지도와 감리 등의 기술업무 수행

검정방법	단답형/주관식 논문형	시험시간	400분(1교시당 100분)

시험과목	주요항목	세부항목
하드웨어시스템, 소프트웨어시스템에 관한 분석, 설계 및 구현, 그 밖에 컴퓨터 응용에 관한 내용	1. 컴퓨터 기초이론	1. 컴퓨터의 설계, 개발, 운영 및 관리기술 2. 이산구조, 알고리즘, 자료구조 등 컴퓨터 기초이론
	2. 하드웨어 시스템	1. 컴퓨터 시스템의 하드웨어 구성 및 설계, 운영 　– 시스템 보안 구축 2. 표시장치, 입력장치, 처리장치, 저장장치 및 출력장치의 설계, 개발 및 관리기술 　– 디바이스 드라이버 분석 및 설계 3. 입출력 인터페이스의 설계, 개발, 제조 및 관리기술

시험과목	주요항목	세부항목
	3. 시스템 소프트웨어 및 응용소프트웨어	1. 시스템 소프트웨어의 구성, 설계, 개발 및 운영(운영체제, 시스템프로그래밍, 프로그램언어론, 컴파일러 등) – 운영체제 이식 – 임베디드 애플리케이션 구현 2. 응용 소프트웨어의 구성, 설계, 개발 및 운영(소프트웨어공학, DBMS 등) – 데이터 기획, 저장 및 처리 – 분석용 데이터 탐색 – 기능 · 정적 · 동적모델 설계 – 인터페이스 설계 – 애플리케이션 설계 – 애플리케이션 테스트 관리 – 애플리케이션 리팩토링 – 통합구현 – 소프트웨어공학 활용 – 소프트웨어개발 방법론 활용 – 데이터 전환 및 표준화 – SW개발 및 DB 보안 구축 – 시스템SW 엔지니어링 – IT 품질보증 – IT 테스트 – IT 감리 – SW 안전
	4. 컴퓨터 통신 및 네트워크	1. 통신 인터페이스의 설계, 개발, 제조, 운영 및 관리기술 – 네트워크 환경 및 프로토콜 분석 – 네트워크 설계 – 네트워크 품질평가 2. 유무선 네트워크 장비 및 설계 – 네트워크 소프트웨어 아키텍처 수립

시험과목	주요항목	세부항목
	5. 시스템보안	1. 보안체계 운영관리 2. 보안감사 수행 3. 보안인증 관리 4. 보안 운영관리
	6. 컴퓨터 시스템 평가	1. 컴퓨터 시스템의 성능평가 기술 2. 국내외 및 산업계 표준에 대한 평가(H/W, S/W)
	7. 법규, 정책 및 표준	1. 전자정부법, 개인정보보호법, 소프트웨어진흥법, 데이터산업법, 　지적재산권 등 관련 법령 및 지침 2. 투자 성과평가 등 관련 정책 　- 정보기술 투자계획 수립 　- 정보기술 성과관리 3. ICT 관련 국내외 표준
	8. 최신 기술 동향	1. IoT, 클라우드, 인공지능, 스마트팩토리 등 컴퓨터 시스템의 　최신 기술과 동향 2. 빅데이터 기획, 저장 및 처리

차 례

PART 1 DB 기초 및 특징

1. 정보, 지식, 지혜 ·· 32
2. DB의 정의와 특성(구조) ·· 34
3. DB의 특징과 장·단점 ··· 36
4. DB의 생성 목적과 구성 요소 ·· 38
5. ANSI/SPARC 구조 ··· 40
6. 기존 File System의 문제점과 DBMS의 장점 ··· 42
7. DBMS(Data Base Management System)의 정의, 역할, 필수 기능, 장·단점 ··········· 43
8. 스키마(Schema)와 인스턴스(Instance), DDL(Data Definition Language),
   DML(Data Manipulation Language), DCL(Data Control Language) ························ 45
9. DB의 절차 언어(Procedural Language)와 비 절차 언어(Non-Procedural) ··············· 47
10. DB의 생명주기(Life Cycle)와 설계 과정 ·· 49
11. DB의 설계 과정인 기획, 분석, 설계, 구현 과정에서의 Activity와 산출물 ············· 52
12. DB의 3-Schema(스키마) 구조의 정의와 실제 사용 예 (장·단점) ························· 54
13. DB의 Data 독립성 ··· 57
14. DB의 속성(Attribute) ·· 59
15. DB의 속성(Attribute) 종류 ··· 61

PART 2 DB 모델링(Modeling)

■ 2-1) ER(Entity Relationship) 다이어그램 및 관계 대수
16. Data Modeling의 절차 ·· 64

17. ER(Entity Relationship) 다이어그램 표기법 ·· 68

18. ER Model의 작성 절차 ·· 71

19. ER Model의 연결 함정 ·· 73

20. 야구 선수와 야구팀이라는 두 개의 Entity Type에 대해 다음의 요구 사항을 참조하여 ER
Schema를 그리시오. (단 Total/Partial 참여, 몇 대 몇인지의 관계, Key 등을 명시할 것) ····· 77

요구 사항:

야구 선수에 속한 각 선수는 '선수 이름'과 '등 번호'라는 두 개의 Attribute들로 구성된다. 같은 팀에는 같은 '등 번호'를 갖는 선수는 없으나, 같은 '선수 이름'을 갖는 선수들이 있을 수 있다. 그러나 서로 다른 팀에는 같은 '등 번호'를 갖는 선수들이 있을 수 있다. 야구팀에 속한 각 팀은 '팀 이름'이라는 하나의 Attribute로 구성되며, 같은 '팀 이름'을 갖는 팀들은 없다. 각 야구 선수는 반드시 그 선수가 소속되는 야구팀이 있어야 한다.

21. EER(Enhanced ER) Model ·· 78

22. TRUCK과 CAR에 대해 일반화(Generalization) 완성 ···························· 80

23. Database에서 사용되는 관계 대수(Relational Algebra)의 연산자와 연산자 실행 예 ············ 81

24. 다음 Relation T1과 T2에 대해 아래의 각 연산을 수행한 결과를 보이시오. ···························· 84

T1		
P	Q	R
10	a	5
15	b	8
25	a	6

T2		
A	B	C
10	b	6
25	c	3
10	b	5

1) T1 ⋈ T1.P = T2.A T2

2) T1 ⋈ T1.Q = T2.B T2

3) T1 ⋈ T1.P = T2.A T2

4) T1 ⋈ T1.0 = T2.B T2

5) T1 ∪ T2

6) T1 ⋈ T1.P = T2.A AND T1.R = T2.C T2

25. 다음 ER Diagram을 참조하여 아래 질문에 답하시오. ···································· 87

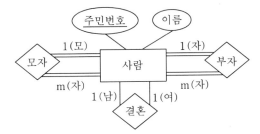

문1) 위의 ER Diagram을 Relation으로 변환하시오.

문2) 1)에서 변환된 Relation에 대해 다음의 Query를 Relational Algebra를 이용하여 작성하시오.
    Query : '홍길동'의 장모님의 이름을 검색하시오.

26. 다음의 relation들과 제약 조건을 참조하라. ··· 89

　　　　선수 (선수명, 나이, 소속팀명)

　　　　자동차 (번호판, 모델명, 소유자명, 소속팀명)

　　제약조건:

　　　　1) p 소유자명, 소속팀 (자동차) ⊆ p 선수명, 소속팀 (선수)

　　　　2) 각 선수는 최대 2대의 자동차를 소유하고, 각 자동차의 소유자는 반드시 있어야 하며,
　　　　　단 하나다.

　　(문1) 위의 Relation에 Tuple들의 예를 각각 5개 이상 기술하시오.

　　(문2) 위의 Relation에서 Primary Key와 Foreign Key를 명시하시오.

　　(문3) 위의 Relation들을 ER Schema로 변환하시오.

27. 다음 SQL DDL 문을 참조하라. ·· 91

　　CREATE TABLE 군인

　　　　(군인명 : CHAR(10) NOT NULL

　　　　나이 : INTEGER

　　　　상관명 : CHAR(10) NOT NULL

　　　　PRIMARY KEY 군인명

　　　　FOREIGN KEY 상관명 REFERENCES 군인

　　　　ON DELETE CASCADE

　　　　SET NULL ON UPDATE)

　　(문1) 각 군인의 직속 상관(즉, 바로 위 상관)은 (최소, 최대) 각각 몇 명인가?

　　(문2) 만약 어떤 Tuple이 Delete된다면, 어떤 일이 발생하는지 설명하시오.

　　(문3) 만약 어떤 Tuple이 Update된다면, 어떤 일이 발생하는지 설명하시오.

　　(문4) "홍길동의 직속상관 이름을 구하시오." Query를 SQL문으로 작성하시오.

28. 아래 ER schema의 지점 entity type을 SQL CREATE TABLE 명령어를 이용하여 변환하라.
　　(지점은 여기서 weak entity type 이다.) ··· 93

지점명　　지점번호　　　은행명　　　주소

지점　M　소속　1　은행

■ 2-2) 정규화(Normalization)

29. DB에서 정규화(Normalization)의 수행 절차 ······································· 95

30. DB에서 사용되는 Super Key, Primary Key, Alternate Key, Foreign(외래) Key ·············· 97

31. 외래키(Foreign Key)의 정의(목적), 다음 ERD(ER-Diagram)로 Relation을 생성한 후 사원의
　　부서를 외래키를 사용하여 알 수 있는 방법에 대해 설명하시오. ······················· 99

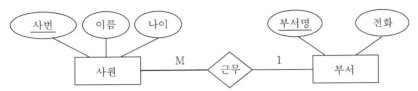

32. Database에서 Key의 본질적 제약과 내재적 제약 설명 ················· 101

33. DB에서 함수적 종속성(Function Dependency)(암스토롱 공리) ········· 103

34. DB에서 이상 현상(Anomaly)의 유형과 사례, 해결 방안 ··········· 106

35. 아래의 Table과 주어진 속성간의 관계에서 발생되는 데이터의 입력, 삭제,
    갱신 이상(Anomaly) 현상의 예를 기술하시오. ················· 108

사번	부서코드	부서명
100	A10	기획부
200	A20	인사부
300	A30	영업부
400	A40	기획부

FD:
사번 → 부서코드
부서코드 → 부서명

36. 아래 수강 Relation의 종속관계를 도식화하고 함수적 종속성의 유형에 대해 설명하시오. ········ 110
〈수강 Relation〉

학번	과목번호	성적	학년
100	C413	A	4
100	E412	A	4
200	C123	A+	3
300	C312	B+	3
300	C324	A+	2

37. 관계형 DB 설계 시 테이블 스키마(R)와 함수 종속성(FD)이 아래와 같이 주어졌을 때
    다음 질문에 답하시오. ········· 112

R(A,B,C,D,D,F,G,H,I)
FD:
1. A→B   2. A→C   3. D→E   4. AD→I
5. D→F   6. F→G   7. AD→H

주) 스키마 R(A,B,C,D,D,F,G,H,I)은 원자값(Atomic Value)으로 구성되어 있는 1차 정규테이블이다.

가) 함수종속도표(FDD: Functional Dependency Diagram)를 작성하시오.

나) 스키마 R(A,B,C,D,D,F,G,H,I)에서 키(Key)값을 찾아내고 그 과정을 설명하시오.

다) 2차 정규형 Table을 설계하고 각 Table의 Key값을 명시하시오.

라) 3차 정규형 Table을 설계하고 각 Table의 Key값을 명시하시오.

38. 아래 수강 과목 Relation은 제3정규형이다. BCNF(Boyce/Codd Normal Form) 정규형으로 변환하고 제 3정규형에서 삽입/갱신/삭제 이상에 대해서 설명하시오. ················ 116

〈수강 Relation〉

학번	과목	강사명
100	DB	A
100	OS	B
200	SE	C
300	DB	D
400	DB	A

39. 아래 수강신청 Relation은 제3정규형이지만 BCNF 정규형이 아니다. 발생할 수 있는 이상 현상에 대해 설명하고 BCNF 정규형 Table로 설계하시오. ················ 119

〈수강 Relation〉

SID	학번	과목명	교수명
1	1	DB	A
2	1	SE	B
3	2	CA	C
4	2	DB	A

40. 제4정규형의 개념과 제약 조건, 제4정규형의 사례 설명 ················ 121
41. Database에서 비 정규화 ················ 123
42. 데이터 모델링 과정에서 반 정규화를 수행하는 이유와 각각의 유형 ················ 126
43. Database에서 반 정규화(역 정규화, De-Normalization) ················ 128

PART 3 SQL(Structured Query Language)

44. SQL(Structured Query Language)의 3가지 언어 ················ 136
45. 다음 ER Diagram에서 Relation과 SQL Table을 작성 ················ 138

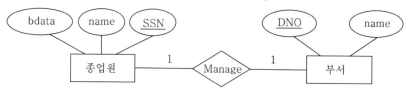

46. 다음 대학(University) 관계 Database에서 각 Query에 대해 SQL 검색문을 작성하고 결과를 도출하시오. ·· 140

〈대학 RDBMS〉 〈학생(Student) Table〉

학번 (Sno)	이름 (Sname)	학년 (Year)	학과 (Dept)	주소 (Addr)
100	기술사	4	CA	서울
200	기능장	3	DB	인천
300	기사 1	1	CA	수원
400	기능사	4	CA	광주
500	기사 2	2	NW	대구

〈과목(Course) Table〉

과목번호 (Cno)	과목이름 (Cname)	학점 (Credit)	학과 (Dept)	담당교수 (PRname)
C123	CPU	3	CA	A
C312	논리회로	3	CA	B
C324	메모리	3	CA	C
C413	병렬처리	3	CA	D
E412	스케줄링	3	OS	E

〈등록(Enrol) Table〉

학번 (Sno)	과목번호 (Cno)	성적 (Grade)	중간성적 (Midterm)	기말성적 (Final)
100	C413	A	90	95
100	E412	A	95	95
200	C123	B	85	80
300	C312	A	90	95
300	C324	C	75	75
300	C413	A	95	90
400	C312	A	90	95
400	C324	A	95	90
400	C413	B	80	85
400	E412	C	65	75
500	C312	B	85	80

1) CA(컴퓨터 구조)학과의 학생이름(Sname)과 학번(Sno)을 검색(SQL 검색문의 생성 및 결과 도출)

2) SQL 검색문의 형식, 학생 Table에서 학과 검색

3) 학생 Table에서 학과가 "CA"이고 학년이 4학년 학생의 학번(Sno)과 이름(Sname)을 검색

47. 앞 질문(대학 RDBMS)에서 다음 질문에 답하시오. ·· 145

   1) 등록 Table에서 중간 성적이 90점 이상인 학생의 학번과 과목번호(ORDER BY 이용)

   2) 등록 테이블에서 과목번호가 "C312"인 중간성적에 5점을 더한 점수를 "학번", "중간성적="이란
     Text 내용을 "시험", 그리고 "점수"라는 열 이름으로 검색(새로운 열 이름이 명세된 검색)

   3) 과목번호 "C413"에 등록한 학생의 이름, 학과, 성적을 검색(복수 Table 사용)

48. 앞 질문(대학 RDBMS)에서 다음 질문에 답하시오. ·· 148

   1) 같은 하과 학생들의 학번을 쌍으로 검색

     단, 첫 번째 학번은 두 번째 학번보다 적게 하시오.(자기 자신의 Table에 조인하는 검색임)

   2) 학생 Table에 학생수 검색(집계 함수를 이용)

49. 질문(대학 RDBMS)에서 다음 질문에 답하시오. ·· 150

   1) 학번이 300인 학생이 등록한 과목수

   2) 과목 "C413"에 대한 중간 성적의 평균

   3) 과목별 기말 성적(Final)의 평균을 검색(GROUP BY 이용)

   4) 3명 이상 등록한 과목의 기말 평균 성적을 검색(HAVING 사용)

50. 질문(대학 RDBMS)에서 다음 질문에 답하시오. ·· 153

   1) 과목번호 "C413" 등록한 학생이름 검색(부속 질의문 및 IN 이용)

   2) 과목번호 "C413"에 등록하지 않은 학생의 이름 검색(부속 질의문을 사용하고 NOT IN을 이용)

   3) 학생 "기사 1"과 같은 학과에 속하는 학생의 이름과 학과(Dept) 검색

51. 질문(대학 RDBMS)에서 다음 질문에 답하시오. ·· 156

   1) 중간 성적이 90에서 95 사이의 행의 Sno, Cno, Midterm 출력(BETWEEN을 이용 검색)

   2) 등록 Table에서 학번이 500인 학생의 모든 기말성적보다 좋은 학생의 학번과 과목번호
     검색(ALL 키워드 사용)

   3) 과목 번호가 C로 시작하는 과목번호와 과목이름 검색(LIKE를 이용한 검색 실시)

52. 질문(대학 RDBMS)에서 다음 질문에 답하시오. ·· 159

   1) 과목 "C413"에 등록한 학생의 이름 검색(EXISTS 검색을 사용)

   2) 과목 "C413"에 등록하지 않은 학생의 이름 검색

   3) 3학년이거나 또는 과목 "C324"에 등록한 학생의 학번 검색(UNION 사용)

53. 질문(대학 RDBMS)에서 다음 질문에 대해 SQL문을 생성하시오. (UPDATE문 사용) ············ 162

   1) 학번이 300인 학생의 학년을 2로 변경

   2) "CA" 과목의 학점(Credit)을 2학점 증가

   3) "CA"와 학생의 기말 성적을 5점씩 가산

   4) 모든 4학년 학생의 학과를 "보안" 과목을 개설한 학과로 갱신

54. DB에서 SQL View에 대해서 설명하시오. ·· 164

PART 4 회복 기법 및 Backup 기법

55. 회복(Recovery) 기법의 종류 ··· 168
56. 즉시 갱신 기법(Immediate Update)과 지연 갱신 기법(Deferred Update) ··········· 170
57. Checkpoint 회복 기법 ··· 172
58. 그림자(Shadow) Paging 회복 기법과 Media 회복 기법 ··················· 174
59. CDP(Continuous Data Protection) ································· 176
60. Backup 방법 ··· 178
    – 전체 백업(Full Backup)
    – 증분 백업(Incremental Backup)
    – 차등 백업(Differential Backup)
    – 합성 백업(Synthetic Full Backup)

PART 5 병행 제어

61. Transaction의 상태 전이도와 4가지 특성(ACID) ······················· 184
62. DBMS에서 동시성(Concurrent, 병행성) 제어 방법의 종류와 장·단점 ········ 186
63. DBMS 병행처리와 병행제어 정의, 병행처리시의 문제점들과 대책 ·········· 188
64. Transaction 스케줄링(Scheduling)의 종류 ·························· 190
65. 프로그램 병행성에 대해 다음 물음에 답하시오. ························· 192
    (1) 병행 프로그래밍에서 인터리빙(Interleaving) 동작 방식
    (2) 아래와 같이 두 개의 Process P1과 P2가 병행 실행되는 경우 모든 가능한 인터리빙을
        보이시오.

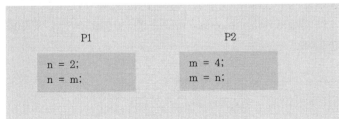

P1	P2
n = 2; n = m;	m = 4; m = n;

66. 다음 각 T1과 T2는 A에 1을 더하는 연산(Task)이다. Transaction들에서 아래 질문에 답하시오. ·· 196

R = Read, W = Write

T1(Task 1)	T2(Task 2)
R(A) A = A + 1 W(A)	 R(A) A = A + 1 W(A)

문1) 위의 Transaction들로부터 발생할 수 있는 충돌 직렬 불가능(Conflict Non-Serializable)한 스케줄링 작성

문2) 문1)에서 작성된 스케줄링에서 발생할 수 있는 문제점을 설명

67. 다음 Schedule은 직렬 불가능(Non-Serializable)하다. 각 Task의 수행 결과 원하는 값과 실제 수행 값을 표기하고 문제점과 직렬화하기 위한 방안은 무엇인지 설명하시오.(R은 Read, W는 Write를 의미) ·· 198

(A=100, B=100)

T1(Task 1)	T2(Task 2)
R(A) A = A + 100 W(A) R(B) B = B + 100 W(B)	 R(A) A = A * 2 W(A) R(B) B = B * 2 W(B)

68. 아래 두 개의 Task T1과 T2가 하나의 DB에 동시 수행 시(Concurrency) 발생할 수 있는 문제로 갱신 유실 문제(Lost Update Problem), 오류 읽기 문제(Temporary Update(Dirty Read) Problem), 잘못된 요약 문제(Incorrect Summary Problem)가 발생할 수 있다. 각각의 경우에 대해 예를 들어 설명하시오. ··· 200

T1	T2
READ(X) X = X - 100 WRITE(X) READ(Y) Y = Y + 100 WRITE(Y)	READ(X) X = X + 200 WRITE(X)

69. 아래 두 개 Task에서 Serial(직렬) 스케줄의 예와 Non-Serial 스케줄의 예를 각각
    2가지 이상 표현하시오. ·· 203

T1	T2
READ(X) X = X - 1 WRITE(X) READ(Y) Y = Y + 1 WRITE(Y)	READ(X) X = X + 2 WRITE(X)

70. 로킹(Locking Protocol)에 대해 설명하고 아래 T1과 T2가 동시에 수행 시
    직렬화(Serializability) 스케줄이 불가능한 경우의 예제를 들어 설명하시오. ··········· 206

T1	T2
S-LOCK(B) READ(B) UNLOCK(B) X-LOCK(A) READ(A) A = A + B WRITE(A) UNLOCK(A)	S-LOCK(A) READ(A) UNLOCK(A) X-LOCK(B) READ(B) B = B + A WRITE(B) UNLOCK(B)

71. (1) 2PL(Two Phase Locking)에 대해 설명하고 2PL의 장·단점 설명 ······················ 210
    (2) 아래의 T1, T2의 Transaction에 대해 2PL을 적용한 스케줄과 2PL 적용 결과

T1	T2
X-LOCK(A) READ(A) A = A + 100 WRITE(A) UNLOCK(A) X-LOCK(B) READ(B) B = B + 100 WRITE(B) UNLOCK(B)	X-LOCK(A) READ(A) A = A * 2 WRITE(A) UNLOCK(A) X-LOCK(B) READ(B) B = B * 2 WRITE(B) UNLOCK(B)

72. Transaction 동시성 제어 방법인 2PL(Two Phase Locking) 기법에 대해 설명하고
    2PL 기법의 유형에 대해 설명하시오. ·· 213
73. DB에서 Transaction 시 동시성 제어 방법인 Time Stamp Ordering 기법 ··············· 215
74. DB에서 Transaction 시 동시성 제어 방법인 낙관적(Validation) 검증 기법 ··············· 217
75. DB에서 교착 상태(Deadlock) 발생 원인과 해결 방안 ··· 220

76. 교착 상태 회피 기법인 Wait-Die & Wound-Wait 기법에 대해 설명하고 아래 4개
Transaction에 대해 Wait-Die와 Wound-Wait 기법 적용시의 수행 과정 최초 수행은
T2가 Data Item X를 Lock 하고 있는 상태라고 가정한다. ·················· 224

〈Transaction〉

Transaction	Time Stamp
T4	15
T3	30
T2	20
T1	10

77. 4개의 Transaction의 직렬화(Serializability) 방법 표기와 교착 상태(Deadlock)를
탐지할 수 있는 대기 그래프(Wait-for Graph)를 작성하시오. 또한 직렬화를 보장하기
위한 Transaction의 순서를 설명하시오. ·················· 228

PART 6 해싱(Hashing)

78. 해쉬 함수(Hash Function)의 4가지 특징(필수 요건) ·················· 234
79. UNDO, REDO, ACID, DBMS, SQL, INDEX, HASH, BTREE, ERR의 데이터에서
해싱(Hashing)을 이용하여 ACID와 FDA가 존재하는지를 검색해 보는 과정을 기술하시오. ····· 236
Hash 함수는 Division(나누기) 방법인 f(h) = x mod m (x: 나머지, m: 버킷(Bucket)을
사용하시오.(아래 EDCDIC Code Table을 활용하여 Hash 함수를 구하고 Bucket 수는
10개이고 한 개의 Bucket에는 2개의 Data를 저장할 수 있음)

〈EDCDIC Code Table〉

1	A	J	–
2	B	K	S
3	C	L	T
4	D	M	U
5	E	N	V
6	F	O	W
7	G	P	X
8	H	Q	Y
9	I	R	Z

80. 해싱(Hashing) 함수의 종류와 Hashing의 장·단점 ·················· 240
81. Hashing, Hash Table, Hash Function에 대해 각각 정의하고 Hashing 충돌과 해결방법 ··· 242
82. Hashing 충돌 해결 방법인 선형 탐색(Linear Probing) 기법과 예를 제시하고 설명 ·········· 244
83. Hashing 충돌 해결 방법인 체이닝(Chaining) 기법과 예를 제시하고 설명 ·················· 248

84. DW(Data Warehouse)의 구성요소와 구축 방법 ································· 254
85. DW(Data Warehouse)의 구성요소와 구축 절차(2교시형) ··············· 256
86. 데이터 마이닝(Mining) (1교시형) ·· 261
87. 데이터 마이닝(Mining) (2교시형) ·· 263
88. Data Mining 기법 중 연속(Sequence) 규칙, 분류(Classification) 규칙, 데이터 군집화(Clustering) 규칙에 대해 정의하고 각각의 사례를 들어 설명하시오. ············· 268
89. Data Mining 기법 중 연관 규칙의 지지도(Support), 신뢰도(Confidence), 향상도(Lift)에 대해 예를 들어 설명하시오. ······················· 270
90. Data Mining의 단계별 Activity에 대해 설명하고 OLAP와 비교 ········· 272
91. Web Mining (1교시형) ··· 274
92. Web Mining의 유형, 구조, 절차 ··· 276
93. ETL(Extraction, Transformation, Loading) ······························· 280
94. 오피니언(Opinion) Mining ·· 282
95. Stream Data Mining ··· 284

96. DBMS의 기능과 발전단계, RDBMS, OODBMS, ORDBMS 비교 ·········· 288
97. MMDB ··· 290
98. Hybrid MMDB ··· 294
99. 생체 인식 Database ·· 296
100. 생체 인식 DB의 적용분야와 문제점, 요구사항, 전망 ······················ 299
101. 생체 인식(Biometrics)에 대해 설명하시오. ································· 303
102. 멀티미디어(Multi-Media) Database ··· 306
103. XML Database ··· 311
104. Tiny DB ··· 315
105. NoSQL Database ·· 317
106. Streaming DBMS ·· 319
107. Embedded DB (1교시형) ·· 321
108. Embedded DB (2교시형) ·· 323

109. 분산(Distributed) Database의 종류와 일반 Database와 비교 설명 ················· 327
110. 분산 DB에서 Data의 분할(Partition)과 할당(Allocation) 전략 ··················· 329
111. 분산 데이터베이스의 3가지 설계 전략을 비교하고, 분산 Database가 갖추어야 할 4가지 특성
     ·· 331
112. 분산 DB의 Issue와 해결방안에 대해 설명하고 분산 DB 구축 시의 고려사항 ··········· 335
113. 2PC(Phase Commit) ··· 337

PART 9 DB 품질 관리

114. Data 표준화의 필요성과 원칙 ··· 342
115. 메타데이터(MetaData) ··· 344
116. 데이터 품질 기준으로 유효성과 활용성으로 분류할 수 있다. 완전성, 정확성, 일관성에 대해
     예를 들어 설명하시오. ··· 346
117. DRM(Data Reference Model) ··· 348
118. DQM(Data Quality Management) ··· 350
119. DQM3(Data Quality Management Maturity Model) ····························· 353
120. DB System 개발 과정 시 무결성 확보 방안(개체/참조/영역/업무 무결성) ············· 358
121. Database에서 Data 프로파일링(Profiling) ·· 363

PART 10 DB 성능 향상

122. DB 성능 개선을 위한 평가 항목과 성능 개선 절차 ······································· 370
123. DB 성능 개선을 위해 Hardware와 Software 측면에서 개선 가능한 항목 ············· 373
124. DB Table Partition의 유형과 특징 ··· 376
125. DB 성능 향상을 위한 Partition의 정의, 장점, 필요성, 유형, 적용 시 고려할 사항 ··········· 379
126. 샤딩(Sharding)−대용량 데이터 처리 ··· 381
127. DB 튜닝(Tuning)의 3단계와 튜닝의 기대 효과 ·· 383
128. AVL Tree 불균형, 균형 유지 이유 ··· 385
129. m−원 탐색 Tree 특징 ··· 387
130. B −Tree ··· 389
131. B −Tree 삽입 ·· 391

132. B −Tree 삭제 ··· 394

133. B+ −Tree ··· 399

134. B+ −Tree 삽입 ·· 400

135. B* −Tree Key 분리 ··· 402

136. B* −Tree 키 값 분배 ·· 405

137. R −Tree ·· 406

138. T −Tree ·· 408

139. Tree 발전 과정 및 비교 ·· 410

PART 11 DB 감리, 보안, Service

140. DB 보안(Security) ·· 414

141. BigData 어플라이언스(Appliance) ··· 418

142. DB 구축 사업에 대한 정보시스템 감리 Framework를 제시하고 감리 점검 사항 ··· 420

143. DB에서 사용되는 래퍼(Wrapper)와 미디에이터(Mediator) ·················· 424

144. DB에서 CDC(Change Data Capture) ······································ 426

145. Data Masking ·· 428

146. 중복 제거(De−Duplication) ·· 430

147. 서버 가상화(Server Virtualization)에서 하이퍼바이저(Hypervisor)와 전
     가상화(Full−Virtualization)와 반 가상화(Para−Virtualization) ··············· 432

148. SAN(Storage Area Network)과 NAS(Network Attached Storage) 비교 ····· 436

149. Cloud Computing에서 개인 사용자와 기업 사용자는 보안 요구 사항이 다르다. 개인 사용자와
     기업 사용자 관점에서 우려되는 보안 문제를 각각 열거하고 대책을 설명하시오. ········· 441

150. Crowd Sourcing ·· 444

151. Paas(Platform as a Service) ·· 446

152. 문서 중앙화 ··· 448

153. 서비스 제공 측면에서의 개인화(Personalization) ·························· 450

PART 12 정규화, 논리모델링, 데이터 품질

154. 전사 아키텍처(EA, Enterprise Architecture) 정의, 개념 설명 ·············· 454

155. 정보요구사항에 대한 생명주기(Life Cycle)와 정보요구사항의 유형 ············ 456

156. 정보요구사항 관리 프로세스 ·· 458

157. 정보요구사항 우선순위 결정 방법 : 화폐가치 산출 방법과 상대적 중요도 산정방법 ······· 460

158. 데이터 표준을 위한 표준단어, 표준도메인, 표준코드, 표준용어 ························ 463

159. 기본키, 외래키, 대체키, 슈퍼키, 후보키 식별 ··· 466

160. 주식별자의 유일성, 최소성, 불변성, 존재성, 대표성 ··································· 468

161. 식별자와 비식별자 관계 ·· 470

162. 식별자 유형, 식별자 및 비식별자로만 간게 설정 시 문제점 및 비교 ··················· 472

163. 사원과 부서 엔터티 타입에서 관계차수(Cardinality)와 필수 및 선택사양 ··············· 476

164. 엔터티(Entity) 타입의 특징 및 분류 ·· 477

165. 슈퍼타입(Super-type)과 서브타입(Sub-type) ·· 480

166. 약(Weak) 엔터티, 슈퍼-서브타입 엔터티, 행위 엔터티 ································· 482

167. 정규화 위배사항을 식별하여 정규화(Normalization) 수행 ······························ 486

168. M:M 관계 해소 ·· 489

169. 데이터 모델링의 필요성, 모델링 단계, 모델링 기본원칙, 좋은 데이터 모델의 요소 ········· 492

170. 아래 지문에 대해 논리 데이터 모델을 작성하시오. ···································· 495

우리회사는 초인류 보험회사이며, 보험판매 시스템을 만들고자 한다. 판매 상품은 자동차보험, 운전자보험 등 다양한 상품을 판매한다.
상품은 상품코드, 상품명을 관리한다. 또한 우리회사는 많은 고객을 관리하고 있다. 고객은 고객번호, 고객명, 연락처를 관리한다. 고객은 다양한 상품을 가입할 수 있으며, 계약일자, 보험시작일자, 보험종료일자, 매월 납입보험료, 총납입회차를 관리한다. 보험계약 시 계약자와 피보험자는 동일하다. 보험계약 시 계약 번호는 자동으로 채번된다.

171. 아래 지문에 대해 논리 데이터 모델을 작성하시오. ···································· 499

우리는 강좌 시스템을 만들고자 한다. 우리는 많은 과목을 가르치고 있다. 과목은 과목코드와 과목명으로 관리된다. 과목은 강좌로 개설되며, 각 강좌는 과목코드, 강좌명, 수업료, 수업일수를 가지고 있으며, 강좌번호는 자동으로 채번된다. UNIX 기초와 C 프로그래밍은 우리의 인기 강좌 중의 하나이다. 각 강사는 여러 개의 강좌를 가르친다. 홍길동과 이순신은 우리의 최고 강사 중의 하나이다. 우리는 각 강사의 이름과 전화번호를 관리한다. 우리는 강좌를 개설 시 강사를 배정한다. 각 강좌는 단 한 명의 강사에 의해 진행되며 어떤 강좌는 아직 강사가 배정되지 않을 수도 있다.
한 학생이 동시에 여러 강좌를 수강 할 수 있으며 많은 학생이 그렇게 한다. 예를 들어 ABC전자의 홍길동은 우리가 제공한 모든 강좌를 수강했다. 우리는 누가, 어느 강좌를 수강했는지 관리해야 한다. 우리는 각 학생의 성명과 전화번호를 관리하고자 하며, 때로는 학생과 강사가 그들의 전화번호를 알려 주지 않을 수도 있다. 대부분의 강좌는 여러 번 평가를 실시하되 평가된 종합결과만 관리하고자 한다.

172. 아래 지문에 대해 논리 데이터 모델을 작성하시오. ···································· 503

> 나는 우리회사의 컴퓨터 관리를 담당한다. 지금 내가 관리하고 있는 제품들을 관리 시스템으로 만들어 관리하고자 한다. 내가 관리하는 제품의 종류는 데스크탑, 프린터, 노트북, 모니터이다. 모든 제품은 제품일련번호, 모델번호, 제조사명, 제품종류, 납품일자, 납품가격을 관리한다. 제품 중 데스크탑은 모니터 본체 일체형이 존재하며, 일체형 여부를 관리해야 한다. 노트북은 고장이 자주 발생하여, 제품 수리 이력을 관리해야 한다. 제품 수리 이력은 수리요청일자, 수리완료일자, 수리회사를 관리한다. 제품은 지급처를 관리해야 하며, 지급처는 사원일 수도, 부서일 수도 있다. 지급처, 지급일자, 회수하였을 경우 회수일자를 관리한다. 부서는 부서코드, 부서명을 관리한다. 사원은 사원번호, 사원명, 부서코드를 관리한다.

173. 아래 지문에 대해 논리 데이터 모델을 작성하시오. ···································· 506

> 고객은 각기 다른 배송처 정보를 설정하여 두고 주문 시에 선택할 수 있다. 단, 최초의 기본 배송처는 가입 시에 등록했던 주소지로 설정하며, 기본 배송처는 변경할 수 있다.
> 고객은 여러 상품을 하나의 주문으로 묶어 처리할 수 있으며, 하나의 주문은 신용카드, 포인트 등과 같은 여러 개의 결재수단을 사용하여 결재할 수 있다.

174. 반정규화의 수평분할과 수직분할 ·· 508
175. 데이터관리를 위한 업무 규칙(Business Rule)의 현업 경험 사례, 문제점, 개선방안 ············ 511
176. 데이터관리를 위한 요구사항관리의 현업 경험 사례, 문제점, 개선방안 ················ 517
177. 데이터관리를 위한 품질특성의 한계성과 개선방안 ································· 521
178. 빅데이터(BigData) 큐레이션(Curation) ·· 526
179. 빅데이터(BigData) 거버넌스(Governance) ·· 528
180. 디지털 큐레이션(Curation) ·· 530
181. 차세대 분석(Next Generation Anaysis) ·· 532
182. 중복제거(De-Duplication) ··· 535
183. 순환관계(Recursive Relationship) 엔터티와 Arc(Mutually Exclusive-배타적) 엔터티 ······ 537

DB 기초 및 특징

정보, 지식, 지혜, DB의 정의와 특성, DB의 특징과 장·단점, 목적, 구성요소, DBMS의 역할과 기능, ANSI/SPARC 구조, DBMS(Data Base Management System)의 정의, 역할, 필수 기능, 스키마(Schema)와 인스턴스(Instance), DDL(Data Definition Language), DML(Data Manipulation Language), DCL(Data Control Language), DB의 생명 주기 설계 과정인 기획, 분석, 설계, 구현 과정에서의 Activity와 산출물, 3-Schema(스키마) 구조의 정의, Data 독립성, DB의 속성(Attribute) 등에 대한 내용을 학습할 수 있습니다.   [관련 토픽 – 15개]

문	1)	현대사회에서 필요한 정보, 지식, 지혜의 의미와 활용방안에 대해 설명하시오.
답)		
1		Information, Knowledge, Wisdom의 생성과정과 의미
	가.	정보, 지식, 지혜의 생성과정

정보, 지식, 지혜의 생성과정:

$$기호 \xrightarrow{문자,숫자} 자료 \xrightarrow{인식} 정보 \xrightarrow{의미} 지식 \xrightarrow{가치} 지혜 \; 통찰$$

- 기호: A,B,가,나 (알파벳,문자)
- 자료: Data, (기호결합)
- 정보: 가치, 의미부여
- 지식: 가치창출
- 지혜: 의사결정, DBMS

	나.	정보(Information), 지식, 지혜의 정의
	정보	자료들 중에서 가치나 의미가 있다고 인정된 자료
	지식	기존 정보를 활용 → 새로운 가치의 정보 창출 능력
	지혜	지식이라는 창의력 바탕 → 전체상황 신속파악 → 의사결정
2		정보의 계층구조와 설명

정보의 계층구조	설 명	예
지혜 (의사결정)	많은 지식을 바탕으로 효과적으로 판단할수 있는 능력	의사결정, 통찰력
지식 (활용)	기존 정보활용하여 새로운 정보를 창출할수 있는 능력	가치창출, 창의력
정보 (의미)	가치가 인정된 자료 의미가 부여된 자료	가공되어 가치&의미부여
자료 (Data)	조합 사람, Computer가 인식	문자열,음성,영상
기호 (Sign)	사물의 성질을 나타내는 표시	알파벳,문자,기호

3.		정보, 지식, 지혜의 활용방안
	가.	자료, 정보, 지식, 지혜의 정보 처리

의사결정(지혜처리 ──→ CEO의 신규사업결정
지식 ──→ 경영층의 의사결정 (투자등)
관리업무 ─ 정보 ──→ 관리층의 관리업무
실무업무 ─ 자료처리 ──→ 실무자의 Issue 개선 Report
가료처리 ──→ 자료를 생성

정보처리 계층구조

| | 나. | 자료, 정보, 지식, 지혜의 현업 활용 |

활용	업무	사용자	예제
지혜처리	의사결정	CEO	신규사업투자, 예산집행등
지식처리	의사결정	경영층	투자/조달/인력 계획등
정보처리	관리업무	중간관리자	영업/구매/생산/인사관리등
자료처리	일상업무	실무자	판매, 구매, 기술 Report등

"끝"

문	2)	데이터 베이스 (Database)의 정의와 특성에 대해
		설명하시오 (구조에 대해서도 설명하시오)
답)		
1.		정보의 집합, 논리적 연관성 자료의 모음 DataBase의 개요.
	가.	공용 Data의 묶음, Database의 정의
	-	파일 관리 System이 갖는 구조적인 한계를 극복, 몇개의 자료
		파일을 조직적으로 통합하여 자료항목의 중복을 없애고 자료를
		구조화하여 기억 시켜 놓은 자료의 집합체
	나.	데이터 베이스가 갖는 있는 함축적인 의미

<table>
<tr><td>통합 Data</td><td>Data 저장</td><td>Huge Volume</td><td>운영 Data</td><td>Shared Data</td></tr>
<tr><td>-Integrate
-Data 중복제거</td><td>-Stored
HDD,SSD,
ODD, Tape</td><td>-Big Data
-Zetta,
Peta용량</td><td>-Biz.수행
-운영/관리</td><td>-여러 사용자동시사용
-병행 제어 필요</td></tr>
</table>

2.		Database의 특성

<table>
<tr><td>실시간 접근성</td><td>지속적 변화</td><td>동시 공용·공유 사용</td><td>내용에 의한 참조</td></tr>
<tr><td>-24시간 Real-
Time Access
-Query(질의)
에 대한 실시간
응답 처리
-기업 RTE구현</td><td>-지속 State 변화
-Insert/삭제
갱신/Read동작
지속적 수행
-정적인 상태가
아닌 Dynamic상태</td><td>-Concurrent보장
-직렬성 보장
(Serial)
-동시에조직,저장
관리됨</td><td>-Data의 내용에
의해 값에 따라
참조(refer)됨
-주소값이 아닌
내용값으로 참조</td></tr>
</table>

3.		Database 구조			
			-사용자 & Programmer 입장에서의 Data의 논리적 표현		
		논리적 구조 (Logical)	프로그래머, 사용자	Record A / Record B / Record C / Record D	논리적 레코드
		물리적 구조 (Physical)	System 저장장치 / Disk	C A B D	-HDD Track 내의 Sector에 저장 / SSD의 경우는 Page에 저장 / 저장된 Record
			-Disk(HDD), SSD, ODD, Tape 등 물리적 저장 → 실제저장		"끝

HDD : Hard disk drive

SSD : Solid state Drive

ODD : Optical disk drive (광학)

문	3)	데이터 베이스 (Database)의 특징과 장단점에대해설명하시오
답)		
1.		Data의 공유, 통합관리, Database 정의
	-	여러 사람(사용자)이공유하여사용할목적으로 통합관리되는 정보
		의 Set(집합), 논리적으로 연관된 하나이상의 자료모음으로
		그 내용을 고도로 구조화함으로서 검색과 갱신의 효율성을 추구함
2.		Database의 특징

특징	도식화		목적
자료의 독립	APP. ←→ Catalog(자료정의) ←→ DB ⋮ ← Name char(20) → Data file		program과 자료 변경의 용이
자기 정의	\<Student\>\<Relation ID Integer → DB Name char(10) Addr char(80) SQL Catalog ← SELECT * FROM student WHERE ID 000		자료 파악용이 & 오류 방지, 무결성 보장, 보안성 강화
추상화 (Easy Use)	사용자 … 사용자 외부스키마 ‥ 외부스키마 추상화 구체화 개념스키마 내부스키마 DB ‥‥ DB 논리적 ... 물리적		상세한내용(물리적, 구체화)은 은닉하고 사용자가 쉽게 사용할수있게 단순화 하여 Easy Use 잇 Control / 제어

3.		Database의 장/단점
	가	Database의 장점
	편리성	추상화기능으로 복잡성을 단순화, 자료공유/저장/검색용이

		자료관리	효율적으로 자료(Data)를 접근하고 체계적으로 관리
		무결성	오류없이 정확한 자료 처리 및 제어(입력/갱신/삭제)
		Security	접근제어, 불법 접근으로부터 자료 보호
		병행제어	여러 User들이 동시에 동일한 자료 접근시 제어
		Recovery	Fail 발생시 신속히 원상회복 processing
		Backup	System Fault시에도 복구할수 있는 복구시스템탑재
		생산성	표준화 설계, 품질관리 통한 개발&운영비 절감, 생산성↑
	4.	Database의 단점 (극복할 사항)	
		고가	고가의 DBMS, 대형 Storage, 교육/유지보수비용
		처리속도	Big Data화 되는 DB Data 처리속도 향상 기술필요
		신기술	Computing 기술 발전에 따른 신기술 채용 필요

"끝"

시스템   생성목적과

문 4)		데이터 베이스 (Database System)의 구성요소에 대해 설명하시오.
답)		
1.		<u>H/W, SW, 자료로 구성, Database System의 정의</u> Data를 중앙에서 통제할 수 있게 하여 Data의 중복이나 불일치성을 없애고, 여러 사용자가 동시에 이용가능하며, Data에 접근하는데 비밀 유지가 되게 하는 System.
2.		DataBase의 생성목적과 DB, DBMS의 정의
	가	Data Base의 생성 목적

체계적 저장	Data의 독립성, 중복최소화, 공유, 보안, 무결성유지
정보 적시 제공	RTE(Real time Enterprise)제공, 적시서비스
의사 결정지원	지식관리, 지혜관리 차원의 의사결정 지원

	나.	<u>DB의 정의</u> : 사람과 Computer가 인식할수 있는 자료의 Set <u>DBMS의 정의</u> : DB Management System.. DB를 관리하는도구
3.		Database System의 구성요소와 설명
	가	데이터 베이스 시스템의 구성요소

Software	Utilies
	언어
	OS
Hardware	CPU
	Memory
	Controller

Application	Application
DBMS	Tools

Storage   저장소

Database System

Set : 집합

4	DB System의 구성요소의 설명		
	구분	구성요소	종류
		Hardware	CPU, RAM, HDD, TAPE, SSD등
	Database	System S/W	OS, DBMS, 도구(Tool), 지원도구
	System	응용 S/W	MIS, FIS, SIS, HIS, GIS
		Data (자료)	경영자료, 생산/공급/구매자료등

"끝"

문	5	)	Database의 ANSI/SPARC 아키텍처(Architecture)에 대해 설명하시오
답)			
1			데이터 독립성 구현, DB의 ANSI/SPARC 아키텍처의 개요
	가		미국 국립 표준화 기관, ANSI(American National Standards Institute / System Planning And Requirement Committee) 아키텍처의 정의
		-	DB를 보는 관점(View)에 따라 3개의 Layer(계층)로 분리하여 사용자에게 내부적으로 복잡한 DB구조를 단순화(추상화)시킨 관점을 제공하는 것 (Data의 독립성)
	나		3개 Layer 분리, Data 독립성의 필요성

2			ANSI/SPARC 아키텍처 구조와 설명
	가		ANSI/SPARC 아키텍처 구조

- Schema (= Intension)
  구조   보강
- Instance (= Extension)
  내용   확대

- ANSI/ SPARC 아키텍처 구조특징 : 하위 단계의 DB구조가 변경되어도 상위 단계에 영향을 미치지 않는 특징

4. ANSI/ SPARC 구조의 설명

단계	설명 (내용)
외부 스키마	사용자관점, Database 조작, subschema
개념 스키마	사용자들이 필요로 하는 Data를 통합, 접근제어 규칙
내부 스키마	DB가 물리적 저장 장치에 저장된 형식 또는 방법

3. Database Schema(외부/개념/내부)관리의 중요성

- Layer에 따라 사용자(외부), 개발자(개념), 관리자 (내부/물리) 영역 구분에 따른 변경관리 가능, 표준화된 접근, 유연성 향상

- Data의 무결성 원칙 제시, Data의 은폐(물리 schema)

"끝"

문 6) DBMS가 제공하는 여러 장점(기능)들 중 5개 이상을 기존 File system의 문제점들과 비교하여 설명하시오.

답)

1. DBMS에서 전통적인 File system의 구성도, 설명, 문제점

구 성 도	설 명	문 제 점
응용 프로그램 1 / 응용 프로그램 n / 데이타 파일1 / 데이타 파일n (급여)…(인사)	① OS에 의한 제어 ② Record로 저장 ③ Application에 내장 ④ No Query 언어 ⑤ Data File Access나 조작을 위해서는 특별한 program 필요	① 추상화의 어려움 ② Data/program 의존 ③ Data 중복성 문제 ④ Data 무결성보장어려움 ⑤ 동시성 제어 어려움 ⑥ Data Recovery 어려움 ⑦ Hard Query 처리 ⑧ Data Security 어려움

2. DBMS(Data Base Management System)이 제공하는 장점

구 성 도	장 점 들
응용 프로그램 1 - - - - 응용 프로그램 n / DBMS / 데이타베이스 (데이터파일, 데이터파일)	① Data 추상화(외부, 내부, 개념) ② DB 생성, Query 언어 ③ Data 공유, 동시성 제어 가능 ④ 접근 제어 가능, Easy Recovery ⑤ Query Optimizer ⑥ Multi Interface, 유지보수편리 ⑦ 중복최소화, 무결성제어, 보안보장

"끝"

문	7)	데이터 베이스 관리 시스템 (DBMS : Database Manage ment System) 정의, 필수기능, 장단점에 대해 설명 하시오.　　역할,
답	)	
1.		File System의 데이터 종속성/중복성 극복. DBMS의 정의와 역할
	가	Database Management System의 정의
	-	응용 프로그램과 Data의 중재자 (Broker)로서 모든 응용 프로그램들이 DB를 공용하여 사용할수 있게끔 관리 해 주는 Software
	나	DBMS의 역할

Management System

응용
프로그램 | App. 1 | App. 2 | ... | App. n |

DBMS　　→ DB 역할 →

- MMDB
- Embedded DB
- Tiny OS DB
- 분산 DB
- 생체인식 DB

DB
Data File

DataBase의 역할
- Data 추상화 (Easy 사용)
- DB생성, Query 언어사용
- Sharing Data, 접근제어
- Concurrent processing
- Recovery, Transaction
- 다수 Interface, Optimizer

2.	DBMS의 필수기능 (필수요소)

정의 기능　DDL　　조작 기능　DML　　제어 기능　DCL
　　　Definition　　　　Manipulation　　　　Control

- APP↔DB 인터페이스　- 사용자↔DB Interface　- 정확성, 안전성
- 논리적/물리적 구조정의　- 명확성, 완전성, 합법성　- 무결성, 일관성
- 논리/물리 Mapping (사상)　- 효율성, 가용성, 활용성　- 병행제어, 복구

3.		DBMS의 장점/단점	
		장점	Data 중복 최소화 — Data 공용 — Data 무결성/일관성 — Data 보안 보장 ---- 표준화 효율적 정보체계
			Controlled Redundancy — sharing — Integrity - 정확성 - Security
			성능향상 ← Easy 개발 유지보수편리 ← 신뢰성확보 ← 접근제어
		단점	- 운영(operation) 비의 증재, 특정 App.과의 호환성(복잡)
			- 복잡한 Backup과 Recovery, System 취약점 (fail등)

"끝"

문	8)	스키마(Schema)와 인스턴스(Instance), 그리고
		DDL(Data Definition Language)과 DML(Manipulation)
		및 DCL(Control)에 대해 설명하시오.
답)		
1.		DB(Schema+Instance), DDL과 DML, DCL의 정의
	가.	Schema와 Instance의 정의

Schema - DB에 저장되는 Data의 구조와 유형을 정의하는것
Instance - Database에 저장되는 값들을 사타샘

나. DDL(정의), DML(조작), DCL(제어)의 정의

DDL	자료정의어	새 Database 구성을 정의 하는 언어
DML	자료조작어	DB에 자료를 입력, 갱신, 검색, 삭제 하는 언어
DCL	자료제어어	병행 제어, 복구, 백업, 보안등을 지원하는 언어

2. 스키마와 인스턴스의 표현 방법 및 비교

가. Schema와 Instance의 표현

Schema →	SID(학번)	Name	E-mail	Age	학점
Instance (실제 Data) →	12345	기술사	abc@naver	45	4.5
	67891	기능장	def@daum	40	4.3
	23456	기사	ghi@Gmail	35	4.1

나. Schema와 Instance의 비교

구분	Schema	Instance
의미	구조, Intension (내포)	내용, Extension (확대)
언어	DDL - 자료정의어	DML - 자료(Data)조작 언어

		특징	한번 정의 되면 거의 변경 안됨 (Database의 구조)	계속 (지속)적으로 변화되는 DB특성으로인해 자주변경

3. DDL, DML, DCL의 구성도및 비교

가. DDL, DML, DCL의 구성도

4. DDL과 DML의 비교

구분	DDL	DML
표현	Schema를 정의	DB의 Instance 표현
내용	DB의 Table & views	회복 & 수정등의 명령어
명령어	Create, Drop, Alter등	Select, Insert, Delete, Update등

"끝"

문	9)	Database에서 적용되는 절차언어(Procedural Language)와 비절차언어(Non-procedural)에 대해 설명하고 프로그래밍 언어와 자료언어와의 관계에 대해 기술하시오
답)		
1.		Procedural(절차)와 Non-procedural(비절차)언어의 정의
	가.	(절차언어의 정의) - program에서 원하는 자료를 지정하고 접근하는 방법까지 기술해야 되는 언어 (C#, C++, JAVA등)
	나.	(비절차언어의 정의) - program에서 원하는 자료를 지정하고 접근하는 방법은 지정하지 않는 언어 (SQL, QBE등)
2.		절차언어, 비절차언어, Programming & 자료언어 관계
	가.	프로그래밍 언어와 자료 Language의 정의

프로그래밍언어	사칙연산을 수행하는 언어 - 절차언어
자료언어	DB에 있는 자료를 읽고 쓰기만 가능, 사칙연산은 불가

- 자료 언어는 Non-procedural(비절차) 언어임.

나. Programming 언어와 자료 언어와의 관계

SQL = Structure Query Language
QBE = Query By Example - 예제 DB 질의 System.

		-	프로그래머는 DB 자료처리를 위해 자료언어인 SQL을

- 프로그래머는 DB 자료처리를 위해 자료언어인 SQL을 사용하고 사측연산 처리 필요시는 C#, C++, JAVA, C언어사용 등을

3. 절차언어와 비절차언어와의 비교

종류	대상	기능	포함관계	사용언어
절차언어	프로그래밍언어	사측연산	Host언어	C,C++, C#, JAVA등
비절차언어	자료언어	과열연산	내장언어	SQL, OBE등

- 비절차언어는 사용 방법 매우 간단함.　　　　　"끝"

문	10)	데이터베이스의 생명주기(Database Life Cycle)와 DB 설계과정에 대해 기술하시오.
답	)	
1.		상호 연관된 Data의 Set, DB의 생명주기의 정의와 절차
	가	(Database의 생명주기의 정의)-요구조건 분석, 설계, 구현, 운영, 감시및 개선 단계를 하나의 Life Cycle화 하여 DB구축
	나	Database의 생명주기 절차와 설명

```
 ┌──────┐   ┌────┐   ┌────┐   ┌────┐   ┌──────┐
 │요구조건│ → │설계│ → │구현│ → │운영│ → │감시및│
 │ 분석 │   └────┘   └────┘   └────┘   │ 개선 │
 └──────┘                              └──────┘
   │         │         │         │         │
 -Data 범위  -개념→   -스키마정의  -DB와응용시스  -신규요구
 -사용자     -논리→   -화원생성    -템을 실제    -사항재처
 -요구사항   -물리적설계 -응용S/W구현  -운영&관리    -성능향상
```

- 요구조건분석 → 설계 → 구현 → 운영 → 감시및 개선 과정이 선순환

2.		Database의 설계과정및 설명

단계	설계과정	설명
요구 조건 분석	(정보)　(처리요구) ↓　　↓ ┌─────────┐ │요구조건 분석│------→ └─────────┘ ↓ ┌ ─ ─ ─ ─ ─ ─ ┐ : Data 요구 명세 : :─ ─ ─ ─ ─ ─ ─: : 트랜잭션 식별 : └ ─ ─ ─ ─ ─ ─ ┘ ↓	-정보의 내용과 처리요구 　조건의 수집 (Scope결정) -경영목표와 제약조건의 식별 -공식적인 요구조건 명세 작성 -요구조건 명세의 검토 -Data 범위(Scope) 결정 -사용자 요구사항 검토

개념적 설계	개념적 설계	→	- E-R Diagram 표현 - Entity Type, Attribute, Relationship의 연관성, 의미부여	
	개념적 DB 스키마 트랜잭션정의		-추상화, 개념화, 집관화, 일반화 -View와 Attribute 합성	
논리적 설계 (목표 DBMS 특성적용)	논리적 설계	→	-논리적 Data Model로 변환 -트랜잭션 Interface 설계 -스키마의 평가및 정제 -관계형 DB스키마로 표현 -개체간의 관계 표현	
	논리적스키마 트랜잭션 인터페이스			
물리적 설계 (HW & OS 특성)	물리적 설계	→	-H/W, OS 의 특성 적용 저장 Record의 양식 설계 - Record 집중분석 & 설계 -접근 경로설계, Access 제어 (응답시간, 저장공간효율, 처리속도, 접근 제어) -실험적 기법 적용(시뮬레이션, prototype등)	
	내부 스키마 상세 트랜잭션			
구현	Database 구현	→	-DDL 기술 명령문 실행 - DB 스키마(Schema)와 DB 파일 생성 - Database에 Data 적재	

			구현	운영 (Operation) Database 트랜잭션	─DML 언어 사용, Transaction 정상 여부 수행 확인.
					"끝"

문	11)	Database 설계과정은 기획, 분석, 설계, 구현과정으로 볼수 있다. 각 단계에서 이행되는 개발과정에 대해 설명하시오.
답)		
1.		Database 설계과정에 대한 Activity

기획 → 요구사항 → 분석 → 개념 → 논리 → 설계 → 물리 → DB 구현

기획	분석	설계
- 개발계획서	- 시스템설계사양서	- 상세설계 사양서
- 일정, Resources	- 요구명세서, 업무흐름도	- 정규화, 물리적설계
- 투자비, ROI 산출	- 자료사전, 외부/개념	- 내부/관계스키마
- 현행업무조사	스키마, 자료흐름도	- 제약조건, 모듈설명서
- 목표 사양	- 기능 명세서	- 모듈 Spec, 구조chart

2.	설계 과정별 작업과 산출물

개념/논리적/물리적 설계 단계로 구성.

3.	DB 설계과정에서의 담당자와 각 과정의 산출물

구분	담당자	산출물

DD : 자료사전.

기획	PM, SA	개발계획서 (일정·인력, 장비, 비용, 투자비등)
분석	SA, DBA	요구명세서, ERD, DD, 기능명세서, 흐름도
설계	SA, Programmer	관계스키마, 제약조건, 모듈 Spec.등
구현	Programmer	Database, Source Code, 설명서등

- 구현후에는 효율적 운영 방안 수립이 필요   "끝"

문	/2)	Database의 3-Schema (스키마) 구조(Architecture)
		의 정의와 실제 사용예를 들어 설명하시오. (DB의 장/단점에
		<div align="right">대해 설명하시오)</div>
답	)	
1.		외부, 개념, 내부(물리) Schema 의 정의
	외부스키마	-Views, 사용자 관점에서 조작 (응용)
	(External)	-사용자가 접근할 수 있는 가상적인 구조
	개념 스키마	-Data 구조를 개념적으로 묘사(DB Data의 의미부여)
	(Conceptual)	-Database의 전반적인 논리 구조
	내부(물리)스키마	-Data를 안전하게 저장하는 방법 (저장장치)
	(Internal)	-DB를 기억장치에 구현하기 위한 물리 구조
2.		DB의 3-Schema 의 구성도와 일상생활의 예(차량구조)

Schema: (전문용어) (계획·이론의) 개요

3.	DB Data 독립성 확보 위한 3-Schema의 사용예

- 하위 단계의 DB 구조가 변경되어도 상위단계에 영향을 미치지 않는 구조 (상호 독립적인 구조임)

3-Schema 구조	사용예
사용자 program ------- 실제 program	
	ST (학생)
View 1 ···· View n ---	Sn INT // 학생번호, 변수선언
외부스키마 외부스키마	name CHAR(10) // 이름공간 확보
	Grade INT // 등급
개념 스키마 (개념적 묘사) -------	STUDENT
	Snumber Integer
	name CHAR(10) // 10 byte
	Grade InT
내부 스키마 ⎫	STORED-STUDENT
	prefix BYTE(4) offset = 0
DB ⎬ ①	Snumber BYTE(4) offset = 4
물리 스키마	Sname BYTE(10) offset = 8
물리적으로 DB를 출자하은때	SGrade BYTE(4) offset = 18

① Record 형식, Index 유무, 저장 Data, 기록순서,
 H/W종속 (file System)등 으로 구성됨

		- 외부/개념/내부(물리) 스키마로 구성됨.	
4		Database의 장점과 단점	
	가.	Database의 장점	

장점	설 명
편리성	자료추상화통한 복잡성 제거, 자료공유,검색,저장용이
자료관리	효율적 자료 접근 및 체계적 관리 가능
무결성	오류 없는 신뢰성 자료 처리(입력, 갱신, 삭제)
보안	불법 침입으로부터 자료 보호, Access Control
병행제어	여러 사용자 동시 처리, 동일한 자료 효율적 처리
복구	Fail 시 신속한 원상 복구 가능
Backup	재난시에도 복구할수 있는 자료의 Backup 가능
생산성	표준화, Reuse등을 통해 자원 절약 & 신속 개발

나. Database의 단점

단점	설 명
높은 비용	고가의 DBMS, 대형 H/W, 유지 비용고가
낮은 속도	기능 다양화에 따른 처리속도 저하
고급 기술	Computing 발전에 따른 고급기술 지속 update

끝요

"끝"

문	13)	Database에서　Data 독립성에 대해 설명하시오.
답)		
1.		논리적, 물리적 Data 독립성의 개요
	가	Data Independency (Data 독립성)의 정의
		- 하위 단계의 Data 구조가 변경되더라도 상위 단계에 영향을
		미치지 않는 속성, 즉 논리적인 구조를 변경시키더라도 기존
		응용 program들에는 아무런 영향을 주지 않는것
	나	Data 독립성의 필요성

- 유지보수 비용증가
- System 구축용이
- Data 중복성 증가
- 관계별 P/F 증가

DB Data 독립성

- Data 복잡화 증가
- Data 추상화 필요
- 요구사항 대응 신속 필요
- 사용자 Issue 대응

- DB의 Data 독립성을 통해 생산성 향상, 의사결정 신속화

2		Data Independency의 개념도 (3관계-스키마 아키텍쳐) 및 데이터 독립성의 종류
	가	데이터 독립성의 개념도

옷 최종 사용자 옷

외부단계 ---- [외부 View] ----- [외부 View]

외부/개념 사상(Mapping) →　　　　← 논리적인 Data 독립성

개념 단계　　　　[개념 스키마]

개념/내부 사상 ----------------- 물리적인 Data 독립성

내부단계 ---------- [내부 스키마]

DB - Metadata & 실제 Data

4	Data 독립성의 종류 (논리적, 물리적)	
	논리적 Data 독립성	-외부스키마나 응용 program에 영향을 주지 않고 DB 논리적 Data 구조(개념스키마)를 변경할수 있는능력 -DB에 논리적 구조가 변경 (필드추가 & 제거)되어도 사용자 관점 (View)과 응용 program에는 무영향
	물리적 Data 독립성	-응용 program과 논리적 구조 (개념스키마)에 영향을 미치지 않고 DB 물리적구조(내부스키마)를 변경할수 있는능력 -응용 program이나 DB의 논리적 구조에 영향을 주지 않고 Data의 물리적 구조를 변경할수 있는 것

3.	Data Independency의 기대 효과	
	구분	기대 효과
	DB 관리자 측면	-H/W 변경/개선에 개념스키마 변화 필요없음. (Application 과 호환성유지), 정지없이 물리구조변경가능
	DB 설계자 측면	-사용자의 View인 외부스키마나 Application의 변화없이 개념 스키마를 변화시킬수 있음.
	DB 사용자 측면	사용자가 의식하지 못하게 DB에 변경을 수행할 수 있어서 사용자에게 투명성이 제공됨.

"끝"

문	14)	Database의 속성(Attribute)에 대해 설명하시오
답	)	
1.		Entity(사물)의 최소의 단위, 속성(Attribute)의 개요
	가.	속성(Attribute)의 정의 - 정보(사물)를 나타내는 최소의
		단위로써 Entity의 성질, 분류, 수량, 상태, 특성을 나타냄
	나	Attribute의 ERD 표기방법

2.		Database의 속성의 유형
	가.	attribute의 특성에 따른 분류

구분	내용	사례
기본속성(Basic)	해당 Entity가 원래 가지고 있는 속성	상품
설계속성 (Designed)	원래속성에는 없었지만 설계하면서 도출해내는 속성	일련번호 Code
파생속성(Derived)	다른속성으로부터 계산&변형되어 생성	급여총액

Basic (기본)   Designed (설계)   파생속성

원가, 이름   코드, 번호   계산값

	나.	Entity 구성 방식에 따른 분류
		- PK(기본 key), FK(외래 key), 일반 속성으로 분류됨

			사원	Entity		
			사원 번호(PK)		속성분류	속성명
			사원명	$\longrightarrow$	PK속성	사원번호
			전화번호		FK속성	부서코드
			부서코드(FK)		일반속성	사원명, 전화번호

3. 속성(Attribute) 정의시 고려사항

유일성	Relation의 모든 Tuple을 유일하게 식별
최소성	유일성을 가진 최소한의 속성들 만을 포함
대표성	해당 Relation을 대표함

"끝"

문	(5)	DB의 속성 (Attribute)의 종류에 재해 나열 하시오		
답)				
1		Entity Type/ Group의 최소단위, Attribute의 개요		
	가.	속성(Attribute)의 정의 - 정보(사물, 사람등)를 나타내는		
		최소의 단위, Entity의 성질, 분류, 수량, 상태, 특성등을 표현		
	나.	Entity 표현의 예		

EMPLOYEE - Entity Type
         - Entity Group

(유일) Key값
SSN   Name   Age   Birth Data   Phone
사번
Derived (유추) 속성
↑ Multi값속성

2		Attribute (속성)의 종류		
		종류		설명	예

종류		설명	예
Simple	원자성	Single atomic value	학번, 주민번호
Composite	합성	주소는 국가, 도, 시, 등. 번지	주소, 성명
Multi-Valued	Multi 값	Several(기) 값(1보다 크다)	취미, 전화번호
Complex	-	합성 + Multi-valued	-
Derived	유추된값	주민 번호로 나이 값 유추	유추된값
NULL	-	모르는값. Unknown	존재 하지않는값

"끝"

DB 모델링(Modeling)

2-1) ER(Entity Relationship) 다이어그램 및 관계 대수
    Data 모델링 절차, ER Model의 작성 절차, ER Model의 연결 함정, EER
    (Enhanced ER) Model, 관계 대수(Relational Algebra), ER Schema에서 SQL
    Table 작성 방법 등에 대해 학습할 수 있습니다.   [관련 토픽 - 13개]
2-2) 정규화(Normalization)
    정규화 절차, Super Key, Primary Key, Alternate Key, Foreign(외래) Key,
    Key의 본질적 제약과 내재적 제약, 이상현상, 입력/삭제/갱신이상, 함수적
    종속성, 정규화 과정, 역 정규화 등에 대해 학습할 수 있습니다. 자주 출제되는
    토픽들입니다.   [관련 토픽 - 15개]

문	16)	Data Modeling (Data 모델링)의 절차에 대해설명하시오
답	)	
1.		Database의 구현, 데이터 모델링의 개요.
	가.	데이터 모델링(Data Modeling)의 정의
	-	현실세계의 업무(Business)를 추상화하여 데이터
		베이스의 Data로 표현하기 위한 설계과정
	나.	Data 모델링의 필요성과 구성요소, 절차
		(필요성)-사용자의 요구에 의해 개발('Coding)에 앞서
		어떠한 정보가 저장되어야 할지 분석하고 DB를 설계하는 과정필요

구	개체	Entity - 현실에 존재하는 사물 (ex 사람, 자동차등)
성	관계	Relationship- 많은 Entity 들 간의 관계
요		
소	속성	Entity 들을 표현 하는 속성 (사람-나이, 이름등)

(절차)-분석(Data 모델링)→설계→개발→검증→운영→유지보수

2.		Data Modeling의 개념도와 절차
	가.	Data Modeling (데이터 모델링)의 개념도

	-	논리적 모델링은 논리적 구조와 저장 DB를 포함	

4. Data Modeling의 절차

절차	내용	비교
요구사항 분석	Entity의 구성, 조직의 업무 & 기능의 수행을 위한 Data 요구사항분석	요구사항 명세서
개념 모델링	조직 전체 정보의 요구사항표현 상위수준의 모델 (ER표현)	ER EER 모델
논리 모델링	업무요건을 명확히 하는 상세한모델	정규화
물리 모델링	DBMS에 적합한 Data 모델	반정규화
DB구현	물리 모델의 Database 구현	성능고려

3. Data Modeling의 단계별 상세 절차

가. 개념적 Modeling의 절차

- 주제영역과 핵심 Data의 집합, 핵심 Data의 상위수준의
객관적인 관계에 대한 설계 작업

← 개념적 모델링 영역 →

나. 논리적 Modeling의 절차

- Entity Type을 도출하고, 관계, 식별자등 상세 설계 작업

절차		설명
속성 상세화		- 개념 Data 모델링에서 추출된 개체 속성 검증&확정
		- 속성이 가질수 있는 Domain 값에 대한 나열
개체 상세화	식별자 확정	- Entity에 대한 유일성을 식별할수 있는 key 값 확정, primary key (기본 key), 대체키 (Alternate key), 외래키 (Foreign key)
	정규화	- 데이터 구조상에 있어 삽입, 삭제, 갱신의 이상 현상을 해결하기 위해 정규화 수행 (1~5정규화, BCNF)
	M:M관계	M:M관계인 Entity의 관계를 1:M 관계로 해소
	개체무결성 규칙 정의	개체무결성 (NULL값불가), 참조무결성 (기본키 와 외래키관계), 영역 무결성, 업무무결성

다. 물리적 모델링의 절차

- DBMS의 특성을 고려하여 논리모델링을 실제 System화 관계
- 물리적 모델링 → 개체 타입 반정규화 → 속성 반정규화 → 관계 반정규화 → 용량/성능고려

절차	설명
환경분석	DBMS의 종류& Version, OS에 대한 분석
논리-물리 모델 변환	논리영역과 물리영역을 보는 시각에 따라 다르므로 논리모델을 물리모델로 변환이 필요함
반정규화	정규화된 Entity Tpye, 속성, 관계를 System의 성능향상, 개발과 운영 단순화 위해 모델 통합

4.		현업에서의 Data 모델링의 중요성과 고려사항
	가.	Data Modeling의 중요성
		- 데이터 모델링은 UML, 설계도와 같이 DB의 초석 자료
		- 설계 잘못시 운영중 변경시 비용과 노력 필요 (Snow ball effect)
		- Coding에 앞서 개발자 간의 의사소통도구로 활용.
	나.	데이터 모델링시 고려사항
		- Domain 전문가 참여 유도하여 모델의 현실성과 적용성 확보
		- End User 사용 편의성 위해 표준용어 및 쉬운용어 사용
		- Data Governance를 기반으로 Data 표준화 반영된
		Modeling 작업수행및 산출물관리, process 정립
		〃끝〃

문 /7)		ER(Entity - Relationship)다이아그램 표기법 10가지 이상에 대해 각각 예를들어 설명하시오.
답)		
1.		개념적 Modeling 기반, ER Model의 개요
	가.	Data 표현을 위한 Data Medeling 의 방법

현실세계(개체)	개념세계(개념)	컴퓨터세계(Data)
개체 특성 값	개체 타입 속성 값	레코드 타입 필드(field) 값(value)

-- 인간이 감지할수 있는 개체 (Entity)→ 의미부여 (개념)→
컴퓨터(Computer)가 처리(processing)

	나.	Entity 와 Relationship, attribute(속성)의 정의
		(Entity)-현실에 존재하는 사물(ex 사람, 자동차, Computer등)
		(Relationship)- 많은 Entity(개체)들간의 연결 & 관계
		(Attribute)-Entity들을 표현하는속성 (사람-이름, 나이, 직업등)
2.		ER Diagram의 종류및 설명& 예

구분(표현)	설 명	예
▭	Entity Type : 사람, 모니터, 자동차등 현실세계의 사물	차 Entity Type (번호) (ID) (색)...
◯	Attribute : Entity의 속성 사람의경우 주민 번호, 나이등	사람 Entity Type (이름) (나이) (직업)...

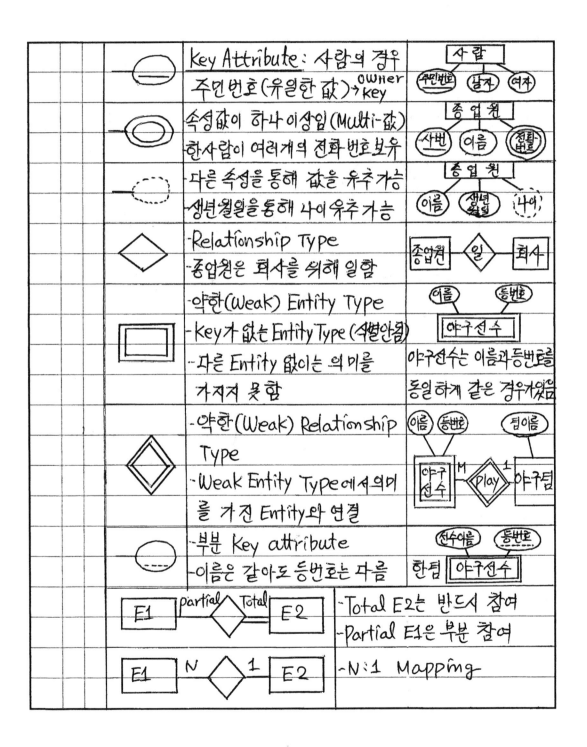

타원(선 하나)	Key Attribute: 사람의 경우 주민번호(유일한 값)→key owner	사람 / 주민번호 / 남자 / 여자		
이중타원	속성값이 하나 이상임(Multi-값) 한사람이 여러개의 전화번호 보유	종업원 / 사번 / 이름 / 전화번호		
점선타원	-다른 속성을 통해 값을 유추가능 -생년월일을 통해 나이 유추가능	종업원 / 이름 / 생년월일 / 나이		
마름모	-Relationship Type -종업원은 회사를 위해 일함	종업원 - 일 - 회사		
이중사각형	-약한(Weak) Entity Type -Key가 없는 Entity Type(식별안됨) -다른 Entity 없이는 의미를 가지지 못함	이름 / 등번호 / 야구선수 · 야구선수는 이름과 등번호를 동일하게 같은 경우가 있음		
이중마름모	-약한(Weak) Relationship Type -Weak Entity Type에서 의미를 가진 Entity와 연결	이름 / 등번호 / 팀이름 / 야구선수 -M- Play -1- 야구팀		
점선밑줄 타원	-부분 Key attribute -이름은 같아도 등번호는 다름	선수이름 / 등번호 / 한팀 야구선수		

E1 —partial◇Total— E2	-Total E2는 반드시 참여 -Partial E1은 부분 참여
E1 —N◇1— E2	-N:1 Mapping

			$E1$ —Min ◇ Max— $E2$	-Min, Max 표현

3. 확장된 개체-관계 모델 (Extended E-R Model)로 발전

Basic E-R Model　　　　　　　　　　　　　　　　E E-R

개체 Type		전문화	발전	Extended
관계 Type	→	일반화	→	E-R
속성		집단화		Model

-전문화(Specialization), 일반화(Generalization),
집단화(Aggregation)

"끝"

문 18)	ER(Entity Relation) Model의 작성절차에 대해 설명하시오.
답)	
1.	개념적 설계의 대표적 기법, ER Model의 개요
가.	ER(Entity Relation) 모델의 정의
-	Entity(개체,사물), 관계 (Relationship), 속성 (Attribute) 의 개념을 도입하여 현실세계를 개념적으로 표현 하는 모델 1976년 Perter Chen에 의해 소개됨.
나.	ERD(Entity Relation Diagram) 정의
-	ER 모델링을 통해 개체(사물), 관계, 속성등을 도식화한 표현체
2.	ER Modeling 단계 및 ER Model의 작성절차
가.	ER Modeling 의 단계

```
(Entity    →  (Relation  →  (ER     →  (Attribute
 Set 결정)     set           모델        작성)
               결정)         작성)
```

	Entity Set를 도출, 관계정의, 속성도출등 상세 설계 작업
나.	ER Model의 작성절차

Task	내용
요구분석	용어 사전, 요구사항, Biz분석, Domain 정의
Entity Type	기본, 중심, 행위 Entity Type의 도출
속성도출	기본, 설계, 파생 속성을 정의함
관계도출	Entity Type간의 Relation 도출

기본키, 대체키, 슈퍼키, 후보키, 대체키

			식별자 도출	PK, FK, SK, CK, AK등에 대한 정의
			정규화	1차, 2차, 3차, BCNF, 4차 5차 정규화
			통합/분할	Entity Type의 성격에 따라 통합, 분할 수행
			Data 모델검증	Entity Type, 속성, 관계 등에 대한 적합성 검증
3.		ER Model의 한계점		
		- 단순(Simple)하고 일반적 Model에 적합		
		- 대량 Data GIS, Multimedia, 객체지향등 대용량 표현에 한계		
		- 재사용, 상속, 확장성의 개념 필요, EER 대두 (한계점 극복위해)		
				"끝"
		EER (Enhanced ER)		

ship

문 19)	ER (Entity Relation) 모델에서의 연결 함정
	(Connection Trap)에 대해 설명하시오
답)	
1.	ER (Entity Relationship) 모델의 문제점, 연결함정의 개요
가.	연결 함정 (Connection Trap)의 정의
	개체와 개체 (Entity) 사이의 관계성 집합의 의미가 모호하여
	원치 않는 결과 및 업무 처리에 영향을 미치는 ER모델의 문제점
나.	연결함정의 유형

유형	설 명	비고
부채꼴함정 (Fan Trap)	개체 집합 사이에 관계성 집합이 정의 되어 있기는 하지만 관계성 예서가 모호한 경우	관계성 모호
균열함정 (Chasm Trap)	개체와 관계성 집합이 정의 되어 있기는 하지만 일부 개체 집합 사이에 관계성이 미존재	관계성 미존재

| 2. | 부채꼴함정 (Fan Trap)의 문제점과 개선 방안 |
| 가. | Fan Trap 의 문제점의 예서 와 설명 |

구분	개념도	ER 모델
경우의 수	[교수] [공과/재학] [학과] A B C D 공재 상재 전자 컴퓨터 경영 경제 재직하다 소속되다	공과재학 Entity 1 1 재직하다 ←관계Type 소속되다 n n 교수 학과

				의미	한개의 개체 집합이 둘이상의 1:n 관계성집합을 갖는 경우로 마치부채꼴 형상임 (Fan)
		문제점의 설명	문제점		어느 교수가 어느 학과에 재직하고 있는지 알고자 할 경우 알수있는 방법이 없음
			예제 설명		A라는 교수는 공대에 재직하고 있으나 전자과인지컴퓨터과인지 알수 있는 방법이 없음.
	4.	부채꼴 함정의 개선 방안			

		구분	개념도	ER 모델
		해결 방안	[단과대학] [학과] [교수] 공대 — 전자 —— A 컴퓨터 —— B 상대 — 경영 —— C 경제 —— D 소속되다 재직하다	학과 n 1 소속되다 재직하다 1 n 단과대학 교수
		해결	하나의 Entity 중심에서 1:n으로 펼쳐지는 관계중 한쪽 관계를 n:1로 변환시켜 해결함.	
		의미	-학과 Entity 중심으로 n:1, 1:n으로 변환 부채꼴 형태이기는 하지만 1:n, 1:n 를 n:1, 1:n 변경	
		예제 설명	-A라는 교수는 전자과에 재직하고 공대 에 소속 중임 -D라는 교수는 경영학과에 재직하고 상대에 소속 중임	
	3.	균열 함정(Chasm Trap)의 문제점과 개선방안		

가. 균열 함정의 경우의수(문제)의 예시와 설명

구분	개념도	ER 모델
경우의수	[학과] [교수] [학생] 전자 — A — 김. B — 이. C — 박.(복학생) 전기 — D — 최	교수 n — 1 재직하다 지도하다 1 — n 학과 학생
문제점	- 개체집합들이 부분관계성 집합으로 연결된 경우에 발생 - 학생이 어느학과에 소속되는지는 교수라는 Entity를 통해 알수 있는 것 처럼 보여 문제가 없는 것 처럼 생각될	
예제설명	만약 복학생의 경우는 어느학과에 속하는지 알수 없음 즉 복학생의 경우 지도교수를 할당받지 못하는 경우 발생	

4. 균열 함정의 개선 방안 (해결)

구분	개념도	ER 모델
	학생 … 연결절 … 담당교수 김. 최. — A C 전자 전기 학과	교수 n — 1 재직하다 지도하다 1 — n 학과 재학하다 학생
해결방안	- 균열이 발생한 Entity간에 새로운 관계를 추가하여 해결 "재학하다"라는 관계성 집합을 '학과'와 '학생' 개체집합 사이에 배열시켜 해결.	
개선예	- 복학생의경우 기존의 관계성과 호환성 (Entity간연결성) 유지 상태에서 "재학하다" 관계 Type에 연결함	

4.		Data Modeling을 통한 연결함정 해결 방법
	가.	논리적 Modeling시 연결함정의 여부를 검증하여
		정규화및 기타 Table를 생성하여 대응.
	나.	물리적 Modeling을 통한 prototype 구성, 검증후
		논리(Logical) Modeling으로 상세화.
	다.	Biz Domain에 대한 충분한 이해및 사례, 경험사례,
		학습및 교육을 통해 Database Modeling 역량강화 필요.
		"끝"

문	20)	야구선수와 야구팀이라는 두개의 Entity Type에
		대해 다음의 요구사항을 참조하여 ER schema를 그리시오.
		(단, Total/Partial 참여, 몇대몇 인지의 관계, Key등을
		명시 할것)
		요구사항:
		야구선수에 속한 각 선수는 '선수이름'과 '등번호'라는 두개의
		Attribute들로 구성된다. 같은팀에는 같은 '등번호'를 갖는
		선수는 없으나, 같은 '선수이름'을 갖는 선수들이 있을 수 있다.
		그러나 서로 다른 팀에는 같은 '등번호'를 갖는 선수들이 있을
		수 있다. 야구팀에 속한 각 팀은 '팀이름'이라는 하나의
		Attribute로 구성되며, 같은 '팀이름'을 갖는 팀들은 없다.
		각 야구선수는 반드시 그 선수가 소속되는 야구팀이 있어야
		한다.
답	)	

식별키: 팀이름, 등번호

Weak Entity Type (Key 없음)

야구선수 — M — 소속 — 1 — 야구팀

선수이름   등번호 ----- ↗ Partial key

팀이름 ↑ 유일 key, owner key

"끝"

문	21)	EER (Enhanced ER) Model에 대해 설명하시오
답	)	
1.		ER (Entity Relation) 모델의 한계극복, EER모델의 개요
	가.	EER (Enhanced Entity Relation) 모델의 정의
		- 기존 ER 모델에 세분화, 일반화, 집단화, 상속 기능을 지원하는 새로운 개념의 ER Model
	나.	EER Model에 추가된 기능

- 세분화, 상속화, 일반화, 집단화 기능이 추가 됨.

2		EER Model에 추가된 기능의 도식과 설명

기능	도식화	설명
세분화 (Subclasses/super classes) | TOP Down 방식		- 하나의 Entity Type은 여러개의 의미있는 Sub-entity type들로 Group화 할수있음 - Super와 Sub class는 IS-A관계 - Subclass에 속한 모든 Entity들은 Superclass에 속해야할 - Superclass에 속한 모든 Entity들이 반드시 어떤 Subclass에 속할 필요는 없음.

Inheritance 상속화	(사번) (성명) (나이) 종업원 Super 상속 ↓ 상속 ↗ IS-A Sub 기술자 상속 품질검증자 (Eng-Type) (Quality 수사)			-상위 (Super) Entity 의 속성을 하위 (Sub) Entity에서 상속받음
접관화 (Aggre-gation)	자동차 IS-PART-OF 타이어 엔진 〈접관화〉			-IS-PART-OF관계 -단위 개체들을 하나로 묶어 상위레벨의 복합 개체를 구성 -중복관계을 단순화 함.
일반화 (Generalization)	-공통적인 특징을 하나의 Class 개체로 만드는 것 -몇개의 개체 집합을 상위 레벨 한개체로 생성, Bottom-up			
				"끝"

문 22)	다음 TRUCK과 CAR에 대해 일반화 (Generalization)을 완성하시오.
답)	
1.	ER 모델의 한계 극복, EER에 적용된 일반화의 개요
가.	EER(Enhanced ER) 모델의 정의
	- 기존 ER 모델의 한계 극복을 위해 일반화, 세분화, 집단화, 상속 기능을 지원하는 새로운 개념의 ER 모델
나.	일반화(Generalization)의 정의
	- 여러 개체(Entity)의 공통적인 특징을 하나의 Class 개체로 일반화, 몇 개의 개체 집합을 상위 레벨의 한 개체로 만드는 것.(Bottom-up 방식)
2.	주어진 Entity 에서의 일반화 수행 결과

주어진 Entity / 일반화

- TRUCK과 CAR의 공통 속성을 추출하여 Vehicle Entity 에서 일반화 함

"끝"

문 23)	Database에서 사용되는 관계 대수(Relational Algebra)의 연산자와 연산자의 실행예를 기술하시오.

답)

1. 관계 대수(Relational Algebra)의 정의 및 종류

　가. (관계 대수의 정의) - 어떻게 질의(Query)를 수행할것인가를 명시, 논리에 기반하여 관계(표)로 표현된 Data를 취급하는 대수적인 연산 체계 (컴퓨터구조 AND, OR, NAND와 동일개념)

　나. 관계 대수 연산자의 종류

연산자	표기	설명
SELECT	$\sigma_{(조건)}(R)$	주어진 조건을 만족하는 Tuple들만 선택출력
PROJECT	$\pi_{(List)}(R)$	원하는 Attribute 들만 출력
UNION	$R \cup S$	합집합, R과 S Relation의 모든 Tuple 출력
INTERSECTION	$R \cap S$	교집합, R과 S의 교집원소 출력
DIFFERENCE	$R - S$	차집합, R에만 있고 S에는 없는 원소 출력
CARTESIAN PRODUCT	$R \times S$	곱셈, R과 S의 Relation의 합집(Combine)
JOIN	$R \bowtie_{조건} S$	조건식에 맞는 것들만 연결하여 출력
OUTER JOIN	$R ⋉ S$	R의 모든 Tuple 유지, Left Outer Join
	$R ⋊ S$	S의 모든 Tuple 유지, Right Outer Join
	$R ⟗ S$	R과 S의 모든 Tuple 유지, Full outer Join
Aggregation (집합)	$F_{<function>}(R)$	Count, SUM, AVG, MIN, MAX
		$<Group 속성> F <function\ list> R$
DIVISION	$R \div S$	나누고 난후의 몫이 같은것

	-	CARTESIAN PRODUCT는 다 합치는 것이고
		JOIN은 조건에 맞는 것들만 연결
2.		관계대수의 연산자 실행의 예제

연산자	실행 전	실행 후
SELECT $\sigma_{(A=B)\,AND\,(D>=7)}(R)$	R: <table><tr><td>A</td><td>B</td><td>C</td><td>D</td></tr><tr><td>1</td><td>2</td><td>2</td><td>9</td></tr><tr><td>2</td><td>2</td><td>5</td><td>7</td></tr><tr><td>3</td><td>3</td><td>8</td><td>3</td></tr><tr><td>5</td><td>5</td><td>9</td><td>8</td></tr></table>	R: <table><tr><td>A</td><td>B</td><td>C</td><td>D</td></tr><tr><td>2</td><td>2</td><td>5</td><td>7</td></tr><tr><td>5</td><td>5</td><td>9</td><td>8</td></tr></table>
PROJECT $\pi_{(A,C)}(R)$	R: <table><tr><td>A</td><td>B</td><td>C</td></tr><tr><td>3</td><td>1</td><td>1</td></tr><tr><td>3</td><td>2</td><td>1</td></tr><tr><td>7</td><td>3</td><td>1</td></tr><tr><td>7</td><td>4</td><td>2</td></tr></table>	R:<table><tr><td>A</td><td>C</td></tr><tr><td>3</td><td>1</td></tr><tr><td>3</td><td>1</td></tr><tr><td>7</td><td>1</td></tr><tr><td>7</td><td>2</td></tr></table> → 중복제거 R:<table><tr><td>A</td><td>C</td></tr><tr><td>3</td><td>1</td></tr><tr><td>7</td><td>1</td></tr><tr><td>7</td><td>2</td></tr></table>
UNION R∪S	R:<table><tr><td>A</td><td>B</td></tr><tr><td>3</td><td>1</td></tr><tr><td>3</td><td>2</td></tr><tr><td>7</td><td>1</td></tr></table> S:<table><tr><td>A</td><td>B</td></tr><tr><td>3</td><td>2</td></tr><tr><td>7</td><td>3</td></tr></table>	<table><tr><td>A</td><td>B</td></tr><tr><td>3</td><td>1</td></tr><tr><td>3</td><td>2</td></tr><tr><td>7</td><td>1</td></tr><tr><td>7</td><td>3</td></tr></table> ← 중복제거
교집합 R∩S	R:<table><tr><td>A</td><td>B</td></tr><tr><td>3</td><td>1</td></tr><tr><td>3</td><td>2</td></tr><tr><td>7</td><td>1</td></tr></table> S:<table><tr><td>A</td><td>B</td></tr><tr><td>3</td><td>2</td></tr><tr><td>7</td><td>3</td></tr></table>	<table><tr><td>A</td><td>B</td></tr><tr><td>3</td><td>2</td></tr></table>

차집합	R:	A	B	S:	A	B		A	B
		3	1		3	2		3	1
R-S		3	2		7	3		7	1
		7	1						

CARTESIN								A	B	C	D
PRODUCT	R:	A	B	S:	C	D		a1	b1	C1	d1	튜플
		a1	b1	튜플	C1	d1		a1	b1	C2	d2	개수
R×S		a2	b2	↓2개↓	C2	d2		a2	b2	C1	d1	는
								a2	b2	C2	d2	4개

JOIN	R:	A	B	S:	B	C		A	B	B	C
(⋈)		a1	b1		b1	d1		a1	b1	b1	d1
R⋈S		a2	b3		b2	d1		a2	b3	b3	d2
R.B=S.B					b3	d2					

DIVISION	R:	A	B						
		a1	b1	S:	B				
R÷S		a1	b2		b1			A	
		a2	b1		b2			a2	
		a2	b2		b3				
		a2	b3						
		a3	b2						

"끝"

문 24) 다음 Relation T1과 T2에 대해 아래의 각 연산을 수행한 결과를 보이시오

T1

P	Q	R
10	a	5
15	b	8
25	a	6

T2

A	B	C
10	b	6
25	c	3
10	b	5

(1) T1 ⋈ T1.P = T2.A T2

(2) T1 ⋈ T1.Q = T2.B T2

(3) T1 ⟕ T1.P = T2.A T2

(4) T1 ⟖ T1.Q = T2.B T2

(5) T1 U T2

(6) T1 ⋈ T1.P = T2.A AND T1.R = T2.C T2

답)

1. 연산을 수행할 관계 대수의 의미 설명

연산자	표기	설 명
JOIN	R⋈S	조건식에 맞는 것들만 연결하여 출력
OUTER JOIN	R⟕S	R의 모든 Tuple 유지
	R⟖S	S의 모든 Tuple 유지
UNION	RUS	합집합, R과 S의 모든 Tuple 출력

2. T1과 T2 연산에서의 각 조건에 대한 결과

(1) T1 ⋈ T1.P = T2.A T2 연산

P	Q	R	A	B	C
10	a	5	10	b	6
10	a	5	10	b	5
25	a	6	25	c	3

(2) T1 ⋈ T1.Q = T2.B T2 연산

P	Q	R	A	B	C
15	b	8	10	b	6
15	b	8	10	b	5

(3) T1 ⋈ T1.P = T2.A T2 ← Left Outer Join 결과

P	Q	R	A	B	C
10	a	5	10	b	6
10	a	5	10	b	5
15	b	8	null	null	null	← NULL 값
25	a	6	25	c	3

(4) T1 ⋈ T1.Q = T2.B T2

← Right Outer Join

P	Q	R	A	B	C
15	b	8	10	b	6
null	null	null	25	c	3
15	b	8	10	b	5

(5) T1 ∪ T2 ← 합집합

P	Q	R
10	a	5
15	b	8
25	a	6
10	b	6
25	c	3
10	b	5

(6) T1 ⋈ T1.P = T2.A AND T1.R = T2.C T2

-풀이과정1)

T1.P = T2.A

P	Q	R	A	B	C
10	a	5	10	b	6
10	a	5	10	b	5

T1.R = T2.C

P	Q	R	A	B	C
10	a	5	10	b	5
25	a	6	10	b	6

-결과)

P	Q	R	A	B	C
10	a	5	10	b	5

"끝"

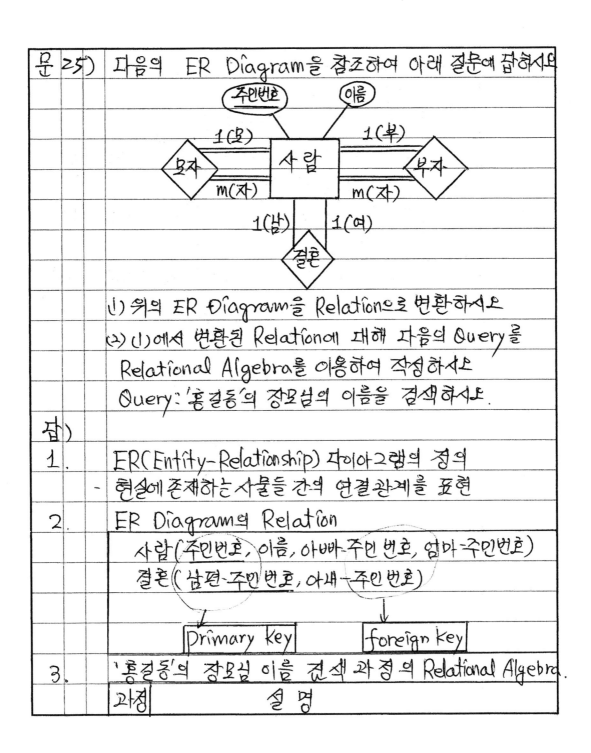

문 25)		다음의 ER Diagram을 참조하여 아래 질문에 답하시오
		(1) 위의 ER Diagram을 Relation으로 변환하시오
		(2) (1)에서 변환된 Relation에 대해 다음의 Query를 Relational Algebra를 이용하여 작성하시오 Query : '홍길동'의 장모님의 이름을 검색하시오.
답)		
1.		ER(Entity-Relationship) 다이아그램의 정의
	-	현실에 존재하는 사물들 간의 연결관계를 표현
2.		ER Diagram의 Relation
		사람(주인번호, 이름, 아빠-주인번호, 엄마-주인번호) 결혼(남편-주인번호, 아내-주인번호)
		Primary key foreign key
3.		'홍길동'의 장모님 이름 검색 과정의 Relational Algebra.
		과정 | 설 명

			T1	$T1 \leftarrow \pi_{주민번호}(\sigma_{이름 = '홍길동'}(사람))$
				// 홍길동의 주인번호 검색
			T2	// 홍길동의 아내 주인 번호 검색
				$T2 \leftarrow \pi_{아내-주민번호}(T1 \bowtie_{T1.주민주민번호 = 남편-주민}(결혼))$
			T3	// 홍길동의 장모님 주인 번호 검색
				$T3 \leftarrow \pi_{엄마-주민번호}(T2 \bowtie_{아내-주민번호 = 사람.주민번호}(사람))$
			Result	// 홍길동의 장모님 이름 검색
				$Result \leftarrow \pi_{이름}(T3 \bowtie_{엄마-주민번호 = 사람.주민 번호}(사람))$

"끝"

문 26)		다음의 Relation들과 제약조건을 참조하여 아래 질문에 답하시오.

Relation : 선수(선수명, 나이, 소속팀명)

자동차(번호판, 모델명, 소유자명, 소속팀명)

제약조건 : 1) $\Pi_{소유자명, 소속팀}(자동차) \subseteq \Pi_{선수명, 소속팀}(선수)$

2) 각 선수는 최대 2대의 자동차를 소유하고,

각 자동차의 소유자는 반드시 있어야 하며, 단 하나다.

문1) 위의 Relation에 Tuple들의 예를 각각 5개 이상 기술하시오

문2) 위의 Relation에서 Primary key와 Foreign Key를 명시하시오

문3) 위의 Relation들을 ER Schema로 변환하시오

답)

1.

문1) 해당 Relation의 5개 Tuple들의 예

가. 선수 Tuple의 예

선수명	소속팀명	나이	
김술사	삼성	25	
이기사	LG	30	
박능장	LG	25	} Tuple들
최 DB	한화	26	
박 IT	롯데	27	

나. 자동차 Tuple의 예

번호판	Model명	소유자명	소속팀
123	2랜저	김술사	삼성

			234	그랜저	이기사	LG	
			345	벤츠	박능장	LG	
			456	벤츠	최DB	한화	
			567	벤츠	최DB	한화	

2. Relation에서 Primary Key와 Foreign Key의 명시

- (Primary key의 정의) - 후보키중에서 대표로 선정된 key.
- (Foreign key의 정의) - 다른 Relation의 기본키로 선정된 key.

가. 선수 Relation의 Primary Key와 Foreign Key

Primary key : {선수명, 소속팀}

Foreign key : 없음

나. 자동차 Relation의 Primary/Foreign key

Primary key : {번호판}

Foreign key : {소유자명, 소속팀}

3. ER-Schema로 변환

"끝"

문 27)	다음 SQL DDL문을 참조하여 아래 질문에 답하시오

```
CREATE TABLE 군인
    (군인명 : CHAR(10) NOT NULL
     나이 : INTEGER
     상관명 : CHAR(10) NOT NULL
     PRIMARY KEY 군인명
     FOREIGN KEY 상관명  REFERENCES 군인
     ON DELETE CASCADE
     SET NULL ON UPDATE
```

문1) 각 군인의 직속상관 (즉 바로위 상관)은 (최소, 최대) 각각 몇명인가?

문2) 만약 어떤 Tuple이 Delete 된다면, 어떤일이 발생되는지 설명하시오

문3) 만약 어떤 Tuple이 Update 된다면, 어떤일이 발생되는지 설명하시오

문4) "홍길동의 직속상관의 이름을 구하시오" Query를 SQL문으로 작성하시오.

답)

1. 문1)의 답변

군인명은 Primary key로 지정되어 있어 최대 1명의 상관만 가질수있음. 상관명이 NOT NULL로 지정되어 있으므로, 각 군인에 대해 최소 단 1명의 상관이 존재, 즉 (1, 1)의 관계

2.		문2)의 답변
		만약 어떤 Tuple을 삭제한다면, ON DELETE CASCADE로
		인해 삭제된 Tuple의 군인명을 참조했던 Tuple도 삭제됨.
		이는 자신 방금(직전) 함께 삭제된 Tuple을 참조했던 Tuple
		이 다시 삭제됨. 즉, 연쇄적으로 계속 참조 했던 Tuple들이
		계속 삭제(DELETE)되어 모든 Tuple들이 삭제됨.
3.		문3)의 답변
		만약 어떤 Tuple의 군인명이 Update된다면, 이를 참조한
		Tuple의 Foreign key인 상관명에 NULL을 설정 해야 하나
		이미 NOT NULL로 지정 되어 있어 이에 위반됨. 이 Update
		명령어는 결국 실행하지 못함.
4.		문4)의 답변

```
SELECT  상관명
FROM    군인
WHERE   군인명 = 홍길동
```

"끝"

문 28)	아래 ER Schema의 지점 Entity Type을 SQL CREATE TABLE 명령어를 이용하여 변환 하시오 (지점은 Weak Entity Type임) 단 모든 제약 조건 (key, entity, referential integrity, trigger)들을 반드시 명시 하시오.

답)	
1.	주어진 ER Schema에서 SQL CREATE TABLE의 작성
	CREATE TABLE 지점
	(지점명 : CHAR(10)　　// 10byte 할당
	지점번호 : INTEGER NOT NULL
	은행명 : CHAR(10)　NOT NULL
	PRIMARY KEY (지점번호, 은행명)
	FOREIGN KEY 은행명 REFERENCES 은행
	CASCADE ON DELETE
	CASCADE ON UPDATE)
2.	SQL CREATE TABLE 지점 의 설명
	지점은 Weak Entity Type임, 따라서 (지점번호, 은행명)이 Primary Key이고 반드시 NOT NULL 명기 필요.

만약 어떤 은행 Tuple이 Delete되면 이를 참조한 지점 Tuple들 역시 함께 삭제되어야 하므로 반드시 CASCADE로 명시해야 함. (그 이유는 Weak entity의 존재는 Owner에 종속되는 Existence Dependency 이기 때문).
Update인 경우도 마찬가지임.   "끝"

수행

문 29)		Database에서 정규화(Normalization)의 절차에 대해
		설명하시오.
답)		
1.		Relation을 분해 하는 과정, 정규화의 개요.
	가.	(정규화(Normalization)의 정의)-이상현상을 발생시키
		는 속성(Attribute)간의 종속성, 중복성을 제거 하고 무결성
		을 보장하기 위해 Relation을 분해 하는 과정
	나.	(정규화의 목적)-Data 간의 중복성 제거, 이상현상 제거,
		Data 간의 불일치 해소, Data 무결성(Integrity) 확보.
	자.	정규화의 필요성

자료일관성	삽입,수정,	저장공간효율화	중복최소화,
삭제시 이상현상 제거	정규화 필요성	Data 저장공간 절약	
자료검색효율화	논리적	DB유연성	DB 재구성시
구조강화, 다양한 검색기능구현용	Database 재구성 작업 효율화-		

2		정규화의 원리및 정규화의 수행절차
	가	Normalization의 원리

정보표현의 무손실	스키마 변환시(A→B 스키마) 정보의 손실 배제
최소 Data의 중복성	-최소 중복으로 여러 가지 이상현상 제거 -중복으로 인한 이상현상 방지 효과
분리의 원칙	독립된 관계성은 하나의 독립된 Relation 드기

	나	정규화의 수행절차
		구분 | 관계 | 설 명

BCNF (Boyce Code Normal Form)

			한수적 종속성	제1정규형	속성의 원자화, 다중값 & 반복되는속성 제거
				제2정규형	부분함수 종속성 제거, 식별자에 완전 종속
				제3정규형	이행함수 종속성 제거, 속성 간 종속 제거
				BCNF	결정자가 후보키가 아닌 종속성 제거
			다중값 종속성	제4정규형	함수종속이 아닌 다중값 종속성 제거
			결합(Join)종속성	제5정규형	후보키를 통하지 않는 Join 종속성 제거
3			정규화 ('Normalization') 전략 (현업경험사례)		
			- Modeling시 기술경험자와 업무 Logic 전문가나 협업 필요		
			- Data Modeling시 논리모델 → 물리 모델 관계로 수행		
			- 기존 경험사례와 Checklist 통한 개발 자주 검증 수행		
					" 끝 "

문	30)	Database에서 사용되는 Super key, Candidate(후보) Key, primary key, Alternate(대체) Key, Foreign(외래) Key에 대해 설명하시오.
답)		
1.		Database에서 사용되는 Data key 정의와 특성
	가.	(Data key의 정의) - Relation에서 Tuple을 유일하게 식별 할수 있는 속성(Attribute)의 집합(Set)

나.	Key의 특성
	유일성, 최소성 재표성으로 기본 key 선정 ←

유일성 ← 릴레이션의 모든 튜플을 유일하게 식별

최소성 ← 유일성을 가진 최소한의 속성들만을 포함

재표성 ← 해당 릴레이션을 재표함

2.		Key의 사례와 각 key의 설명, Key의 도출과정
	가.	Key의 사례와 각 Key의 설명

Key의 사례	key	key 설명
과목 과목코드 · 지도교수 · 강의실 ①② ↘외래키	①기본키	후보키중에서 재표로 선정된키 (Not Null)
	②후보키	유일성와 최소성을 만족시키는 키
	③대체키	기본키를 제외한 후보키들
학생 학번 · 주민번호 · 성명 · 과목코드 ①② ②③ ④	슈퍼키	유일성은 있으나 최소성을 만족시키지못하는 한개 이상의 속성으로구성
	④외래키	다른 Relation의 기본키로 선정된 key
	보조키	중복을 허용하는 Key

- 기본 Key(primary)는 유일성, 최소성, 재표성을 가짐.

	나	Key의 도출(Extraction) 과정

스키마 속성 → (유일성 만족) → 슈퍼키 선정 → (최소성 만족) → 후보키 선정 → (Not null 재료성 만족) → 기본키 선정　primary Key

- 슈퍼키
- 후보키
- 기본키
- 대체키

- 후보키
- 기본키
- 대체키

- Primary Key는 Entity Type 내에 모든 Entity들이 유일 하게 구분 (불변성 유지, 존재성··Data 값이 존재)

3. Data Key들 간의 관계

슈퍼 키 ----→ 유일성

후보 키 ----→ 유일성, 최소성

기본 키　대체키 ----→ 유일성, 최소성, 재료성

"끝"

문 3/) 외래키 (Foreign key)에 대해 정의 하고 다음 ERD(ER-Diagram) 로 Relation을 생성 한후 사원의 부서를 외래키를 사용하여 알수 있는 방법에 대해 설명 하시오.

답)

1. 외래키 (Foreign Key)의 정의(목적)

참조하는 (FK) ⊆ 참조되는 (PK)	PK=primary key
(Reference) 집합 (Referencing)	R=Relation

- 참조하는 Relation 에서 참조되는 primary key를 가져옴

2. 주어진 ERD 에서의 관계도와 Relation 작성(생성)

관계도(Mapping =M: 1관계)	Relation

사원 R.

사번	이름	나이
12··	홍	33
34··	최	35
56··	김	36

부서 R.

부서명	전화
경리	27··
자재	28··
인사	29··

3. 외래키사용 사원의 부서명 파악 방법

- 사원 Relation 에서 부서를 알수없음. 외래키 활용해서
사원의 Relation 에서 부서를 알수 있음.

사원 Relation   외래키   부서 Relation

사번	이름	나이	부서명			부서명	전화
12…	홍	33	경리과			경리과	27⋯
34…	최	35	경리과			자재과	28⋯
56…	김	36	자재과			인사과	29…

참조하는   참조무결성   참조되는

(Referencing Relation)   ┆   (Referenced
                                                              Relation)

참조되는
Relation PK값만
가능

- 사원 Relation에 부서명을 추가.
- 외래키의 목적은 각 Relation 간의 정보 연결 위함.

"끝"

문32)	Database에서 Key의 본질적 제약과 내재적		
	제약에 대하여 설명하시오.		
답)			
1.	Key의 본질적 제약과 내재적 제약(Constraint)의 정의		
가.	(본질적 제약의 정의) - 기본키와 관련된 제약으로 반드시		
	주 키(Key)가 있어야 하고 유일성과 최소성을 보장해야하는제약		
나.	(내재적 제약의 정의) - 관계에 포함되는 Data나 속성에		
	관련된 제약, Data의 의미를 정확히 표현하고 오류 방지		
2.	DB Key의 본질적 제약의 특성 및 종류		

구분	항목	설 명
	유일성	Relation의 모든 Tuple을 유일하게식별
키의특성	최소성	유일성을 가진 최소한의 속성들만을 포함
	대표성	해당 Relation을 대표함.
	후보키	항상키의 특성인유일성과 최소성을 만족시키는키
키의 종류	기본키	후보키 중에서 대표로 선정된키(Not Null)
	대체키	기본 Key를 제외한 후보키들

	- 관계(Relation)형 Data Model은 다른 데이터 Model에		
	비해 비교적 적은 본질적 제약을 가짐.		
3.	DB Key의 내재적 제약의 특성 및 종류		

제약유형	설 명	구현 형태
참조	-두관계에 있는 Tuple간	Foreign (외래키)
무결성 제약	의 일관성을 유지하기	Key

			참조	위하여 꼭 필요한 제약.	삭제 규칙 : restrict
			무결성 제약	~의 래키 또는 Trigger 사용	Cascade, default
			영역(Domain)	칼럼(속성)이 가질수 있는	Check, ~~Default~~,
			제약	제약, 잘못된 입력 방지	NOTNULL, Rule

- 개발자의 생산성 향상이나 입력 오류 가능성을 고려 할때

무결성을 내재적 제약으로 지키는 것이 효율적.

〃끝〃

문 33)		Database에서 함수적 종속성 (Function Dependency) 에 대해 기술하시오.
답)		
1.		Relation 속성간의 결정/종속 관계, 함수적 종속성의 개요
	가.	함수적 종속성 (Function Dependency)의 정의
	-	Relation R에서 특정 속성 X가 특정 고유 속성 Y를 결정 짓는 관계 (X → Y로표기, X는 결정자, Y는 종속자 Y는 X에 종속된자는 의미임)
	나	함수적 종속성의 중요성 (갱신이상/중복 제거, 정규화)
	-	갱신이상과 중복을 제거하기 위해 DB스키마 설계시 필수 제약조건
	-	정규화 작업시 중요한 작업으로 제2정규형에서 BCNF까지 적용
2.		함수적 종속성의 유형과 추론 관계
	가.	함수적 종속성의 유형

구분	사례	설명
완전함수 종속성	이름 ← 학번(X) / 과목명(Y) → 성적(Z) / 완전함수종속	- 성적은 학번과 과목명을 알아야됨 - XY→Z일때 X→Z 미성립, Y→Z 미성립하는 경우 Z는 XY에 완전 함수종속
부분함수 종속성	이름 ← 학번(X) / 부분함수종속 과목명(Y) → 성적(Z)	- 학번만 알아도 이름 알수 있음 - XY→Z일때 X→Z와 Y→Z 중하나만 성립 하는경우 - 제2정규형 필요

				X	Y	- X→Y이고 Y→Z 일때
		이행 함수 종속성	학번 ──→ 지도교수			X→Z가 성립하면
						이행함수종속성
			Z 학과			- 학번알면 학과 알수있음
			학번 → 학과 (X→Z성립) 제3정규형 필요			
		결정자 함수종속성	학번 ──→ 교수명			- 릴레이션 R이 제3정규 형을 만족하고 모든 결정자 가 후보키인 경우 결정자 함수종속성
			과목명 ····▷ 후보키가아닌 결정자			- BCNF 필요

	4.	함수적 종속성의 주요 추론 규칙 (암스트롱 공리)		
		구분	추론규칙	설명
		기본규칙	재귀규칙	Y가 X의 부분집합이면 X→Y임
			증가규칙	X→Y이면 XZ→YZ
			이행규칙	X→Y이고 Y→Z이면 X→Z
		부가규칙	연합규칙	X→Y이고 X→Z이면 X→YZ
			분해규칙	X→YZ이고 X→Y이면 X→Z
			가이행규칙	X→Y이고 WY→Z이면 XW→Z

	3.	함수적 종속성 적용시 고려사항 & 정규화 적용 방안
	가.	함수적 종속성 적용시 고려 사항
	-	실 업무 Logic에서 함수적 종속성 Inspection.
	-	가능한 경우의 수를 모두 고려하여 모든 경우를 만족 시켜야함

	-	함수적 종속성은 Table의 Schema에 관한 특성이기 때문에
		Database 설계과정에서 필히 고려 되어야 함.
나		정규화(Normalization) 적용방안 (함수적 종속성)
	-	제 2 정규형부터 BCNF까지 적용
	-	CASE 도구 활용하여 복잡한 종속성 개선 검증후 Fix.
		"끝"

문 34)	Database 에서 이상현상(Anomaly)의 유형과 사례, 해결 방안에 대해 설명하시오.	
답)		
1.	Relation 조작시 Data 누락, 불일치, 이상현상의 개요	
가	(이상현상(Anomaly)의 정의) · Relation 조작시(수정, 입력, 삭제등) 원치않는 현상발생으로 Data 불일치나 누락현상	
나	Anomaly 현상의 발생원인	
	- 하나의 Relation에 다양한 속성을 표현하려고 하기 때문	
	- 속성간에 존재하는 여러가지 종속관계에 대해 정규화되어 있지않음	
2.	이상현상의 유형 및 Anomaly 의 사례설명	
가	이상 현상의 유형	

구분	유형	내용
Data 종속	삽입이상	특정 Data 삽입시 원하지않는 정보까지 삽입
	삭제이상	특정 속성 삭제시 원하지않는 정보까지 삭제
Data 중복	갱신이상	속성 변경시 중복된 Data와의 불일치현상

나	이상현상(Anomaly)의 사례와 설명	

사례					설명	
학번	이름	주소	성적	과목	삽입이상	학생추가시 불필요한 '성적'도 입력
1	A	서울	A	경영	삭제	B 학생 정보 삭제시 "소공"
2	B	분당	A+	소공	이상	과목정보도 함께 삭제됨
3	C	수원	A	보안	갱신	C 학생 서울로 이사시 주소 변경시
3	C	수원	A+	CA	이상	중복된 Row 일부만 수정시 Data

해야 됨

불일치 현상이 발생됨

3.		이상현상 (Anomaly)의 해결방안
	정규화 이전	[수행필요]
		부분함수종속성 발생 →이상현상제거필요→제2정규형
	정규화 이후	-(학번, 과목번호), (학번, 과목번호, 성적), (과목번호, 과목명) 3개의 Table로 분리
		-RDB 구조를 구조화된 관계를 만들어 이상현상제거
		-RDB 구조화를 위해 적장수준의 제2정규형 수행

"끝"

문 35) 아래의 테이블과 주어진 속성간의관계에서 발생되는 데이터의 입력, 삭제, 갱신이상 (Anomaly) 현상의 예를 기술하시오.

사번	부서코드	부서명
100	A10	기획부
200	A20	인사부
300	A30	영업부
400	A10	기획부

FD :
사번 → 부서코드
부서코드 → 부서명

답)

1.		이상현상 (Anomaly)의 정의와 발생원인	
	가.	(이상현상의 정의) - Data의 중복성으로 인해 Relation을 조작(수정)할때 발생하는 논리적 모순 현상	
	나	이상현상의 유형 (갱신, 삭제, 삽입이상)	
		갱신이상	중복 저장된 값의 속성 (Attribute)중 일부만 갱신되어서 Data의 불일치가 발생하는 현상
		삭제이상	원하지 않던 Data 까지 삭제되는 현상
		삽입이상	원하지 않던 Data 까지 입력 해야 하는 현상
2.		주어진 Table에서의 이상 현상 설명 및 제거 방법	
	가.	주어진 Table 에서의 이상 현상 사례	
		삽입이상	신규사원에 대한 부서코드를 등록(삽입)하고자 할시 부서명 정보까지 삽입 해야되는 현상
		삭제이상	사번 300번 정보 삭제시 A30의 부서명이 삭제됨

		갱신 이상	A10(기획부)의 부서명을 변경할시 100번, 400번 사 번의 부서명을 동시에 갱신 해야 되는 문제

4. 이상현상 사례의 제거 방안

- 주어진 Table은 제2차 정규형 Table. 즉 이행함수 종속성 존재
- 개선방법 : 제3차 정규형 수행필요. → 이행함수 종속성 제거

〈소속부서〉

사번	부서코드
100	A10
200	A20
300	A30
400	A10

〈부서〉

부서코드	부서명
A10	기획부
A20	인사부
A30	영업부

3. 정규화 수행시 성능및 표준화 필요사항

고려 사항	해결 방안

- 빈번한 JOIN은 성능 저하 → 반정규화 (Data 일관성 고려)
- 복잡한 스키마는 이해 어려움 → Table, 컬럼관계 세부 기술

"끝"

운 36)	아래 수강 Relation의 종속관계를 도식화 하고				
	함수적 종속성의 유형에 대해 설명하시오				

〈수강 Relation〉

학번	과목번호	성적	학년
100	C413	A	4
100	E412	A	4
200	C123	A+	3
300	C312	B+	3
300	C324	A+	2

답)

1. 정규화의 기본이론 함수적 종속성의 정의

(함수적 종속성(Function Dependency)의 정의)

Relation R에서 X와 Y를 각각 R의 속성집합의 부분

집합이라고 가정할때, 속성 X의 값 각각에 대해 시간에

관계없이 항상 속성 Y의 값이 오직 하나만 연관되어 있음.

Y는 X에 함수종속이라 하고 X→Y로 표현

X는 결정자(Determinant), Y는 종속자(Dependent)

2. 수강 Relation의 종속관계 도식 및 함수적 종속성의 유형

가. 수강 릴레이션의 종속관계 도식화

{학번, 과목번호} → 성적   // 완전 함수적 종속

학번 → 학년   // 부분 함수적 종속

4. 함수적 종속성의 유형

종속성 구분		설명
함수적 종속성	부분함수적 종속	$XY→Z$일때 $X→Z$와 $Y→Z$ 중 하나만 성립 하는 경우 (제2정규화 필요)
	이행함수적종속	$X→Y$이고 $Y→Z$일때 $X→Z$ 성립
	결정자함수적종속	함수적 종속이되는 결정자가 후보키가 아닌 경우
다중값 종속 (4NF)		- 한 관계에 둘 이상의 독립적 다중값속성이 존재하는경우 - X, Y, Z 3개의 속성을 가진 Relation R에서 속성쌍[X,Z]값에 대응하는 Y값의 집합이 X값에만 종속되고 Z값에는 독립 이면 Y는 X에 다중값 종속된다고 하고 $X→→Y$로 쓰기
조인 종속 (5NF)		관계 중에서 둘로 나눌때 원래의 관계로 회복할 수 없으나 셋 또는 2 이상으로 분리 시킬때 원래의 관계를 복원할수 있는 특수한 경우임.

3. 함수종속에 대한 추론 규칙

구분	설명
첨가규칙	$A→B$이면 $AC→BC$이고 $AC→B$ 이다.
이행 규칙	$A→B$이고 $B→C$이면 $A→C$ 이다.
분해 규칙	$A→BC$이면 $A→B$ 이다.
결합 규칙	$A→B$이고 $A→C$ 이면 $A→BC$ 이다.

11끝//

문 37)		관계형 DB 설계서 테이블 스키마(R)와 함수 종속성(FD)이
		아래와 같이 주어 졌을때, 다음 질문에 답하시오
		R(A, B, C, D, E, F, G, H, I)
		FD: 1. A→B 2. A→C 3. D→E 4. AD→I
		5. D→F 6. F→G 7. AD→H
		주) 스키마 R(A,B,C,D,E,F,G,H,I)은 원자값(Atomic Value)으로 구성되어 있는 1차 정규 테이블이다.
		가) 함수종속도표(FDD: Functional Dependency Diagram)을 작성하시오
		나) 스키마 R(A, B, C, D, E, F, G, H, I)에서 키(key)값을 찾아내고 그 과정을 설명하시오
		다) 2차 정규형 Table을 설계하고 각 Table의 key값을 명시하시오.
		라) 3차 정규형 Table을 설계하고 각 Table의 key값을 명시하시오
답)		
1.		함수적 종속성의 정의, 함수종속도표및 Relation key 선정
	가.	Functional Dependency 의 정의
	-	Relation R에서 특정 속성 (Attribute) X가 특정 고유 속성 Y를 결정 짓는 관계

X → Y	Y는 X에 종속 된다는 의미
결정자 종속자	

| | 나. | 함수 종속 도표의 작성 (주어진 Relation 에서) |

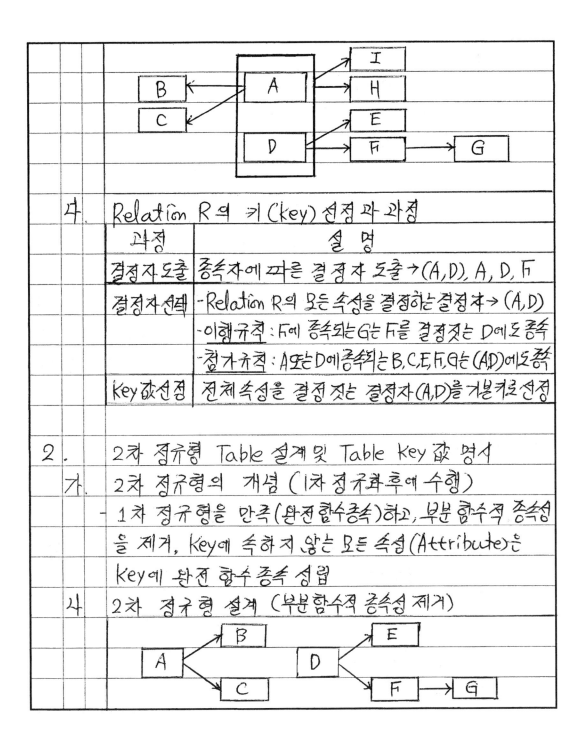

4. Relation R의 키 (key) 선정과 과정

과정	설명
결정자도출	종속자에 따른 결정자 도출 → (A,D), A, D, F
결정자선택	-Relation R의 모든 속성을 결정하는 결정자 → (A,D)
	-이행규칙: F에 종속되는 G는 F를 결정짓는 D에도 종속
	-첨가규칙: A또는 D에 종속되는 B,C,E,F,G는 (A,D)에도 종속
Key값선정	전체속성을 결정짓는 결정자 (A,D)를 기본키로 선정

2. 2차 정규형 Table 설계 및 Table Key값 명시

가. 2차 정규형의 개념 (1차 정규화 후에 수행)

- 1차 정규형을 만족(완전함수종속)하고, 부분 함수적 종속성을 제거, Key에 속하지 않는 모든 속성(Attribute)은 Key에 완전 함수종속 성립

나. 2차 정규형 설계 (부분함수적 종속성 제거)

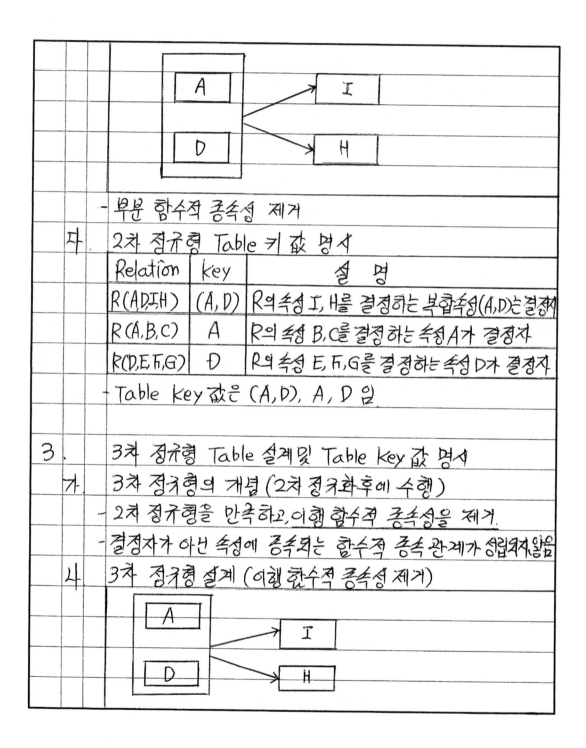

- 부분 함수적 종속성 제거

자. 2차 정규형 Table 키값 명세

Relation	key	설 명
R(A,D,I,H)	(A,D)	R의 속성 I, H를 결정하는 복합속성(A,D)는 결정자
R(A,B,C)	A	R의 속성 B,C를 결정하는 속성 A가 결정자
R(D,E,F,G)	D	R의 속성 E, F,G를 결정하는 속성 D가 결정자

- Table key 값은 (A,D), A, D 임.

3. 3차 정규형 Table 설계및 Table key값 명세

가. 3차 정규형의 개념 (2차 정규화 후에 수행)

- 2차 정규형을 만족하고, 이행 함수적 종속성을 제거.

- 결정자가 아닌 속성에 종속되는 함수적 종속 관계가 성립되지 않음

나. 3차 정규형 설계 (이행 함수적 종속성 제거)

- 이행함수 종속성 제거				

자 3차 정규형 Table 키값 명세

Relation	Key	설 명
R(A,D,I,H)	(A,D)	R의속성 I,H를 결정하는 복합속성(A,D)가 결정자
R(A,B,C)	A	R의속성 B,C를 결정하는 속성 A가 결정자
R(D,E,F)	D	R의속성 E,F를 결정하는 속성 D가 결정자
R(F,G)	F	R의속성 G를 결정하는 속성 F가 결정자

- Table Key 값은 (A,D), A, D, F 임

"끝"

문 38) 아래 수강과목 Relation은 제3 정규형이자
BCNF(Boyce/Codd Normal Form) 정규형으로 변환하고
제3 정규형에서 삽입/갱신/삭제 이상에 대해서 설명하시오

〈수강과목 Relation〉

학번	과목	강사명
100	DB	A
100	OS	B
200	SE	C
300	DB	D
400	DB	A

답)

1. 결정자 함수 종속성 제거, BCNF의 개요

   가. (BCNF 정규화의 정의) 보이스(Boyce)와 코드(Codd)가 개발한 정규형으로 제3 정규형(3NF)을 확장하여 관계속성의 부분집합이 모두 후보키이거나 후보키를 포함하고 있는 정규화 관계

   나. BCNF 정규형의 수행 목적.
   - 2NF 또는 3NF Relation에서 후보키가 아니면서 결정자인 속성이 존재하는 경우 발생하는 이상현상(Anomaly) 방지

2. 주어진 Relation의 분석 및 이상현상의 설명, BCNF정규화

   가. 주어진 Relation의 분석 (관계분석)

   학생 ──────→ 강사   FD: (학생, 과목) → (강사)
   과목 ←──── 후보키가 아님   (강사) → (과목)

4.	모든 결정자의 후보키 검증	
	- '강사' Attribute는 결정자이나 후보 key가 아님	
	'수강과목' Relation은 3NF이면서 BCNF가 아님.	
자.	이상현상(Anomaly)의 분석	
	삽입이상	수강생이 없는 과목에 대한 강사정보 입력(삽입)불가
	갱신이상	같은 과목과 강사에 수강생이 많으면 중복
	삭제이상	학생이 한명인 강좌의 경우 학생정보 삭제시 강사정보도 같이 삭제됨
라.	BCNF의 정규형 과정	

- 이상현상 발생원인 : 후보키가 아닌 강사(속성)가 과목의 결정자이기 때문

학번	강사
100	A
100	B
200	C
300	D
400	A

강사	과목
A	DB
B	OS
C	SE
D	DB
A	DB

| ① | ② |

| ① | 기존 Relation에서 '학번' Attribute에 대한 종속관계는 유지, '학번' Attribute가 기본 key가 됨 |
| ② | 후보키가 아닌 '강사' Attribute와 이에 종속되는 '과목' 속성을 별도의 Table로 분리, '강사' 속성이 기본키가 됨 |

- BCNF 이후의 FD는 학번 R : (학번 → 강사)

  강사 R : (강사 → 과목)

3.		BCNF의 실무적 활용방안
		- 제3차 정규형(3NF) 수행 후에도 이상현상 발생시 해결방안
		- BCNF를 수행후에도 성능을 위한 비정규화 과정에서 깨질수 있음
		- 함수종속이 아닌 다중값 종속성 제거를 위해서는 4NF 필요
		"끝"

문	39)	아래 수강 신청 Relation은 제3 정규형이지만 BCNF 정규형이 아니다. 발생할 수 있는 이상현상에 대해 설명하고 BCNF 정규형 Table로 설계하시오.
답	)	
1.		<u>결정자 함수 종속성 제거, BCNF 개요</u>
	가.	BCNF (Boyce / Codd Normal Form) 정의
	-	보이스와 코드가 개발한 정규형, 3차 정규형 (3NF) 수행 후에도 이상현상 (Anomaly) 발생할 경우에 수행하는 정규화.
	나	BCNF 정규형의 수행목적
	-	3NF Relation에서 후보키가 아니면서 결정자인 속성이 존재하는 경우에 발생하는 이상현상 방지하기 위함
2.		주어진 수강 신청 Relation의 이상현상과 BCNF 정규형
	가	주어진 수강 신청 Relation의 분석과 이상현상

항목	설 명					
함수적 종속적 분석(FD)	학번, 과목명 → 교수명 (학번, 과목명) → (교수명) (교수명) → (과목명) 결정자이면서 후보키가 아님					

이상현상	SID	학번	과목명	교수명	갱신 이상	교수명 B를 C로 변경시, 교수명이 과목명을 결정하지 못함
	1	1	DB	A		
	2	1	SE	B	삭제	"2"번 학생이 CA 과목 수강
	3	2	CA	C	이상	하는 정보 삭제시 C교수가
	4	2	DB	A	현상	CA를 가르친다는 정보도 삭제됨

				삽입	"D"라는 교수가 OS을 가르친다는 정보 입력
				이상	서 학번이라는 불필요한 정보도 입력해야함
		모든결정자의		"교수명" Attribute는 결정자이면서 후보키가 아님	
		후보키여부검증		수강 신청 Relation은 3NF이면서 BCNF가 아님	
		발생원인		후보키가 아닌 Attribute(교수명)가 과목명의 결정자이기때문	

사. BCNF 정규형

BCNF 정규형 과정 설명	함수적 종속성
① 후보키가 아닌 "교수명" 속성과 이에 종속되는 "과목명" 속성을 별도의 Table로분리	학번　　교수명
② 기존 Relation에선 '학번' 속성에 대한 종속관계유지. '학번'속성이 기본키	교수명 →과목명

3. BCNF의 실무적 활용 방안
- 3차 정규화 수행후에도 이상현상 발생할 경우 해결 방안.
- BCNF를 수행했다 할지라도 성능을 위한 비정규화 과정서 재저거쉬움

"끝"

문 40)	제4정규형의 개념과 제약조건, 제4정규형의 사례를 들어 설명하시오.

답)

1. 다중값 종속성에 의해 발생되는 제4정규형의 개요

　가. BCNF 만족 후 제4정규형 수행, 제4정규형의 개념

　- 한관계에 둘이상의 독립적 다중값속성이 존재하여 Relation을 분해하는과정 → 두개의 상호 독립적인 다중값 속성을 서로 다른 두관계로 분리시켜야 할 (다중값 : Multiple Valued)

　나. 제4정규형의 제약조건

Primary key값	3개 이상의 Primary key(기본key)값이 존재함
A와 B의 관계	A와 B는 연관성이 존재할
A와 C의 관계	A와 C는 연관성이 존재할
C와 B의 관계	C와 B는 연관성이 존재하지 않음

2. 제4정규형의 사례와 설명및 개선방향

　가. 제4정규형 이전

〈교과목 목록 Relation〉

과목(C)	교수(P)	교재(T)
CA	{P1, P2}	{T1, T2}
OS	P3	{T3, T4, T5}

前

〈개설 과목 Relation〉

과목(C)	교수(P)	교재(T)
CA	P1	T1
CA	P1	T2
CA	P2	T1
CA	P2	T2
OS	P3	T3
OS	P3	T4
OS	P3	T5

		- OS 과목을 새로운 교수 P4 가 담당하는 경우 T3, T4, T5에 재해 Tuple 하나씩 3개를 삽입해야 하는 현상 발생
4		해결방안

구분	설명
발생 원인	교수와 교재가 서로 무관한데 한 Relelation에 존재하는경우
해결 방안	무손실 분해이며 다중값 종속 (MVD:Multi-Valued Dependency)을 제거, 두 Relation으로 분리

3. 제4 정규형 실행 후

〈교과목교수 R〉

과목	교수
CA	P1
CA	P2
OS	P3

〈교과목교재 R〉

과목	교재
CA	T1
CA	T2
OS	T3
OS	T4
OS	T5

- 두개의 Relation으로 분리함.

"끝"

문 답	41)	Database에서 비정규화에 대해 설명하시오(반정규화와 동일)		
1.		DB에서 비정규화의 정의와 특징		
	가.	(비정규화의 정의)·정규화된 논리적 설계를 구비하고 성능향상 을 위해 정규화의 규칙을 따르지 않고 설계하는 방법		
	나.	비정규화의 필요성 (Data 접근속도를 빠르게 하기 위함)		
		·완벽한 정규화후에 비정규화 실시 → 성능 향상추구		
		·대부분의 경우 Update가 적고 Read (참조)가 많은 경우에 적용		
		·Biz 변동성이 적은 정형화된 분석 업무를 중심으로 처리		
2.		비정규화시 중요 검토 기준과 설명		

분류	검토기준	설명
성능기준 (Performan -ce)	-Online process -Batch process -System 성능	-Process 응답 처리요구를 고려 하여 비정규화 여부를 결정. -처리속도, 시스템성능등 고려
적용기준	-Table Merge -Code Merge -계산된 값	분할, Table/Code 간 통합, Data 중복, 컬럼계산등 전략적으로 다양한 비 정규화기법을 검토하여 적용
검토업무 기준	-정형업무 -비정형업무	업무성격의 정형성 여부를 고려하여 비 정규화수준및 적용여부 판단
적용 DBMS	-관계형DBMS -분석전용DBMS	DBMS 성격등을 비교 하여 비 정규화정도 를 결정하고 해당 DBMS에 적합성고려

		업무 환경	-업무변경빈도	-Biz의 다양한 요구와 성격을 분석하여
			-정보 보관주기	최적화된 비정규화 수행
			-정보 사용주기	-정보의 보관/사용주기 파악후 수행
		사전 요건	-정규화 여부	-반드시 최소한의 정규화 실시후 비정규화를
			-아키텍쳐 기반	수행하고 표준아키텍쳐 기준수립후 실행

3. 비정규화 방법의 종류

종류	주요 개념	장/단절
Parent와 child Table Merge	-Access 성능 강화 「적용」 -Coding후 검증하고 점진적	-Application와 복잡 -DB Access 성능요구
중복 컬럼의 허용	특정 Table Access시 자주 조회되는 컬럼들이 다른 Table에 존재시 해당 컬럼을 두개의 Table에 중복시키 것	-해당컬럼 Access 속도향상 -Join 비용은 줄지만 Update 비용은 증가 -조회가 중요한 경우에 적용
Code Table Merge	Code와 Description 등을 Merge함	-서버 자원 줄임 -DB I/O 성능 좋아짐
Table 의 수직분할	매우 많은 수의 Column으로 구성된 Table에서 빈번하게 Access되는 컬럼과 Access 횟수가 적은 Column을 분리하여구성	-Disk I/O와 Network Traffic 감소 -1:1 관계를 갖는 Table 이서로 자주 Join 시는 하나로 통합운영(속도증가)

		Table의 수평분할	한개의 Table을 기본 키를 중심으로 두개 이상의 partition으로 분리하는것	분리된 여러 partition에 data를 동시에 Load하여 수행시간 단축 물리적 별도의 Database 사용으로 Disk I/O 접근속도 향상
		Master Table과 이력 Table 의 결합	마스터와 이력 Table 을 동시에 Access 하는 업무가 있는경우 하나의 Table로 결합	-Data Access시 Scan 하는 범위를 최소화 -APP.에서 Data 입출력 시점에 바로 이전 Data를 찾아 동시에 변경필요

4.		비 정규화의 도입 이유	

측면	설 명
사용자측면	-대용량 Data에 대한 응답속도 성능 효율 요구 -업무 변동성이 적은 정형화된 분석 업무를 중심으로처리 -사용자중심보다는 경영진 중심의 절약된 DB 표현요구
개발자 측면	-분석 중심의 정형화된 구조 설계 필요 -Table Join으로 인한 성능 저하 방지 -대용량 Data 처리를 위한 계산/조합로직 최소화 -OLAP/ Data Mining 제공을 위한 최적 구조제공 -사용자의 초기요구 사항 최적화로 모델 변경 최대한 배제

"끝"

문 42) 데이터 모델링 과정에서 반정규화를 수행하는 이유와 각각의 유형에 대해 설명하시오.

답)

1. Join 감소를 통한 DB 성능 향상기법, 반정규화의 개요.

   가. Data의 중복 허용(Query성능 up), De-Normalization 정의
   - 정규화된 Entity, 속성, 관계를 DB 성능 향상과 개발&운영 단순화를 위해 Data 모델을 중복, 통합, 분할 하는 과정

   나. 반정규화를 수행하는 이유 (효과)

필요성 (이유)	반정규화 수행	수행 효과
-정규화로 인한 Join 수의 증가 -조회 성능의 감소 -Table 관계성 이해불편	반정규화 (Table, 컬럼, 관계) → 효과	-Join수 감소: 성능향상 -DB 조회성능의 향상 -Table 단순화로 이해용이

2. 반정규화의 유형

구분	기법	설 명
Table 레벨	Table 병합	-1:1 병합(두 Table을 같이 조회) -1:N Table 병합(Join수 감소) -Sub_Type끼리 Table 병합(Merge)
	Table 분할	수직분할: 빈번하게 접근되는 열과 횟수가 적은 열을 분리 수평분할: 기준에 따라 Tuple단위로 2개 이상 table로 분리
	Table 추가	통계 Table추가: 조회를 위해 별도의 통계 Table추가 이력 Table추가, 중복 Table/부분 Table 추가

			중복칼럼	갱신보다 조회 성능이 중요시되는 경우에 적용
		칼럼 레벨	추가	-장점: 조인감소(비용절감), 단점: 갱신 비용증가
			계산 칼럼 추가	-여러 숫자 필드조인 계산서, 계산 결과속성을 추가
				-장점: 조인 비용 절감, 단점: 비용증가
			이력칼럼	변경이력, 발생이력에 대한 최신 정보 칼럼추가
		관계레벨	중복관계	부모, 자식 관계추가 → Data 접근경로의 최소화

3. 반 정규화의 Tradeoff 사항

```
                기준
        ┌────────┴────────┐
   ┌─────────┐      ┌──────────────┐
   │ 정합성  │      │ Performance  │
   ├─────────┤      ├──────────────┤
   │Data 무결성│    │ Table 단순화 │
   └─────────┘      └──────────────┘
        └────────┬────────┘
                저울
```

-정합성과 Data 무결성을
유지하는 범위내에서
DB성능을 위한 반정규
화가 실시되어야 함.

"끝"

문	43)	Database 에서 반정규화 (=역정규화, De-Normalizati
		on)에 대해 설명하시오.
답)		
1.		Join 감소를 통한 DB 성능향상기법, 반정규화의 개요.
	가.	(반정규화 (De-Normalization)의 정의) - 정규화된 Entity,
		Attribute(속성), Relation를 DB 성능향상과 개발과 운영
		단순화를 위해 Data모델을 통합/분할 하는 과정
	나.	반정규화의 필요성및 효과

정규화로 인한 Join수의 증가			
조회 성능의 감소	→	반정규화 (Table/컬럼/ 관계)	효과
Table 관계성 이해불편			

효과 →
- Join수의 감소
- DB 조회 성능의 향상
- Table 단순화로 이해용이

← 반정규화의 필요성 ——*—— 반정규화 적용 ——*—— 반정규화의 효과 →

2.		반정규화의 기준및 절차
	가.	반정규화의 기준

(정합성 데이터 무결성) — 저울 — (성능 Table 관계성)

- 정합성과 무결성을 유지하는 범위 내에서 DB성능을 위한 반정규화가 실시되어야 함.

- Data의 정합성과 Data의 무결성을 우선 할지라도 Database 구성의 단순화와 성능(Performance)을 우선으로 할지를 결정하는게 핵심.

사. 반정규화의 절차

1. 반정규화 대상조사	2. 다른 방법 유도 검토	3. 반정규화 실시
-범위처리 빈도수조사	-View Table	-Table 반정규화
-대량의 범위 처리조사 →	-Clustering 적용 →	-컬럼의 반정규화
-통계성 process조사	-인덱스의 조정	-관계의
-테이블 조인개수 조사	-응용 APP.	반정규화

다. 반정규화의 절차설명

구분	항목	내용
	범위처리	자주 사용되는 Table에 접근하는 프로세스
반정규화	빈도수 조사	수가 많고 항상 일정한 범위만을 조회하는 경우
대상	대량범위처리조사	대량의 Data 범위를 자주 처리하는 경우
조사	통계성 process조사	별도의 통계 Table 고려
	Table Join	지나치게 많은 조인이 걸려 Data
	개수 조사	조회 작업이 어려운 경우
다른방법	View	지나치게 많은 조인이 연결되어 Data
유도검토	Table	조회 작업이 어려운 경우
	Clustering 조정	대량의 Data는 PK의 성격에 따라
	Indexing 조정	부분적인 Table로 분리(파티셔닝 기법)
	응용 APP.	Logic을 변경함으로써 성능을 향상

			반정규화 적용	Table/Attribute/Relation의 반정규화

3.		반정규화의 주요 기법		
	가	Table의 반정규화		

기법분류	기법	내용
Table 병합	1:1관계 Table병합	1:1관계를 통합하여 성능향상
	1:M관계 Table병합	1:M관계를 통합하여 성능향상
	슈퍼/서브타입 병합	Super type Table에 Sub-type 속성 삽입
	Code Table병합	Code명을 속성으로 추가하여 Join을 제거
Table 분할	수직분할	빈번하게 Access되는 열과 횟수가 적은 열을 분리해서 구성
	수평분할	기준에 따라 Tuple (튜플) 단위로 2개 이상의 Table (테이블)로 분리
Table 추가	통계 Table추가	통계성 정보조회를 위해 별도의 통계 Table을 추가
	이력 Table추가	이력성 정보조회를 위해 별도의 이력 Table추가
	중복 Table추가	동일한 Table 구조를 중복하여 원격조인 제거
	부분 Table추가	자주이용되는 컬럼들을 모아 별도로 부분화

	나	컬럼의 반정규화	

기법	내용
중복 컬럼 추가	조인에 의해 처리할때 성능 저하를 예방하기 위해 즉, 조인을 감소시키기위해 중복 컬럼 사용 장점: 조인비용 감소, 단점: 갱신 비용 증가

		파생 컬럼 추가 (Derived 컬럼)	Transaction이 처리되는 시점에 계산에 의해 발생되는 성능저하를 예방하기위해 미리 값을 계산하여 컬럼에 보관함
		이력 Table 컬럼 추가	대량의 이력 Data를 처리할때 불특정 싯점에 조회나 최근값을 조회할때 나타날수 있는 성능저하를 예방하기위해 이력 Table에 기능성 컬럼(최근값 여부, 시작&종료날짜등)을 추가함.
		계산 컬럼 추가	여러숫자 필드 조인하여 계산이 필요한 경우, 가장 조회가 많은 속성을 지닌 Table에 계산결과 속성추가 ·장점: 조인 비용감소, 단점: 갱신 비용의 증가
		응용시스템 오작동을 위한 컬럼 추가	Emergency 동작 대비용. 사용자가 Data 처리를 하다가 잘못 처리하여 원래 값으로 복구하기를 원하는 경우 이전 Data를 임시적으로 중복하여 보관

	다.	Relation 반정규화	
		기법	설 명
		중복관계 추가	Data(데이터)를 처리하기위한 여러 경로를 거쳐 조인이 가능하지만 이때 발생할수 있는 성능 저하를 예방하기위해 추가적인 관계를 맺는 방법이 관계의 반정규화임.

| 4. | | 반정규화 수행시 고려사항. | |
| | 가. | 정규화 과정을 수행한후 반정규화 실시 | |

		-	최소 기본정규화 (3차 정규화, BCNF) 실시한후 수행
	나		갱신(Update)가 적고 조회(Read)가 많은 Table을 대상으로 적용
		-	반정규화된 Table에 대한 갱신비용 증가 및 갱신을 위한 응용프로그램 (Application program) 복잡.
	다		반정규화 이후 이력관리 철저 → 무결성 유지노력
		-	Data 정합성 & 무결성유지위해 철저한 이력관리 & 문서화
	라		반정규화 수행전 SQL Tuning등 일차적으로 다른 모색필요.
		-	과도한 반정규화는 Data 중복성 증가, 일관성문제 야기 함으로 다른 대안을 선 적용후에 수행 필요

"끝"

MEMO

PART
3

SQL
(Structured Query Language)

SQL 3가지 언어, ER Diagram에서 Relation과 SQL Table 작성법, 관계 Database 에서 각 Query에 대해 SQL 검색문 작성법, SQL View 등에 대해 학습할 수 있습니다.

[관련 토픽 – 11개]

문 44)	DBMS 기능을 구성하는 SQL (Structured Query Language)의 3가지 언어에 대해 설명하시오.

답)

Ⅰ. SQL (Structured Query 언어)의 개요

가. (SQL (구조화된 질의어)의 정의) - 관계형 (Relationship) Database를 다루기 위한 표준언어 (Data언어, Interface)

나. SQL의 발전과정

1974년		1992년	
SEQUEL	RDBMS 표준언어	SQL -92	현재 SQL
IBM Structured English QUEry Language	ANSI와 ISO에서 채택	개정판 (DDL DML DCL)	Oracle IBM Informix

2. SQL의 3가지 언어의 분류와 예제

분류	세부		설명
DDL	정의		Data 정의 언어
	영문		Data Definition Language (DDL)
	특징		Database 구조를 정의하는 기능
	예제 명령어	Create	DB와 Table을 생성/작성
		Alter	DB와 Table의 구조를 변경
		Drop	DB와 Table을 삭제
DML	정의		Data 조작 언어
	영문		Data Manipulation Language (DML)

			기능	Database를 접근하고 조작하는 기능	
		DML	예제 명령어	Select	Data를 검색
				Insert	DB에 Data를 추가
				Update	DB에 Data를 갱신
				Delete	Data를 삭제
		DCL	정의	Data 제어 언어	
			영문	Data Control Language(DCL)	
			기능	Database를 제어하기 위한 기능	
			예제 명령어	Grant	Data를 조작하는 권한을 사용자에게 부여
				Revoke	Data를 조작하는 권한을 사용자로부터 박탈
				Commit	Data 변경을 확정
				Rollback	Data 변경을 취소

"끝"

문 45)		다음 ER Diagram에서 Relation과 SQL Table 을 생성하시오

답)

1 주어진 ERD의 Relation

종업원 (SSN, name, bdate)
부서 (DNO, name, Mgr_SSN)
　　　　　PK　　　　　　　　FK

2. 종업원 Relation의 SQL Table 작성

CREATE TABLE 종업원
(SSN CHAR(10) NOT NULL
　name CHAR(10) NOT NULL
　bdata DATE
　PRIMARY KEY (SSN)
　UNIQUE (name))

3 부서 Relation의 SQL Table 작성

CREATE TABLE 부서
(DNO INT　 NOT NULL
　name CHAR (10)

```
        Mgr- SSN  CHAR(10) NOT NULL
        PRIMARY KEY (DNO),
        FOREIGN KEY (Mgr-SSN) REFERENCES EMP(SSN)
        )
```

"끝"

문 46) 다음 대학(University) 관계 Database에서 각 Query (질의어)에 대해 SQL 검색문을 작성하고 결과를 도출하시오.

〈대학 RDBMS〉

학생(Student) Table

학번 (Sno)	이름 (Sname)	학년 (Year)	학과 (Dept)	주소 (Addr)
100	기술사	4	CA	서울
200	기능장	3	DB	인천
300	기사1	1	CA	수원
400	기능사	4	CA	광주
500	기사2	2	NW	대구

과목 (Course) Table

과목 번호 (Cno)	과목이름 (Cname)	학점 (Credit)	학과 (Dept)	담장교수 (PRname)
C123	CPU	3	CA	A
C312	논리회로	3	CA	B
C324	메모리	3	CA	C
C413	병렬처리	3	CA	D
E412	스케줄링	3	OS	E

등록 (Enrol) Table

학번	과목 번호	성적	중간성적	기말성적

(Sno)	(Cno)	(Grade)	(Midterm)	(Final)
100	C413	A	90	95
100	E412	A	95	95
200	C123	B	85	80
300	C312	A	90	95
300	C324	C	75	75
300	C413	A	95	90
400	C312	A	90	95
400	C324	A	95	90
400	C413	B	80	85
400	E412	C	65	75
500	C312	B	85	80

1) CA(컴퓨터구조) 학과의 학생 이름(Sname)와 학번(Sno)을 검색하시오. (SQL 검색문을 생성하고 결과를 도출하시오)

2) SQL 검색문의 일반적인 형식에 대해 설명하고 학생(Student) Table에 어떤 학과(Dept)들이 있는지 검색하고 학생(Student) Table 전부를 검색하시오.

3) 학생(Student) Table에서 학과(Dept)가 "CA(컴퓨터구조)"이고 학년(Year)이 4학년 학생의 학번(Sno)과 이름(Sname)을 검색하시오.

답)		
1.		SQL (Structured Query Language) 검색문의 기본값
		SELECT 열_List // Attribute
		FROM 테이블_List // 해당 Relation Table
		WHERE 조건 // 검색 조건
2.		주어진 질문에 대한 답
	가.	학생 (Student) Table에서 CA 학과의 학생이름과 학번 검색 방법

분류		결과 설명
검색 방법 (SQL 문)	방법 1	SELECT Sname, Sno // Attribute FROM Student WHERE Dept = 'CA';
	방법 2	SELECT Student.Sname, Student.Sno FROM Student WHERE Student.Dept = 'CA';
결과 도출		Sname Sno 기술사 100 기사1 300 기능사 400

	나.	SQL 검색문의 일반적인 형식과
		학생 (Student) Table 내의 학과 (Dept)와
		학생 (Student) Table 전부 검색하는 과정의 해답

1) SQL 검색 (Search)의 일반적인 형식

SELECT [ALL│DISTINCT] 열_list //중복제거
FROM Table_리스트
WHERE 조건
GROUP BY 열_list
HAVING 조건
ORDER BY 열_list [ASC│DESC] //오름차순, 내림차순

- 검색 결과에 Record 중복을 제거하기위해 DISTINCT 명세

2) 학생(Student) Table 새의 학과 (Dept) 검색

분류	결과 설명
SQL 문	SELECT DISTINCT Dept // 중복제거 FROM Student; // Table List
결과	Dept CA DB NW

3) 학생 (Student) Table 전부 검색 하는 과정

분류		결과 설명
SQL 문	방법 1	SELECT * //*는 열 전부표시 FROM Student;
	방법 2	SELECT Sno, Sname, Year, Dept, Addr FROM Student;

			결과	Sno	Sname	Year	Dept	Addr
				100	기술사	4	CA	서울
				200	기능장	3	DB	인천
				300	기사1	1	CA	수원
				400	기능사	4	CA	광주
				500	기사2	2	NW	대구

자. 학생(Student) Table에서 학과가 "CA"이고 4학년 학생의 학번(Sno)과 이름(Sname) 검색

분류	결과 설명
SQL 문	SELECT Sno, Sname //Attribute FROM Student WHERE Dept ='CA' AND Year=4; //AND조건
결과	Sno Sname 100 기술사 400 기능사

"끝"

문 47)		앞 질문에서 사용한 대학(University)관계 DB에서
		다음 질문에 답하시오.
		1) 등록(Enrol) Table에서 중간성적(Midterm)이 90점
		이상인 학생의 학번(Sno)과 과목번호(Cno)를 검색하되
		학번(Sno)에 대해서는 내림차순으로, 또 같은 학번에
		대해서는 과목번호(Cno)는 오름차순으로 검색하시오.
		2) 등록(Enrol) Table에서 과목번호(Cno)가 'C312'인
		중간성적(Midterm)에 5점을 더한 점수를 '학번',
		'중간성적='이란 Text 내용을 '시험', 그리고 '점수'라는
		열 이름으로 검색하시오. (새로운 열 이름이 명세된 검색)
		3) 과목번호(Cno) 'C413'에 등록한 학생의 이름(Sname)
		학과(Dept), 성적(Grade)을 검색하시오. (복수 Table 검색)
답)		
1		주어진 1)번 조건검색과 순서의 검색.
	조건	WHERE 절에 비교연산자 사용 =, ≠, ≥, >, ≤, <
	검색	AND, OR, NOT 연산을 사용할수 있다
	순서검색	검색 결과 순서 : 오름차순(ASC), 내림차순(DESC)
	분류	결과 설명
	SQL문	SELECT Sno, Cno
		FROM Enrol // 등록 Table
		WHERE Midterm ≥ 90 // 90점 이상
		ORDER BY Sno DESC, Cno ASC;

			분류	결과 설명
			결과	Sno Cno //중간성적 400 C312 // 90 400 C324 // 95 300 C312 // 90 300 C413 //95 100 C413 // 90 100 E412 //95 Sno = 주정렬 Cno = 부정렬 부정렬은 주정렬 범위내에서 정렬 시킴
2.				주어진 2)번 조건 검색과 결과
			분류	결과 설명
			SQL문	SELECT Sno AS 학번, '중간시험=' AS 시험, Midterm+5 AS '점수' FROM Enrol // 등록 Table WHERE Cno='C312';
			결과	학번 시험 점수 300 중간시험= 95 //+5점 400 중간시험= 95 500 중간시험= 90

- SELECT절에 열이름뿐만 아니라 문자스트링을 명세
할수 있으며 열이름, 상수, 그리고 산술연산자로 구성된
산술식이 나타날수 있음

3.				주어진 3)번 복수 Table 검색
			분류	결과 설명
			SQL문	SELECT S.Sname, S.Dept, E.Grade

SQL 문	FROM Student S, Enrol E
	WHERE S.Sno = E.Sno AND E.Cno = 'C413'

결과	Sname	Dept	Grade
	기술사	CA	A
	기사1	CA	A
	기능사	CA	B

끝

문 48)	앞 질문에서 사용한 대학(University)관계 DB에서
	다음 질문에 답하시오.
	1) 같은 학과 학생들의 학번을 쌍으로 검색 하시오.
	단, 첫번째 학번은 두번째 학번보다 적게 하시오
	(자기자신의 Table에 조인하는 검색임)
	2) 학생 Table에 학생수가 얼마인지를 검색 하시오
	(집계 함수를 이용 하여 검색 하시오)

답)

1.	주어진 문제 1)번 자기자신의 Table 조인 검색	
	분류	결과 설명
	SQL 문	SELECT S1.Sno, S2.Sno FROM Student S1, Student S2 WHERE S1.Dept = S2.Dept AND //AND조건 S1.Sno < S2.Sno
	결과	Sno Sno 100 300 //쌍 100 400 //쌍 300 400 //쌍

2.	주어진 문제 2)번 집계 함수 활용한 검색
	집계 함수의 종류
	COUNT : 값의 수
	SUM : 값의 총계 / 수치값에만 적용

		AVG : 평균값 // 수치값에만 적용	
		MAX : 최대값	
		MIN : 최소값	
		분류	결과 설명
		SQL 문	SELECT COUNT(*) AS 학생수 // * 처리대상은 Tuple(행)의 집합, 행의수 FROM Student;
		결과	학생수 5

"끝"

문 49)	앞 질문에서 사용한 재학(University) 관계 DB에서
	다음 질문에 답하시오.
	1) 학번 (Sno)이 300인 학생이 등록한 과목 (Cno)은 몇개인가?
	2) 과목 'C413'에 대한 중간 성적의 평균은 얼마인가 ?
	3) 과목별 기말 성적 (Final)의 평균을 검색하시오.
	(GROUP BY를 이용하여 검색하시오)
	4) 3명 이상 등록한 과목의 기말 평균성적을 검색하시오.
	(HAVING을 사용하여 검색하시오)

답)		
1.	집계 함수 사용, 주어진 1)번 문제의 해결	

분류	결과 설명
SQL문	SELECT COUNT(DISTINCT (no) // 열 이름 FROM enrol WHERE Sno = 300;
결과	Cno // 과목 이름 C312 // 논리회로 C324 // 메모리 C413 // 병렬처리

2.	주어진 문제 2번) 중간 성적 평균

분류	결과 설명
SQL문	SELECT AVG(Midterm) AS 중간평균 FROM Enrol

			WHERE Cno = 'C413';
	결과		중간평균 88

3. 주어진 문제 3번) 기말성적 평균 (GROUP BY)

- (GROUP BY의 정의) - 논리적으로 FROM절에 있는 Table을

GROUP BY절에 명세된 열의 값에 따라 그룹으로 분할함

분류	결과 설명
SQL 문	SELECT Cno, AVG(Final) AS 기말평균 FROM　Enrol GROUP BY Cno;
결과	Cno　기말평균 C413　　90 E412　　85 C123　　80 C312　　90 C324　　82

4. 주어진 문제 4번) 기말평균성적 (3명이상등록과목)(HAVING)

(HAVING의 정의) - 각 Group의 구성 조건을 명세, 만약

GROUP BY절이 생략되면 Table 전체를 하나의 그룹으로 취급.

분류	결과 설명
SQL 문	SELECT Cno, AVG(Final) AS 평균 FROM Enrol

		SQL 문	GROUP BY Cno //Group으로 분할
			HAVING COUNT(*) ≥ 3; //3명 이상
		결과	Cno 평균
			C413 90
			C312 90

//끝//

문	50)	앞절문에서 사용한 대학(University) 관계 DB에서
		다음 질문에 답하시오.
		1) 과목번호(Cno) 'C413' 등록한 학생 이름(Sname)을
		검색하시오 (부속질의문을 사용하고 IN을 이용하여 검색하시오
		2) 과목번호(Cno) 'C413'에 등록하지 않은 학생의 이름을
		검색하시오 (부속질의문을 사용하고 NOT IN을 이용)
		3) 학생 '거사1'과 같은 학과에 속하는 학생의 이름과
		학과(Dept)를 검색하시오.
답	)	
1.		주어진 1)번 문제에서 부속질의문과 IN의 설명
	가.	(부속 질의문 (Subquery)의 정의)·SELECT문 안에 다른
		SELECT문을 기술하여 Query 안에 다른 Query를 실행하
		는것이 가능. 이때 Query안에 내장된 Query를 Subquery라함
	나	Sub Query문 형태
		SELECT 열이름 FROM 테이블 이름 WHERE 열이름 〈비교연산자〉 (SELECT 열이름 FROM 테이블이름 WHERE 검색조건)
	다	IN을 이용한 검색의 설명
		〈열이름〉 IN (값1, 값2, 값3 - …)

		열의 값이 지정된 List 중의 어느 하나와 같으면 조건 만족
	분류	결과 설명
	방법1 SQL 문	SELECT Sname FROM Student WHERE Sno IN // IN 사용 (SELECT Sno ⎫ FROM Enrol ⎬ 부속질의어 WHERE Cno = 'C413'); ⎭
	방법2 SQL 문	SELECT Student.Sname FROM Student, Enrol WHERE Student.Sno = Enrol.Sno AND Enrol.Cno = 'C413';
	결과	Sname 기술사 기사1 기능사
2.		주어진 2)번 문제 풀이
	분류	결과 설명
	SQL 문	SELECT Sname FROM Student WHERE Sno NOT IN // NOT IN 사용 (SELECT Sno // 부속질의어

		SQL 문	FROM Enrol WHERE Cno = 'C413');
		결과	Sname 기능장 기사2
3.		\multicolumn{2}{l	}{주어진 3번)문제 풀이}
		분류	결과 설명
		SQL 문	SELECT Sname, Dept FROM Student WHERE Dept = (SELECT Dept FROM Student WHERE Sname = '기사1');
		결과	Sname Dept 기술사 CA 기사1 CA 기능사 CA

"끝"

문 51)		앞 질문에서 사용한 대학(University) 관계 DB에서
		다음 질문에 답하시오.
		1) 중간 성적이 90에서 95 사이의 행의 Sno, Cno,
		Midterm을 출력하시오 (BETWEEN을 이용 검색)
		2) 등록(Enrol) Table에서 학번이 500인 학생의 모든
		기말성적보다 좋은 학기말 성적을 받은 학생의 학번와
		과목 번호(Cno)를 검색 하시오 (ALL 키워드 사용)
		3) 과목번호(Cno)가 C로 시작하는 과목 번호와 과목 이름
		(Cname)을 검색 하시오 (LIKE를 이용한 검색 실시)
답)		
1.		주어진 (1번)문제 BETWEEN을 이용한 검색
	가	(BETWEEN의 정의) 〈열이름〉BETWEEN 값1 AND 값2
		열의 값이 값1과 값2에 포함되면 조건 만족.

분류	결과 설 명
방법1 SQL 문	SELECT Sno, Cno, Midterm
	FROM Enrol
	WHERE Midterm BETWEEN 90 AND 95;
방법2 SQL 문	SELECT Sno, Cno, Midterm
	FROM Enrol
	WHERE Midterm >=90 AND
	Midterm <=95;
결과	Sno Cno Midterm

			100	C413	90
			100	E412	95
		결과	300	C312	90
			300	C413	95
			400	C312	90
			400	C324	95

2. 주어진 2번 문제) 풀이 (ALL keyword 사용)

분류	결과 설명
SQL 문	SELECT Sno, Cno FROM Enrol WHERE Final >ALL //ALL 키워드사용 (SELECT Final FROM Enrol WHERE Sno=500); } 부속질의어
결과	Sno Cno 100 C413 100 E412 300 C312 300 C413 400 C312 400 C324 400 C413

3.	주어진 3번) 문제 풀이 (LIKE 사용)	
	분류	결과 설명
	SQL 문	SELECT Cno, Cname FROM Course WHERE Cno LIKE 'C%' //LIKE 사용
	결과	Cno Cname C123 CPU C312 논리회로 C324 메모리 C413 병렬처리

"끝"

문 52) 앞 질문에서 사용된 대학(University) 관계 DB에서

다음 질문에 답하시오.

1) 과목 'C413'에 등록한 학생의 이름을 검색하시오.

 (EXISTS 검색문을 사용)

2) 과목 'C413'에 등록하지 않은 학생의 이름을 검색하시오.

3) 3학년이거나 또는 과목 'C324'에 등록한 학생의

 학번을 검색하시오 (UNION 사용)

답)

1. 주어진 1)번 문제에서 EXISTS 검색문의 설명

 가. EXISTS의 정의 : 다음에 나오는 검색문의 실행결과

 검색된 Tuple이 있으면 조건 만족, EXISTS <검색문>

 나. 1)번 문제의 풀이

분류	결과 설명
SQL 문	SELECT Sname FROM Student WHERE EXISTS //EXISTS 사용 (SELECT * FROM Enrol WHERE Sno = Student.Sno AND Cno = 'C413');
결과	<u>Sname</u> 기술사

			결과	기사1
				기능사
2.			2번) 문제 풀이	
			분류	결과 설명
			SQL문	SELECT Sname
				FROM Student
				WHERE NOT EXISTS　　//NOT EXISTS 사용
				(SELECT *
				FROM Enrol
				WHERE Sno= Student.Sno
				AN　Cno='C413');
			결과	Sname
				기능장
				기사2
3.			3번) 풀이 (UNION 검색어 사용)	
	가		(UNION 검색의 정의) - 〈SELECT문〉 UNION 〈SELECT문〉	
			합집합, UNION이 사용되면 결과 테이블에서 중복되는	
			Tuple은 제거됨	
	나.		3번) 문제 풀이	
			분류	결과 설명
			SQL문	SELECT Sno
				FROM Student

	SQL 문	WHERE Year = 3	
		UNION　　　　// 합집합	
		SELECT Sno	
		FROM Enrol	
		WHERE Cno = 'C324';	
	결과	Sno	
		200	
		300	
		400	

- INTERSECT(교집합), EXCEPT (차집합)　　　　" 끝 "

문 53)	앞 질문에서 사용된 재학(University) 관계 DB에서
	다음 질문에 대해 SQL문을 생성하시오. (UPDATE문 사용)
	1) 학번이 300인 학생의 학년을 2로 변경하시오.
	2) 'CA' 과목의 학점(Credit)을 2학점 증가 하시오
	3) 'CA'과 학생의 기말성적을 5점씩 가산하시오
	4) 모든 4학년 학생의 학과를 '보안'과목을 개설한 학과로
	갱신하시오

답)

1. UPDATE 명령문의 형식과 정의

형식	정의
UPDATE 테이블명 SET 열이름1=값1, 열이름2=값2··· WHERE 조건;	기존 Record의 열의 값을 변경 하기 위해 사용되는 명령문

2. 1)번 문제의 SQL문

```
UPDATE Student
SET Year = 2
WHERE Sno = 300;
```

3. 2)번 문제의 SQL문

```
UPDATE Course
SET Credit = Credit + 2
WHERE Dept = 'CA';
```

4. 3)번 문제의 SQL문

```
UPDATE Enrol
SET Final = Final +5
WHERE Sno IN
    ( SELECT Sno
     FROM Student
     WHERE Dept = 'CA');
```

5. 4번 문제의 SQL문

```
UPDATE Student
 SET Dept = (SELECT Dept
            FROM Course
            WHERE Cname= '보안')
 WHERE Year=4;
```

"끝"

문	54)	DB에서 SQL View에 대해서 설명하시오.	
답	)		
1.		가상 테이블(virtual table), View의 개요 [정의]	
	가.	하나 이상의 기본 Table로부터 유되어 생성되는 가상 table, View	
	-	물리적으로 구현되어 있지 않고 정의만 System 내에	
		저장하였다가 필요시 실행 시간에 Table을 구축 하는 방법	
	나.	기본 Table의 정의 - 물리적으로 구현되어 Data가 실제로 저장된 것	
2.		View의 생성 방법과 설명	
		View 생성 구문	CREATE VIEW 뷰이름 [열 이름 리스트]
			AS SELECT문
			[WITH CHECK OPTION];
		View 생성 예제	CREATE VIEW CSTUDENT(SNO, SNAME, YEAR)
			AS SELECT SNO, SNAME, YEAR
			FROM STUDENT
			WHERE DEPT = '컴퓨터'
			WITH CHECK OPTION;
		설명	WITH CHECK OPTION; 갱신이나 삽입연산이 실행
			될때 이뷰의 정의조건(DEPT='컴퓨터')을 위배하면
			실행을 거절 시킨다는 것을 명세
		View 설명	View에 갱신, 삭제, 추가등의 변경 작업을 하면
			기본 Table에 변경이 발생됨 (상당한 제약이 있음)
3.		View의 장/단점 설명	

		장점	-논리적 독립성을 제공 (확장, 구조변경 용이)
			-Data의 접근을 제어 (보안)
			-사용자의 Data 관리를 간단히 함
			-여러 사용자에게 다양한 View를 제공
		단점	-독자적인 Index를 가질 수 없음
			-정의를 변경할 수 없음
			-삽입, 삭제, 갱신 연산에 제한이 많음

"끝"

PART
4

회복 기법 및 Backup 기법

회복(Recovery) 기법의 종류, 즉시 갱신/지연 갱신 기법, Checkpoint 회복 기법,
Backup 방법인 전체 백업, 증분 백업, 차등 백업, 합성 백업 등에 대한 내용을 학
습할 수 있도록 하였습니다. 자주 출제되는 토픽들입니다.   [관련 토픽 – 6개]

문 55)	Database System에서 회복(Recovery) 기법의 종류에 대해 기술하시오.
답)	
1.	Data의 무결성 & 일관성 유지, Recovery의 개요
가.	장애 이전 상태로 복원, Recovery(회복)의 정의

--DB 사용중 예기치 못한 장애현상이 발생할 경우 DB를 장애 발생 이전 상태로 복원 시키는 Action.

나. Database의 장애 유형

트랜잭션 장애	System 고장	기억장치 장애	사용자 장애
-논리적오류:입력등	-전원, H/W, S/W	-스토리지고장	-사용자이해부족
-시스템오류:Deadlock	-OS, N/W	-주변장치이상	-DBA관리미숙

2. Database 회복기법의 종류와 비교

가. 데이터베이스 회복기법의 종류

Log→History 적용 / 회복 기법
- 로그기반 회복기법 / Check Point 회복기법 / 그림자 페이지 회복기법
- 즉시갱신기법 ① / 지연갱신기법 ②
- ① 갱신서 로그에 갱신하고 DB에 갱신(write through)
- ② 갱신사항모두 Log저장후 DB에 갱신(write Back)

나. Database Recovery을 위한 주요 요소

-Archive(거족), Dump, Log, Journal, Redo-재실행, Undo-취소

구분	요소	설명

DBA = DB Administrator

		회복의 기본원칙 (중복)	Data	Data의 중복 (Mirroring 기능)
			Archive & Dump	- 다른 저장장치로 자료의 복사 및 Dump
			Log & Journal	- 내용 변경시 변경 내용을 로그파일에 저장
				- 변경 발생시 내용을 Table&로그에 남김
		회복을 위한 조치 (Redo, Undo)	REDO	- 최근 변경된 내용을 로그파일에 기록, 장애 발생시 로그파일 기반으로 재실행하여 Database 내용을 복원함.
				- Archive 사본 + log : Commit 후의 상태
			UNDO	- 장애 발생시 모든 변경된 내용을 취소, 원래의 Database 상태로 복원
				- Log + Backward 취소연산 : 해당 Transaction 수행이전 상태
		System	회복관리기능	신뢰성 제공을 위한 DBMS 서브시스템

3. Database 회복 기법간의 비교

비교	로그기반 기법	Checkpoint 기법	그림자페이징 기법
핵심기법	로그파일만 이용	로그파일과 검사점 이용	그림자페이지 Table 이용
회복속도	지연(Redo/Undo결정필요)	빠름(로그범위축소)	빠름(Redo 불필요)
대상범위	전체로그	최종검사점과 장애간 사이	페이지 단위
복구과정	Redo & Undo	Undo 사용	페이지 교체
복구속도	느림	로그보다 빠름	빠름

"끝"

문 56)		Database System의 회복기법중 즉시 경신 기법(Immediate Update)과 지연 경신기법(Def erred Update)에 대해 설명하시오.

답)

1. 장애 발생전 상태로 복원, 즉시경신/지연 경신 기법의 정의

   가. (즉시 경신 기법의 정의) - Transaction이 자료를 경신할때 마다 로그(Log)에 경신사항을 기록하고 즉시 디스크의 Database 자료를 경신 하는 방법 (Write-through)

   나. (지연 경신 기법의 정의) - Transaction이 완료될때 까지 모든 자료 경신 사항들을 Log 파일에 저장 해두고 트랜잭션이 완료 되면 로그를 이용하여 DB 자료를 경신하는 방법 (Write-Back)

2. Immediate update와 Deferred update의 설명

   가. 즉시 경신 기법의 동작 Diagram과 Recovery 방법

회복 (Reco-very)	Transaction 수행 도중에 실패(장애 발생으로 인한 Fail)상태로 전환되어 Transaction을 철회(Roll-Back)시에는 로그파일 내용 참조하여 Undo 연산 수행

	4.	지연 갱신 기법의 동작 Diagram과 회복 방법
	회복	- Transaction이 종료된 상태이면 회복 (Recovery) 시 Undo 없이 Redo만 실행함. (재실행) - Transaction의 종료가 안된 상태 였으면 Log 정보는 무시함. (원래 Database 상태로 복원)
	3.	효과적인 Database Backup과 회복을 위한 방안
	-	Backup 전략(Strategy)수립 및 주기적인 Backup 수행
	-	Automation 백업&복구(회복) System도입 → 생산성 향상
	-	RTO, RPO를 고려한 BCP 수립
		"끝"

문 57)		데이터베이스 (Database)의 체크포인트 (checkpoint) 회복기법에 대하여 설명하시오.
답)		
1.		Database의 checkpoint 회복기법의 개요
	가.	검사점 (Checkpoint)에 Log 파일 생성, 체크포인트회복의 정의
	-	Checkpoint를 로그파일에 기록하고 장애 발생시 검사시점 이전 Transaction은 회복작업에서 제외하고 이후에 처리된 갱신 내용만 회복 작업을 수행하는 Recovery 기법.
	나.	회복 (Recovery) 기법의 종류와 특징 (Checkpoint 기법)

2.		체크포인트 회복기법의 절차와 회복 Flow
	가.	Checkpoint 회복기법의 절차 (Mechanism)

- T6의 경우 Transaction이 완료되지 못한 상태에서 장애가 발생되어 Undo (취소) 대상이 됨 (실행은 Undo 후 Redo 수행)

4. checkpoint Recovery 기법의 flow 설명

절차(수행)		대상 Transaction	내용	기술
실행	갱신	T1～T5	Log기록, 장애발생까지갱신	LOG기록
회복 제석	범위	T1, T2, T3	검사점이전완료→회복제외	LOG기록
회복	대상List	T4, T5, T6	Log분석후 Redo/Undo결정	LOG기록
대상	Undo	T6	완료전에 장애 발생	Undo
(복구)	Redo	T4, T5	완료후에 장애 발생	Redo

- checkpoint 전후 상황을 판단해서 Undo, Redo 수행실시

3   Log 기반 기법과 Checkpoint 기법간의 비교

비교	Log 기반	Checkpoint
핵심 기법	Log File	Log File + 검사점
회복속도	지연(Redo/Undo결정필요)	빠름(Log 범위축소됨)
대상 범위	전체 Log	최종검사점과 장애구간만
복구과정	Redo & Undo	Undo 사용
복구속도	느림	Log기반보다 빠름.

"끝"

문 58) Database의 그림자(Shadow) paging 회복기법과 미디어(Media) 회복기법에 대해 설명하시오.

답)

1. 그림자 회복기법과 Media 회복기법의 정의

가. (Shadow(그림자) Recovery 기법의 정의)-현재 page Table은 Main Memory, 그림자 page table은 HDD나 SSD에 저장, 즉 Transaction의 시작시점에 현재 page Table의 내용과 동일한 Shadow(그림자) page Table을 생성 운영.

나. (Media Recovery 기법의 정의)-Database의 내용을 주기적으로 안전한 저장장치(DVD, BD Disc, HDD)에 Dump

2. 그림자 회복기법과 미디어 회복기법의 설명

가. Shadow paging 회복기법

- 트랜잭션 수행후 주기억장치의 현재 page Table만 변경하고 트랜잭션 성공적으로 완효후 그림자 page Table의 내용 갱신

나. Media 회복기법

DB Transaction	Backup 주기적 Dump	DVD, BD, HDD, SSD, Tape	오류발생시(장애) Dump 된 내용으로 Redo 수행(Undo후 Redo)

BD→Blu-ray disc ← 1장에 25G or 50GB.

3.		그림자 페이징 기법과　미디어 기법의 비교		
		구분	그림자 페이지	미디어 기법
		복구과정	그림자 Table 교체	해당 트랜잭션
		복구 속도	빠름	느림
		Disk 사용	많음	많음(다수 Disk)
		복구 Data	분산된 그림자 Table	해당 트랜잭션 Redo
		확장성	알고리즘 복잡	원시적 방법, 속도느림

"끝"

문 59)		CDP(Continuous Data Protection)에 대해 설명하시오
답)		
1.		Data 기록시점의 Backup, CDP의 개요
	가.	CDP(Continuous Data Protection) 의 정의
		- 일반적인 OLTP 발생시 Journal DB를 두어 거래에 대한 Snapshot를 실시간(Realtime)으로 저장함으로써 가용성을 확장시킨 Backup 기법
	나	효율적인 Data Backup, CDP의 특징
		(Journal DB이용)-Backup용도로 Log 정보저장위한 DB이용
		(Snapshot 이용)- 전체 Data가 아닌 특정 시점(Check point)상의 이미지 (Image) Data 활용
2.		CDP의 동작방식및 주요기능
	가	CDP의 동작방식의 설명
		-일반적인 OLTP 거래 발생시 CDP 엔진을 이용하여 ① Event Catch →② Snapshot 정보생성 /Journal DB에 저장→③ 필요시 2차 DB에 Backup
	나	CDP의 주요기능

OLTP: Online Transaction processing.

		주요기능	설 명
		실시간 백업	거래발생와 동시에 Snapshot이용, 실시간처리
		고 가용성	Backup DB이용, 원본 Data에대한 가용성 향상
		BCP보장	업무 Backup위한 별도의 조치 불필요.
		overhead제거	Backup에 소요되는 시간 최소화, 병목 제거
3		CDP Engine 의 활용	
	가.	VTL 연계: 가상 Tape 라이브러리를 Journal 마다	
		Snapshot DB로 사용 가능.	
	4.	De-Duplication 연계: Snapshot 저장치 중복제거 가능.	
			"끝"

문 60)	전체 백업(Full Backup), 증분백업 (Incremental Backup), 차등 백업(Differencial Backup), 합성 백업 (Synthetic Full Backup)에 대해 각각 설명하고 장/단점을 기술하시오			
답)				
1.	Data의 복구(Recovery), 원상회복, Backup의 정의			
	- Data를 미리 임시로 복제하여, 이상 현상 발생시 Data를 원래 상태로 복구할 수 있도록 준비하는 Action (행위)			
2.	전체 Back^up(Full Backup)의 정의, 도식, 장/단점			
	정의	모든 파일(Data)을 매회 Backup 하는 방법		
	도식	Data 생성	<표: 1일째 Data추가 / 2일째 1일자 / 3일째 1일자 2일자 / 4일째 1일자 2일자 3일자>	
		Back-up	<표: 1일째 / 2일째 / 3일째 / 4일째, Backup>	
	장점	복구시간 최소, Data 관리 & 스케줄링 단순화		
	단점	Backup 시간이 길다. 대량의 Storage(기억)가 필요		
	- Data 추가만 고려하고 변경/삭제는 없는 상태, 4일동안만 가정			
	- 전체 Backup의 순서는 매회, 모든 전체 파일을 Backup			

3.		증분 백업(Incremental Backup)의 정의, 도식, 장/단점			
	정의	전회의 Backup 이후로 변경된 자원(증가량)만 Backup			
		Data 생성	1일	////////	
			2일	1일자	//////// ← Data 추가
	도식		3일	1일자	2일자 ////////
			4일	1일자	2일자 3일자 ////////
		Back-up	1일	//////// ← 1일자는 Full Backup	
			2일	//////// ← Backup	
			3일	////////	
			4일	////////	
	장점	차등 백업보다 총 Backup 량이 적음, Backup 시간 짧음			
	단점	복구시 백업 Data 수가 다수, 시간이 최대로 걸림, Data 관리복잡			

- 증분 백업의 순서... 3일째는 2일째로부터의 차등만 Backup
  4일째는 3일째로부터의 차등만 Backup.

4.		차등 백업(Differencial Backup)의 정의, 도식, 장/단점			
	정의	첫회는 전체 Backup을 하고, 이후는 변경된 자원(차등)만 백업			
	도식	Data 생성	1일	//////// ← Data 추가	
			2일	////////	
			3일	////////	
			4일	////////	

	도석	Back-up	1일자	▨▨ ← 1일자(최초첫째)는 Full Backup
			2일자	▨▨ ← Backup Data
			3일자	▨▨
			4일자	▨▨

| 장점 | 전체백업보다 총 백업 Data량은 작음, 증분 백업보다 간단 |
| 단점 | 복구에 2개분의 Backup Data (당초 최초 백업 + 최후에 취한 차등)가 필요, 차등의 Backup 량이 서서히 증대 |

- 차등 Backup의 순서.. 3일차는 2일자와 3일자 몫을 Backup.
4일째는 2일자 + 3일자 + 4일자의 몫(Data) Backup.

백업 (Backup) 량이 서서히 증가 함

5. 합성 백업 (Synthetic Full Backup)의 정의, 도석, 장/단점

| 정의 | Backup 대상의 Data는 증분 백업과 동일, 어떤 타이밍에 전체 백업을 하고 다음부서는 증분 백업실시, 증분 Backup 완료후 이미 확보한 Backup Data와 합성하여 백업대상의 서버의 최신상태(Disk Image)를 생성하고 Storage에기록 |

도석	Data 생성	1일	▨▨
		2일	▨▨ ← Data추가
		3일	▨▨
		4일	▨▨

		도식	Back-up 방법	1일자 ▨▨▨ ◀— 최초는 Full Backup
				2일자 ▨▨
				↓ 합성 (Synthetic)
				▨▨▨▨▨
				3일자 → ▨
				↓ 합성
				▨▨▨▨▨
				4일자 ▨
				↓ 합성
				▨▨▨▨▨▨
		장점	합계 백업 Data량이 적고, 복구의 순서4 시간이 최소	
		단점	백업 Data를 합성하는 처리가 발생하고 서버의 부하가 높아짐	

· 합성 Backup의 순서 .. 백업 재상은 증분 백업과 동일.

단. 백업된 Data는 첫처의 전체 Backup Data에 합성됨

"끝"

병행 제어

Transaction의 상태 전이도와 4가지 특성(ACID), 동시성(Concurrent, 병행성) 제어 방법의 종류와 장·단점, Transaction 스케줄링(Scheduling)의 종류, 병행 제어 정의, 병행 처리시의 문제점들과 대책, 직렬화, Transaction시 동시성 제어 방법인 Time Stamp Ordering 기법 및 낙관적 검증 기법, 교착 상태(Deadlock) 발생 원인과 해결 방안, 교착 상태 회피 기법인 Wait-Die & Wound-Wait 기법 등에 대해 학습할 수 있도록 답안화 하였습니다. 자주 출제되는 토픽들입니다.

[관련 토픽 - 17개]

문	61)	Transaction의 상태전이도와 4가지특성(ACID)에 대해 설명하시오.
답)		
1.		트랜잭션(Transaction)의 정의와 상태전이도
	가.	(Transaction의 정의) - 하나의 논리적 작업단위를 구성하는 하나이상의 SQL문으로 구성되며 모든 Transaction은 두가지 상황(Commit, Rollback)으로 처리하는 최소단위
	나.	Transaction의 상태전이도와 설명

	설명
①	Transaction 실행시작 & 실행중인 상태
②	트랜잭션이 마지막 명령문을 실행한 직후의 상태
③	정상실행을 더이상 수행할수없어 중단된 상태
④	트랜잭션 실행실패, Rollback 연산 수행상태
⑤	실행 성공, Commit 연산을 수행한 상태

2. Transaction의 4가지특성(ACID)의 설명

구분	설명	예시
원자성 (Atomicity)	- 더이상 분해 불가능한 업무의 최소단위 - Commit & Rollback 처리	계좌이체: ①출금 → A계좌, ②출금 → B계좌
일관성 (Consistency)	- Transaction 실행 성공 후 상태면 언제나 일관성유지 - 트랜잭션후 DB상태는 모순되지 않음	계좌이체: ①100만원 출금 → A계좌 -100만원, ② 100만원 입금 → B계좌 +100만원

① Active ② partially Committed
③ Failed ④ Abort, Rollback, ⑤ Committed

| | | 고립성 (Isolation) | -트랜잭션이 실행중에 생성하는 연산의 중간 결과는 다른 트랜잭션이 접근할수없음 | |
| | | 영속성 (Durability) | -트랜잭션의 실행이 성공적으로 완료하면 그 결과는 DB에 영속적으로 유지됨 | |

3. ACID 조건 만족위한 동시성 제어의 필요성

- 여러명의 사용자가 동시에 CPU를 공유하고 하나의 트랜잭션이 시작되기 전에 다른 Transaction이 실행가능한 다중 (Multi) programming 환경에 동시성 제어 필요

                                    " 끝 "

문 62)	DBMS에서 동시성(Concurrent, 병행성) 제어 방법의 종류와 장/단점을 설명하시오		
답)			
1.	Transaction의 직렬성 보장, 동시성 제어의 개요.		
가.	Database의 무결성(Integrity)확보, 동시성 제어의 정의 - 다중 사용자 환경을 지원하는 DBMS에서 동시에 여러 트랜잭션들이 실행될수 있도록 지원하는 기능 (직렬성 실행 보장)		
나	Concurrent Control 의 목적		

Serializability

처리 능력 최적화 / 응답 시간 최소화 / 직렬성 보장 / 시스템 성능향상 / 대기 시간/경과 시간최소

- Throughput
- (처리 트랜잭션/ 시간당)

- Response time
- Fast Response 구현

- 무결성/ 일관성 (ACID)보장

- CPU Usage 최소
- System 사용 최대 효율성

2.	동시성 제어 (병행 제어) 기법의 종류와 내용		
	구분	기법	내용
	Locking	Lock	어떤 Data item에 R/W위한 Permission 획득
		Unlock	어떤 Data item에 R/W위한 Permission 제거
		S-Lock (Shared)	모든 Transaction은 어떤 Data item에 대해 읽기(Read)만 수행 가능
		X-Lock (eXclusive)	X-Lock한 Transaction만 Data item에 R/W 가능, 다른 Transaction은 Wait 상태
		2PL (Two phase Locking)	모든 트랜잭션들이 Lock과 Unlock연산(확장/수축

R/W : Read/write

ns (nano Second : 10^{-9} sec)

		2PL	단계로 구분하여 수행. (직렬성보장, Deadlock발생)
		Time stamp Ordering	DB System에 접근하는 트랜잭션 순서대로 System clock (ns까지 제어 가능)/Logical Counter(논리적 계수값...System 접근 횟수) 할당하고 순서를 부여하여 동시성 제어 Deadlock 미발생
		Validation (낙관적 검증)	Write Back 방식의 Transaction

- Validation 방식은 주거억 장치에 Transaction 수행후 Transaction의 Log중 직렬성 검사후(판독-확인) 실기록수행
- O/S의 Cache Memory 기록 정책중 Write Back 방식임

3. 동시성 제어 기법의 비교

기법	장점	단점
Locking (2PL)	-Data오류가능성 선 예방 -Easy(간단) 알고리즘	-Lock 대기시간 발생 -Deadlock 발생
Time Stamp Ordering(TSO)	-Dead lock 발생 없음 -T 대기 시간 없음	-Rollback 발생 확률 높음 -연속 Rollback 가능성
Validation (낙관적검증)	-처리 속도 최판 시간 -T 대기 시간 없음	-장기 Transaction 철회 -시 자원 상비

T: Transaction　　　　　　　　"끝"

문 63) Database Management System (DBMS)에서 병행처리와 병행제어에 대해 정의하고 병행처리시의 문제점들과 대책에 대해 설명하시오.

답)

1. 병행처리와 병행제어 (Concurrent processing과 Concurrent Control)의 정의

가. 병행처리 - 여러 Transaction (DB를 접근하는 program) 들이 동일한 자료를 동시에 접근하여 처리하는 테크닉(기술)

나. 병행제어 - 트랜잭션들을 일관성 있게 병행처리하는 기술

2. 병행처리시의 문제점과 설명

종류	오류 발생과정 및 설명	문제점
갱신 유실 문제 (Lost update)	T1: Read A, A=A+200, writeA, 200 입금 / DB: A=3,000원, A=3200?, A=3300? / T2: Read A, A=A+300, writeA, 300입금 / 두 트랜잭션이 동시에 동일한 자료를 갱신	첫째 갱신된 내용(값)이 유실됨 -원하는 값=3500
오류 읽기 문제 (Dirty Read)	T1: ReadA, A=A+500, WriteA / DB: A=3,000, A=3,500 / T2: Read A / -갱신(update)하는 도중에 다른 Transaction이 읽기	낡은 (Dirty) 자료읽기 -원하는 값= 3500

			┌─T1─┐ DB ┌─T2─┐		

잘못된 요약

```
┌─ T1 ─┐        ⬭ DB ⬭      ┌─ T2 ─┐
Read A          A=3,000      Read B
A=A-300         B=4,000      Read A
Write A                      Display(A+B)
Read B          A=2,700
B=B+300         B=4,300
Write B
```

-B와 A값
SUM(합)
의 결과오류
-원하는 값:
7,000

-두 자료를 갱신하는 도중에 읽기

무결성
제약조건

면허 Table

name	면허종류
A	보통면허
B	대형면허

⬭ DB ⬭
배차
계획

T1
Update 배차
Set driver='A'
Where Dno=500

배차 Table

Dno	지역	차량	name
500	대전	트럭	A
501	서울	승용차	C

-B 대신 A
운전자
배차 불가능

-두 자료의 제약
조건을 검사하
지 않고 갱신
-일관성 위반
A: 보통면허
B: 대형면허

3. 병행처리의 오류 대책 방안

오류	오류 대책 방안
갱신유실문제	갱신(update)후에 갱신 실행
오류읽기문제	갱신 후에 읽기
잘못된 요약	갱신 후에 읽기
무결성 제약조건	제약조건(Constraint)확인

-동시성 제어 기술로 대책   "끝"

문 64)		Transaction (트랜잭션)의 스케줄(Scheduling)의 종류에 대해 설명하시오.
답)		
1.		Transaction 스케줄링의 정의와 필요성
	가.	(트랜잭션 Scheduling의 정의) - DB에 접근하여 검색, 갱신, 추가, 삭제등을 수행하는 프로그램(process) 작업수행을 위해 언제, 어느 process에게 CPU를 할당 할것인지 결정함.
	나.	Database에서 Transaction의 Scheduling 필요성

병행 처리 / 병행 제어 / 자중 프로그래밍 / 자중 처리 / 병렬 처리

여러 process가 동일한 자료를 동시에 접근	process들을 일관성 있게 병행처리	여러 process 가 하나의 주기억 장치를 공유	주기억장치 에있는 process을 여러 CPU들이 나누어 처리	하나의 프로그램 을처리 processor 가 나누어 처리

- 분산처리 = 하나의 program을 여러 대의 Computer가 나누어 처리
- 자중처리 시스템(Multi-process System)에서 스케줄링 필요

2.		Transaction 의 스케줄링의 종류
	가.	직렬 스케줄링과 병행스케줄링(비직렬 스케줄링)

직렬(Serial)	병행(Concurrent)
P3 ↑ T3 P2 T2 P1 T1 T1 →시간	P3 ↑ T3 T3 P2 T2 T2 P1 T1 T1 T1 →시간

P = program

		트랜잭션 하나 실행완료후에	트랜잭션들의 자료 접근연산
		다른 트랜잭션을 시작하는	들을 교차하면서 동시에 실행,
		방식으로 하나씩 차례대로 실행	일관성을 유지하기 어려움

4. Transaction 스케줄링의 종류

종류	설명	비고
직렬	한 트랜잭션씩 차례대로 실행	일관성유지
병행	동시에 함께 실행	일관성유지 않됨, 오류발생
직렬화	직렬스케줄링처럼 병행처리	새 알고리즘 필요
완전	철회와 완료 연산 포함	병행제어 가능

3. 충돌 스케줄링 (Conflict Scheduling)의 일관성유지방법

- 충돌 스케줄을 찾아 직렬 스케줄링으로 변경

"끝"

문	65)	프로그램 병행성에 대해 다음 물음에 답하시오
		(1) 병행 프로그래밍에서 인터리빙(Interleaving) 동작 방식을 설명하시오
		(2) 아래와 같이 두개의 프로세스 P1과 P2가 병행 실행되는 경우 모든 가능한 인터리빙을 보이시오.

P1	P2
n = 2;	m = 4;
n = m;	m = n;

답)		
1		성능(Performance) 향상을 위한 병행성의 개요
	가	(병행성의 정의) - 프로세스(Process)가 동시, 혹은 동일한 시간 동안에 같이 수행되어 처리될 수 있는 성질
	나	병행성의 구분

단일 프로세서	하나의 Processor(CPU, 프로세서) 에서 Process가 번갈아 가면서 수행되는 형태
다수 (다중) 프로세서	여러개의 Processor 위에서 (상에서) 각자 Process가 수행 (병렬처리)

	다	Program 병행성 확보, 인터리빙의 정의
	-	병행성 확보를 위해 여러 개의 Process들이 매우 짧은 시간 동안 번갈아 가면서 수행하는 기법
2		병행 프로그래밍의 Interleaving 동작방식 및 고려사항

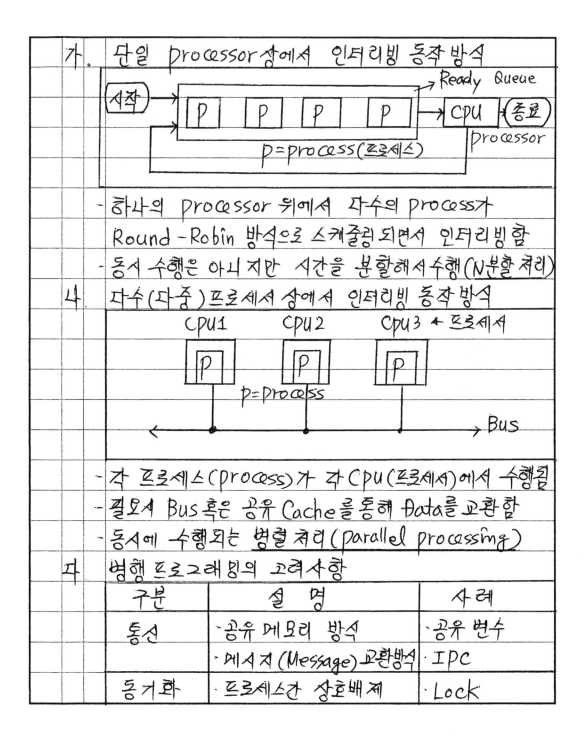

가.	단일 Processor 상에서 인터리빙 동작 방식

- 하나의 Processor 위에서 다수의 process가 Round-Robin 방식으로 스케줄링되면서 인터리빙함
- 동시 수행은 아니지만 시간을 분할해서 수행(N분할 처리)

나.	다수(다중) 프로세서 상에서 인터리빙 동작 방식

- 각 프로세스(process)가 각 CPU(프로세서)에서 수행됨
- 필요시 Bus 혹은 공유 Cache를 통해 data를 교환함
- 동시에 수행되는 병렬 처리(parallel processing)

다.	병행 프로그래밍의 고려사항

구분	설 명	사 례
통신	·공유 메모리 방식	·공유 변수
	·메시지(Message) 교환방식	·IPC
동기화	·프로세스간 상호배제	·Lock

		(Synchron-ization)	·임계 영역 보장 ·Race Condition 방지 ·Starvation(기아현상) 방지	·세마포어(Semaphore) ·Sequencer ·Aging 방법

3. 주어진 문제, 두개의 process p1과 p2의 병행 실행
- n과 m의 초기상태는 χ(알수없는상태)로 가정

P1	P2
n=2 ; ①	m=4 ; ③
n=m ; ②	m=n ; ④

< 병행 실행되는 모든 경우의 수 고려 >

경우의 수	실행 순서 (경우의 수)	실행 결과	
1	① → ② → ③ → ④ n=2 n=χ m=4 m=χ	n=χ	m=χ
2	① → ③ → ② → ④ n=2 m=4 n=4 m=4	n=4	m=4
3	① → ③ → ④ → ② n=2 m=4 m=2 n=2	n=2	m=2
4	③ → ④ → ① → ② m=4 m=χ n=2 n=χ	n=χ	m=χ
5	③ → ① → ② → ④ m=4 n=2 n=4 m=4	n=4	m=4
6	③ → ① → ④ → ②	n=2	m=2

		6	m=4	n=2	m=2	n=2	n=2	n=2

- x값은 알수없는 Don't Care 값

4. 주어진 문제에서 병행 실행의 결과와 해결 방안

가. (병행 실행의 결과) - 동기화가 고려되지 않은 병행 프로그래밍은 그 결과를 알수 없음 (경쟁상태 / Race Condition)

나. (해결 방안) - Semaphore, Event Count / Sequencer, Dekker / Peterson / Dijkstra 알고리즘, 모니터 (Monitor) 등을 활용하여 임계영역 (Critical Section) 설정 제어 필요.

"끝"

문 66) 다음 각 T1과 T2는 A에 1을 저하는 연산이다 Transaction들에서 아래 질문에 답하시오.

T1	T2	R=Read
R(A)		W=Write
A=A+1		
	R(A)	
	A=A+1	
	W(A)	
W(A)		

(1) 위의 Transaction들로부터 발생할수 있는 충돌 직렬 불가능(Conflict Non-Serializable)한 스케줄링 한개를 작성하시오

(2) (1)에서 작성된 스케줄링에서 발생할수있는 문제점을 설명하시오.

답)

1. 충돌 스케줄링(Conflict Scheduling) 정의와 형태

가. Transaction의 일관성 저해, 충돌 스케줄링의 정의
- 한 트랜잭션이 자료를 갱신 하는 도중에 다른 트랜잭션이 동일한 자료를 갱신 하거나 읽을때 일관성이 유지않되는 현상

나. 충돌 스케줄링의 형태

Write-write	갱신(Update) 유실
Write-read	오류 읽기, 잘못된 요약
read-write	오류 읽기, 무결성 제약 조건 위반

2.		충돌 직렬불가능 Scheduling의 예		
		T1	T2	A=100으로 가정
		R(A)←T1과T2충돌①		
		A=A+1 -- A = 101		
			R(A)- - - - - - - - --- A = 101	
			A=A+1----- --- A = 102	
			W(A)- - - - - - -- A = 102	
		W(A)← T2과 T1 충돌② - - - - - - - --- A = 102		

- T1에 정상값은 101이 write 되어야 하나 102값이 기록
- T2에 정상값은 101이 되어야 하나 102값이 write됨

3.		위의 Scheduling의 문제점과 개선 방법
	가.	Scheduling (본문제)의 문제점
		① T1과 T2 충돌로 인해 원자성 (일관성) 보장못함
		② T2과 T1의 충돌로 Data 원자성 (일관성) 보장못함
	나.	원자성, 일관성, 즉 ACID 확보 방안
		- T1수행후 T2수행, T2수행후 T1수행, 2PL적용.

"끝"

문	67)	다음 Schedule은 직렬불가능 (Non-Serializable) 하다.
	A각	원하는 값과 실제 수행값을 표기하고 문제점과 직렬화
		Task의 수행결과
		(Serializable) 하기 위한 방안은 무엇인지 설명하시오.
		(R은 Read, W는 Write를 의미) CA=100, B=100)
답	)	
1.		직렬불가능, 직렬, 직렬화 Schedule의 정의
	-	직렬(Serial) 스케줄의 정의 : 한 트랜잭션씩 순서대로 실행
	-	직렬불가능 스케줄의 정의 - 동일 자료를 여러 트랜잭션이 교차
		하면서 동시에 실행시키는 스케줄로서 모순 발생 (오류 발생)
		병행 스케줄에서 발생되며 충돌 스케줄이라고도 함.
	-	직렬화 스케줄 - 동일자료를 여러 트랜잭션이 교차 하면서 동시에
		실행해도 직렬 스케줄과 동일한 결과를 도출해 낼수있는 스케줄
2.		실제 수행시의 값과 원하는 값의 비교 (주어진 문제에서)

T1 (Task)	T2(Task)	수행값
R(A)	- - - - - - - - - - - -	A = 100
A = A + 100	- - - - - - - - - - - -	A = 200
W(A)	T1과 T2 충돌 - - - - - - -	A = 200
	R(A)	A = 200
	A = A × 2	A = 400
	W(A)	A = 400

				R(B)	--- B=100
				B=B×2	--- B=200
				W(B)	--- B=200
		R(B)			--- B=200
		B=B+100	T2과 T1의 충돌	--- B=300
		W(B)		--- B=300

| A=200, B=200 | A=200, B=200 | ←원하는 값 |
| A=200, B=300 | A=400 B=200 | ←실제 수행값 |

원하는 값이 아님 (직렬불가능스케줄)

3. 문제점과 개선방안

문제점	-T1-T2간 충돌로 인한 A값 변경됨
	-T2-T1간 충돌로 인한 B값 변경됨
	-Data 원자성이 보장안됨 (A,B모두)
	-무결성이 보장안됨 (Data 값이 변경됨)
개선 방안	-T1수행후 T2수행(T1이 먼저 수행되었음으로)
	-Two Phase Locking 기법 적용

"끝"

문 68) 아래 두개의 Task T1과 T2가 하나의 DB에
동시 수행시 (Concurrency) 발생될수 있는 문제로
Lost Update problem(갱신유실문제), Temporary
update (Dirty Read) problem(오류 읽기문제), Incorr
ect Summary problem(잘못된 요약문제)가 발생할수
있다. 예를 들어 설명하시오
각각의 경우에 대해

T1	T2
READ(X)	READ(X)
X = X - 100	X = X + 200
WRITE(X)	WRITE(X)
READ(Y)	
Y = Y + 100	
WRITE(Y)	

답)

1. 동시 수행(하나의 DB에서 여러 Task실행), 병행처리시 문제점

종류	설명	문제점
갱신유실문제	두개 이상의 Task가 Transaction서 동시에 동일한 자료를 갱신	첫째 갱신이 유실
오류 읽기문제	갱신하는 도중에 다른 트랜잭션이 읽기	Dirty Read
잘못된 요약	두자료를 갱신하는 도중에 읽기	요약결과오류
무결성 제약조건	두자료의 제약조건을 검사하지 않고 갱신	일관성 위반

2. Lost Update Problem (갱신유실문제)의 예제와 설명

T1	T2	X	Y
READ(X)		1000	2000
X = X - 100			
	READ(X)	900	
	X = X + 200	X=1100	
WRITE(X)		X=1100 ← 갱신유실	
READ(Y)			2000
	WRITE(X)	X=1100	
Y = Y + 100			
WRITE(Y)	↓Time		2100

- T1이 X값 갱신전에 T2는 X값 1000 Read
- T1은 X값 900을 갱신 ← 갱신유실문제 발생   「함
- T1 → T2, T2 → T1 수행시 X값의 정상값은 1100이되어야

3. Temporary 갱신(Dirty Read) problem의 예제와 설명

T1	T2	X	Y
READ(X)		1000	2000
X = X - 100			
WRITE(X)		900	
	READ(X)	900	
	↓ X = X + 200		

				WRITE(X)　　　1100
			READ(Y)	
			Abort	
				↓Time

- Abort 발생시 T2는 잘못된 (Temporary 값) X값
   900를 가지고 있는 상태.
- T1은 원래 X값인 1000 값으로 변경(복구)해야 됨.

4. Incorrect Summary (잘못된 요약) problem 예제와설명

T1	T2	
	Sum = ∅	
	READ(A)	
	Sum = Sum + A	
	⋮	
READ(X)		
X = X − 100		
WRITE(X)		
	READ(X) Sum = Sum + X	T2는 X값 100을
		뺀 값을 읽고
	Read (Y) Sum = Sum + Y	Y값 100 더하기
READ(Y) Y = Y + 100		전에 Read.
WRITE(Y)		

"끝"

문 69) 아래 두개 Task에서 Serial (직렬) 스케줄의 예와 Non-serial 스케줄의 예를 각각 2가지 이상 표현하시오.

답)

1. Serial (직렬), Non-Serial 스케줄의 정의

   가. (Serial 스케줄의 정의) - 한 Transaction 씩 순서대로 실행

   나. (Non-Serial 스케줄의 정의) - 동일 자료를 여러 트랜잭션이 교차하면서 동시에 실행되는 스케줄로서 모순 발생 (오류발생)

2. Serial 스케줄의 예 (2가지)

   가. 7 Case 1 (T1→T2)

T1	T2	X	Y
READ(X)		100	200
X = X − 1		99	
WRITE(X)		99	
READ(Y)			200
Y = Y + 1			201
WRITE(Y)			201
	READ(X)	99	
	X = X + 2	101	
	WRITE(X)	101	

(시간 ↓)

- T1 수행후 T2 수행

   나. Case 2 (T2 수행후 T1 수행)

T1	T2	X	Y

						X	Y
				READ(X)		100	200
				X=X+2		102	
				WRITE(X)		102	
			READ(X)			102	
			X=X-1			101	
			WRITE(X)			101	
			READ(Y)				200
			Y=Y+1				201
			WRITE(Y)				204
				↓Time			

- T2 수행후 T1 수행

3. Non-Serial 스케줄의 예

가. Case1

T1	T2	X (100)	Y (200)
READ(X)		100	
X=X-1		99	
WRITE(X)		99	
	READ(X)	99	
	X'=X+2	101	
	WRITE(X)	101	
READ(Y)			200
Y=Y+1			201
WRITE(Y)↓			201

- T1 수행시   T2도 수행되는 경우
- 각 Transaction 수행시 갱신이 완료되는 조건에서
  Transaction의 변환(전환)이 발생되는 경우임

4. Case 2

T1	T2	X	Y
		100	200
READ(X)		100	
X=X-1		99	
	READ(X)	99	
	X = X+2	101	
WRITE(X)		101	
READ(Y)			200
	WRITE(X)	101	
Y=Y+1			201
WRITE(Y)			201

↓ Time

- X값 손실 발생 ⟶ T1수행후 T2, T2수행후 T1,
  2PL 기법 적용하여 Data 갱신 오류 방지필요

"끝"

문	70)	로킹 규약(Locking protocol)에 대해설명하고
		아래 Task1 과 Task2가 동시수행시 직렬화
		(Serializability) 스케줄을 만족하지 못하는 예를 들어
		설명 하시오 (S-Lock : Shared Lock, X-Lock : Exclusive Lock)

	T1		T2	
	S-LOCK(B)		S-LOCK(A)	
	READ(B)		READ(A)	
	UNLOCK(B)		UNLOCK(A)	
	X-LOCK(A)		X-LOCK(B)	
	READ(A)		READ(B)	
	$A = A + B$		$B = B + A$	
	WRITE(A)		WRITE(B)	
	UNLOCK(A)		UNLOCK(B)	

답)		
1.		동시성(Concurrent) 제어를 위한 Locking 기법의 개요
	가.	잠금(Lock), 해제(Unlock) Locking 기법의 정의
		Transaction이 사용하는 자원(Data항목)에 재하여
		상호배제 기능을 제공, 특정 Transaction이 Data 항목에 재
		하여 잠금(Lock)을 설정하면, 잠금을 설정한 트랜잭션이
		해제(Unlock)할때 까지 Data를 독점적으로 사용할수있는기법
	나.	Locking 연산의 종류

종류	주요 개념

		S-LOCK,	공유 잠금(S-LOCK)한 Transaction은 Data
		Shared Lock	항목에 대해 읽기(Read)만 가능.
		(공유 Lock)	- 다른 트랜잭션도 읽기(Read)만을 실행할수 있음
		X-LOCK.	- 배타적 잠금(X-LOCK)한 Transaction은 Data
		Exclusive Lock	항목에 대해서 읽기(Read)와 기록(write)가모두가능
		(배타적 Lock)	- 다른 트랜잭션은 읽기와 기록(Write)모두 할수 없음.

- Shared (S)-Lock : Read-Lock(A) // A는 Data
 eXclusive (X)-Lock : Write-Lock(A) // A는 Data

2. Locking protocol (규약)과 Lock과 UnLock동작

가. Lock과 UnLock의 동작 (Transaction과 연관)

		정의	어떤 Data item에 Read/write를 위해 Permission획득
LOCK		예제	Lock(A): Data item A는 Locked
			Lock(B): Data item B는 Locked
		정의	어떤 Data item으로부터 R/W permission을 제거
UnLock		예제	UnLock(A): A를 모든 Transaction에게 사용허용
			UnLock(B): B를 모든 트랜잭션에게 사용허용

나. Locking protocol (규약)   T = Transaction

- 모든 T는 아래 4가지 protocol를 준수해야됨

| ① | T가 Data item X에 대해 Read(X)나 write(X) 연산을 수행하려면 반드시 먼저 Lock(X) 연산을 실행 |
| ② | T가 실행한 Lock(X)에 대해서는 T가 모든 실행을 |

R/W : Read / write

				종료하기 전에 반드시 Unlock(x) 연산을 실행
			③	T는 다른 Transaction에 의해 이미 Lock이 걸려 있는 x에 대해 다시 Lock(x)를 실행하지못함
			④	T는 x에 Lock을 자기가 걸어 놓지 않았자면 Unlock(x)를 실행하지 못함.

3. 주어진 T1과 T2가 직렬화 스케줄을 만족하지못하는 경우

T1	T2	A 1000	B 2000
S-LOCK(B)			
READ(B)			2000
UNLOCK(B)			
	S-LOCK(A)		
	READ(A)	1000	
	UNLOCK(A)		
	X-LOCK(B)		
	READ(B)		2000
	B = B+A		
	WRITE(B)		3000
	UNLOCK(B)		
X-LOCK(A)		1000	
READ(A)			
A = A + B	↓ Time		

			WRITE (A)　　　　　　　　　　　　4000
			UNLOCK (A)　　↓Time
		-	마지막 T2에서 수행된 B값 4000이 잘못된 값
		-	직렬화 스케줄에 만족 못함
4.			직렬화 스케줄을 만족할수 있는 방법
		-	2PL (Two phase Locking) 방법인 확장과 수축단계 활용
			"끝"

문	7)	(1)2PL (Two phase Locking)에 대해 설명하고
		2PL 의 장점과 단점에 대해 설명하시오
		(2) 다음 T1, T2의 Transaction에 대해
		Two phase Locking을 적용한 결과를 보이시오.

T1		T2	
X-LOCK(A)		X-LOCK(A)	
READ(A)		READ(A)	
A = A +100		A = A * 2	
WRITE(A)		WRITE(A)	
UNLOCK(A)		UNLOCK(A)	
X-LOCK(B)		X-LOCK(B)	
READ(B)		READ(B)	
B = B +100		B = B * 2	
WRITE(B)		WRITE(B)	
UNLOCK(B)		UNLOCK(B)	

답)

1. 2PL (Two Phase Locking)의 정의 및 동작

가. (Two phase Locking (2PL)의 정의) - Data 무결성을
보장하기 위해 모든 Transaction들이 Lock과 Unlock
연산을 확장단계와 수축단계로 구분하여 수행하는 방식

나. (2PL protocol (규약)) - 어떤 한 스케줄에 참여 하고
있는 모든 Transaction들이 2PL P(규약)을 준수한다면

그 Schedue은 직렬 가능함.

2. 2PL의 동작과 설명

가. 2PL의 동작

나. 확장/차단/수축단계의 설명

단계	설명
확장	Transaction은 Lock만 수행 할수 있고 Unlock 불가
차단	실제 연산 수행, Read/Write 위한 Permission 획득
수축	Transaction은 Unlock만 수행할수 있고 Lock 불가

다. 2PL의 장/단점

장점	직렬가능성보장	2PL 단계준수시 직렬가능성보장, 검사 불 필요
	범용적 사용	직렬가능성보장 protocol로 가장 많이 사용
단점	교착상태 (DeadLock)	- DeadLock 발생가능성 - 두개 이상의 Transaction T가 그 집합
	발생 가능성	안에 있는 T에 의해 Lock시 무한 대기 발생

3. 주어진 T1, T2 Transaction에 대해 2PL 적용결과

T1		T2	
X-LOCK(A)	확장 단계 ↓	X-LOCK(A)	←── 시작
X-LOCK(B)		X-LOCK(B)	
READ(A)	↑ 연산 수행 ↓	READ(A)	
A = A + 100		A = A * 2	
WRITE(A)		WRITE(A)	
UNLOCK(A)		UNLOCK(A)	
READ(B)	↑ 수축 단계 의 실행 ↓	READ(B)	
B = B + 100		B = B * 2	
WRITE(B)		WRITE(B)	
UNLOCK(B)		UNLOCK(B)	← 끝

└─ 최초 Unlock point

"끝"

문 72)	Transaction 동시성 제어 방법중 2PL(Two-Phase Locking) 기법에 대해 설명하고 2PL 기법의 유형에 대해 설명 하시오.
답)	
1.	(Serial(직렬)보장, 2PL 기법의 정의)~병렬로 수행되는 Transaction의 직렬 가능성을 보장하기 위해 사용하는 방법으로 2개 이상의 Transaction들이 병행적으로 처리 되었을때 결과는 그 Transaction들을 임의의 직렬적 순서로 처리했을 때의 결과와 논리적으로 일치하는 기법
2.	2PL 알고리즘의 동작과 설명
가.	2PL 알고리즘의 동작 개념도

나.	확장/ 차단/ 수축 단계의 설명	
	확장 단계	Lock만 수행 가능, 사용하기전에 잠금(Lock)
	차단 단계	실제 연산 수행, R/Write Permission 획득
	수축 단계	Unlock만 수행가능, Lock은 불가.(2PL 규약임)

3.		2PL 기법의 유형	
		유형	설 명
		Conservative (Static, 보수적)	- Transaction 전 Lock 「protocol) - 교착상태가 발생하지 않는 프로토콜(Dead Lock Free
		Strict (엄격)	- 전용 Lock을 트랜잭션 종료시까지 유지 → Deadlock 위험 - 가장 널리 사용되는 protocol.
		Rigorous (엄중)	- 모든 Lock(공유, 전용)을 Transaction 종료시까지 유지 - 모든 Transaction을 완료하는 순서로 직렬화 가능

"끝"

문 73)	DB 동시성 제어 방법(기법)인 Time stamp ordering 기법에 대해 설명하시오.

답)

「개요

1.

Transaction시 교착상태 방지, Time stamp 순서 기법의

가. 타임 스탬프(Time stamp) ordering 기법의 정의

- Transaction을 식별하기위해 DBMS가 부여하는 고유한 Time Stamp(시간도장,직인)를 지정하여 Transaction의 순서를 미리 지정하는 기법.

나. Time Stamp ordering 기법의 특징

```
 ┌────────┐      ┌────────┐      ┌────────┐
 │ 직렬성  │──────│  교착   │──────│  연쇄   │
 │ 보장   │      │ 상태   │      │ 복귀   │
 └────────┘      │ 방지   │      │ 가능성  │
                 └────────┘      └────────┘
```
- 병행제어시   -2PL 단점보완   -Cascade
  무결성/일관성확보   -Deadlock방지   Rollback 가능성

2. Time stamp 생성방법과 Time stamp 순서 알고리즘

가. Time stamp 생성 방법

방법	내용
System clock	System clock을 Timestamp로 사용
논리적 Counter	트랜잭션 발생 할때마다 Counter 값 증가시켜 Timestamp로 사용

나. Time stamp ordering 알고리즘 X=Data item

Read TS(x) < Write TS(x)	사례	T1	T2
→ Read 연산 Rollback	→		Write(x)

↗ Time stamp

← TS 큰 값이 write 동작이 먼저 수행되고 난 후에 Read 수행

Write(X) < Read TS(X)		T1	T2	
TS				
→Write 연산 철회		Read(X)		

3. 2PL과 Time stamp ordering (TSO)의 비교

기법	2PL	Time stamp ordering
장점	-간단 명료한 알고리즘으로	-Transaction 재거없이 실행
	구현이 용이, 간단	-Deadlock 발생 없음
	-사전에 오류 발생 방지	-조회위주의 DB에 효과적
단점	-Deadlock 발생	-Rollback 발생 확률이 높음
	-Lock에 따라 재거시간 지연	-연쇄 Rollback 가능성 높음

많은 경우

"끝"

문 74)	DB Transaction 수행시 동시성 제어 기법인
	낙관적 (Validation) 병행제어 기법에 대해 설명하시오.

답)

1. Transaction 종료후에 직렬성 검사, Validation 기법의 개요

　가. 낙관적 검증 (Validation) 기법의 정의

　- Transaction 수행동안에는 어떠한 검사도 수행하지 않고

　　Transaction 종료시 일괄(Batch)적으로 검사하는 기법

　나. 낙관적 검증 기법의 특징

트랜잭션 수행 → (Local Cache) → [직렬화검증] → OK → 기록 → DB
Log
직렬화검증 → NG → Rollback (철회)

　- Batch 처리방식으로 속도 빠름, 철회시는 자원낭비 & 재수행필요

2. 낙관적 검증기법의 처리 절차 및 각 단계(절차) 설명

　가. 처리 절차 : Read → Validation → Write 순

⟵ Read ⓡ	Phase Validation	실행 ⓦ ⟶
검증없이 트랜잭션 실행	트랜잭션 종료시 동시성 검증 수행 (직렬성)	-DB기록(직렬성 ok시) -문제시(직렬성 NG) 는 Roll Back

　나. 각 절차의 설명

단계	설명
ⓡ 판독	Local Cache 에서 수행, 실제 DB에 갱신 하지 않음
ⓥ 확인	종료후 Transaction의 직렬성 검사.
ⓦ 기록	직렬성 검사후 문제 없을시는 DB에 반영 (기록)

3.			확인(Validation) 검사 조건과 확인 방법(직렬성)
	가.		Validation 검사조건 (Transaction == T)

Start(Ti)	T Ti가 판독단계에 들어가면서 판독을 시작한 시간
Validation(Ti)	T Ti가 판독단계를 끝내고 확인을 시작한 시간
Finish(Ti)	T Ti가 최종기록 단계를 완료한 시간

- 확인 검사서 위의 3가지 Time stamp를 통해 직렬성을 검사함

판독집합.Readset	Ti가 판독한 Data item의 집합
기록집합.writeSet	Ti가 기록한 Data item의 집합

- 확인 작업을 위해 Transaction의 판독집합(Read set)
  과 기록집합(Write set)을 유지

4. Validation (확인) 검사 방법 (Validation == V)

Case	조건	검사
1	R V W Finish 〔Ti〕 R V 〔start Tj〕	Finish(Ti) < Start(Tj)
2	R V W Finish 〔Ti〕 R V 〔start Tj〕	Start(Tj) < Finish(Ti) < V(Tj)이고 W-set(Ti) ∩ Read-set(Tj) = φ(T)
3	Start R V 〔Ti〕 R V 〔start Tj〕	V(Ti) < V(Tj)이고 Write-set(Ti) ∩ Read-Set(Tj)=φ(T)이며 W-Set(Ti) ∩ W-set(Tj)=T

- 위의 $TS(T_i) < TS(j)$의 관계에 있는 모든 Transaction T_i에 재해 위의 3가지 조건 하나만 만족하면 Transac -tion들 간에 간섭이 없는 것(직렬성)으로 보고 확인을 성공

- 하나라도 만족하지 못하면 Transaction간의 간섭이 일어 났을 가능성이 존재 하기 때문에 Validation은 실패로 간주하고 Rollback실시

"끝"

문	75)	Database System에서 교착상태(Deadlock) 발생
		원인과 해결 방안에 대해 설명 하시오.
답)		
1.		Multi-processing 환경에서의 무한대기, Deadlock의 개요
	가.	동시성 제어, 병행제어에서 무한대기, 교착상태의 정의
	-	Database System에서 여러개의 Transaction이 특정
		자원(Data item)의 할당을 무한정 거사리고 있는 상태
	나	교착 상태(Deadlock) 관리의 필요성
		- 불필요한 CPU및 Memory등 자원(Resources) 낭비 방지
		- System 성능 저하에 따른 업무 지연을 사전에 방지
		- Transaction의 투명한 실행에 따른 사용자 불만 해소
2.		DB System 에서 Deadlock의 개념도및 발생원인
	가.	DB System 에서 Deadlock 발생의 개념도

Transaction → (T1)   X   (T2) ← Transaction

Y점유 X요구   Y   X 점유 Y요구

- Transaction T1은 T2가 점유한 X item을 Unlock 시키기를 Wait하고 있음
- Transaction T2는 T1이 점유한 Y item을 Unlock 시키기를 거사리고 있는 상태

← T1와 T2는 교착상태임.

4. 교착상태(Dead Lock)의 발생원인 (자원 = Data item)

발생원인	상세 내용
상호배제	- Mutual Exclusion - Transaction들이 자원을 배타적으로 점유하여 다른 Transaction들이 그 자원을 사용하지 못함.
점유와 대기	- Block and wait - Transaction이 어떤 자원을 할당받아 점유하고 있으면서 다른 자원을 요구함.
비선점	- Non-Preemption - Transaction에 할당된 자원(Data item)은 사용이 종료될 때까지 강제로 획득 할수 없으며 점유하고 있는 Transaction 자신만이 해제 가능
환형 대기	- Circular wait - Transaction간 자원요구가 하나의 원형모양

- 교착 상태는 한 System에서 위의 4가지 조건이 동시에 성립될때 발생함 (한 가지라도 만족하지 않으면 발생하지않음)

3. Deadlock의 해결 방안 ~ 예방, 회피, 발견, 복구

가. 교착 상태의 예방 (Prevention)

구분	설명	관점
상호배제조건 부정	공유할수 없는 자원 사용시 성립	-

트랜잭션

점유와 재기 조건의 부정	T이 자원 요청시 다른 자원들이 점유하지 않을 것을 보장함	자원낭비, 비용증가 - 자원공유불가능 - 기아 현상 발생
비선점 조건 의 부정	어떤 자원을 가진 T이 저이상 할당 요구가 받아지지 않을 경우 자원 반납	- 비용증가 - 기아 현상
환형 대기 조건의 부정	모든 T에게 각 자원의유형을 유형 별로 할당순서를 부여 하는 방법	새로운 자원 추가 시 재구성 필요

T = Transaction

사. 교착상태의 회피 (Avoidance)

기법	Domain	설명
은행가 알고리즘	운영 체제	안전(Safe) 하다고 판단되는 process에게 자원을 할당(Allocation) 하는 방법
자원 할당 Graph	OS, DB	자원할당그래드를 바탕으로 일정 기간 내에 안정적으로 종료가능한 Transaction에게 자원할당
Wait-die/ Wound-wait	DB (데이터베이스)	개별 Transaction 에게 Timestamp를 부여 하여 Data item(자원) 취득하도록 함

자. 교착상태의 발견 (Detection)

- System 상태를 Monitoring하는 S/W 사용 -교착상태 검사

특정 Event 발생 → 알고리즘 구동 → 교착상태 발견 → 회복

- Cpu 사용률이 80%. 이상시 Event 발생 → 확인 작업

- Wait for Graph
- Graph Reduction
- Cycle Detection
- Monitoring

- 어떤 자원과 process 가 Deadlock 상태인지 판단

Reduction = 축소

		- Realtime(실시간)이나 특정시간 간격으로 지속 Monitoring	
	라.	Deadlock의 회복 ('Recovery') - 운영체재 환경	
		- Deadlock이 없을때 까지 process를 순차적으로 Kill	
		- 운영자가 수동으로 교착상태 process를 Kill (종료시킴)	

| 4. | 교착상태와 기아현상(무한대기, Starvation)의 비교 |

구분	DeadLock	무한대기 (Starvation)
정의	다수의 Transaction이 아무 일도 못하고 특정 자원을 기다리며 무한대기	특정 Transaction이 자원을 할당받기위해 무한정 대기 상태 (기아 현상 발생)
발생 원인	상호배제, 점유와 대기, 비선점, 환형 대기	자원의 편중된 분배 정책으로 인해 발생
해결 방안	예방, 회피, 발견, 회복	Aging 기법 (Transaction 우선순위 Queue로 이동)

"끝"

문 76)		교착상태 회피 기법인 Wait-Die와 Wound-Wait 기법에 대해 설명하고 아래 4개 Transaction에 대해 Wait-Die 기법과 Wound-Wait 기법 적용시의 수행과정을 설명하시오. (최초 수행은 T2가 Data item X 를 Lock 하고 있는 상태라고 가정하시오)

〈Transaction 들〉

Transaction	Time stamp	
T4	15	
T3	30	
T2	20	
T1	10	

답)

1. Wait-die와 Wound-wait 기법의 개념과 필요성

   가. Wait-Die와 Wound-wait 기법의 개념
- Deadlock 발생의 회피를 위해 어느 Transaction를 abort (Rollback)/Wait 할지를 결정. 즉, 동일 Data Item를 복수의 Transaction이 Lock 할려고 할때 Transaction의 TS (Time Stamp) 기반으로 한 방법으로 Wait-Die /Wound-wait 기법이 있음. Lock 시도 싯점이 긴 Transaction이 우선처리되는 방식으로 Abort된 Transaction도 언젠가는 반드시 수행됨 (Deadlock 회피)

   나. Wait-die & Wound-wait 기법의 필요성

교착상태 (Deadlock) 회피하기 위함

T1은 X를 제어 (Read/write)
하기를 위함 (Wait / Abort 상태) (X는 Data Item)

2. Wait-die와 Wound-wait 방식의 특징

항목	Wait-die	Wound-wait
조건 예시	-TS(i)을 Transaction의 시작 시점으로 가정 - 이미 T2가 Lock하고 있는 Data를 T1이 Lock 할려고 할때	
	「거나림」 T1: X를 제어 (R/write) 하기위해 T2가 X를 Unlock 하기함 T2: Data Item X를 Lock 하고 있는 중	
Wait 기준	Older T 이면 Wait $TS(T1) < TS(T2)$	Younger T 이면 Wait $TS(T1) > TS(T2)$
Abort 기준	Younger T 이면 Abort $TS(T1) > TS(T2)$	Older T 이면 Abort $TS(T1) < TS(T2)$
스케줄	비 선점	선점

T = Transaction, TS = Time stamp

		Older Trans-action의 의미	Lock을 시도했으나 수행하지 못하고 있는 상태 (Wait나 Abort), 오래된 Transaction이 TS값이적음
		Younger Trans-action의 의미	Lock을 수행(Data Item X를 사용)중인 T보다 나중에 생성 T, TS값이클수록 최신에 생성된 T임
		T= Transaction의 의미	

3. 주어진 T에서 Wait-die 동작설명

가. 현재 T 상태

- Data Item X를 T2가 수행중, T1, T3, T4가 Data Item X를 요청하고 있는 상태

T1 (TS=10)	→	T2수행 (TS=20)	←	T4 (TS=15)
		↑		(Older T Wait,
		T3 (TS=30)		Younger T Abort)

나. T2 수행중에 각 Transaction 요청시동작 (T= Transaction)

분류	T 상태	동작	TS 비교
T1	Older T	Wait	T1 < T2
T3	Younger T	Abort	T3 > T2
T4	Older T	Wait	T4 < T2

다. T2 수행 완료후 T1 수행시 각 Transaction 요청시의 동작

분류	T 상태	동작	TS 비교
T3	Younger T	Abort	T3 > T1

| T4 | Younger T | Abort | T4 > T1 |

- T3, T4는 Abort 후 일정시간 후에 TS 값으로 Data Item X 요청

4 주어진 Transaction에서 Wound-wait 동작 설명

가. 현재 Transaction의 상태

- Data Item X를 T2가 수행중, T1, T3, T4가 Data Item X를 요청하고 있는 상태

(Older T Abort, Younger T Wait)

나. T2 수행 중에 각 Transaction 요청시의 동작 (T는 Transaction)

분류	T의 상태	동작	TS 비교
T1	Older T.	Abort	T1 < T2
T2	Younger T.	Wait	T3 > T2
T3	Older T.	Abort	T4 < T2

- Wait 중인 T3가 Data Item 접근후 실행.
- T1, T4는 Abort후 일정시간후에 동일 TS 값으로 Data Item X 요청.

"끝"

문 77) 다음 4개의 Transaction 의 직렬화 (Serializability) 방법 표기와 교착상태 (Deadlock)을 탐지할수 있는 대기 그래프 (Wait-for Graph)를 작성하시오.

T1	T2	T3	T4
		Read(X)	
Read(X)			
		Write(X)	
	Read(X)		
Read(Y)			
			Read(X)
Write(Y)			
	Read(Y)		
			Write(X)
	Write(Y)		

대기 그래프 (Wait-for Graph)는 아래 기준으로 작성 하시오. (Dead Lock 존재 여부에 대해 설명 하시오)

답)

1. 직렬화의 정의와   직렬화 방안

  가. (직렬화의 정의) - 동일 자료(Data Item)를 여러 트랜잭션

문제에서는 X, Y값

이 교차하면서 동시에 실행해도 직렬 스케줄과 동일한 결과를 도출해 낼수 있는 스케줄 (schedule)

4. 직렬화 방안 (Data Item 일관성 저해요소 방지)
　- 충돌 스케줄 제거, 동일　　　　　　　사전에

동작	일관성 저해요소
Read-Read	오류읽기나 갱신유실 없음 (충돌스케줄 아님)
① Write-Write	갱신 (update) 유실 발생
② Write-Read	오류 읽기, 잘못된 요약 (자료갱신중 읽기, 오류읽기)
③ Read-Write	오류 읽기, 무결성 제약 조건 위반 발생

↑ 경우의수

2. 4개의 Transaction의의 직렬화 방법 표기, R=Read, W=Write

	T1	T2	T3	T4
			R(X)	
	R(X) ····③		→W(X)	
		R(X)← ②		②
	R(Y)			R(X)
			③	
	W(Y) ②		③	
		R(Y)		→W(X)
		W(Y)		

- 직렬화 방법 표기 (충돌 스케줄 발생 조건 검사 결과)

분류	표기	동작(충돌스케줄발생)	발생회수
Write-write	①	없음	$\emptyset$
Write-Read	②	T3→T4, T3→T2, T1→T2	3
Read-Write	③	T1→T3, T1→T4, T2→T4	3

3. Deadlock 을 탐지 할수 있는 대기 그래프와 교착상태 존재 여부

가. (WFG (Wait-For Graph)의 정의) - 교착상태를 파악하기

위해 사용하는 방향성 Graph.

Graph 표기 방법	$\overset{\frown}{(T_i)} \xrightarrow{\text{표기}} (T_j)$	- 트랜잭션 T를 정점으로 표시. T_i가 필요로 하는 Data item

4. 교착상태 존재 여부 파악의 예제 | 을 트랜잭션 T_j 가 놓아주기를

1) 교착상태 미존재 예제 | 기다리는 것

path : (T₁) → (T₂)
Case (T₃) → (T₁) → (T₂)
(T₄) → (T₁) → (T₂)
(T₄) → (T₃) → (T₁) → (T₂)

순환(Cycle) 없음

(교착 상태 존재 하지 않음)

2) 교착 상태 존재   Cycle 발생

path : (T₁) → (T₂)
(T₁) → (T₃) → (T₄) → (T₁)

Cycle 존재 (교착상태 존재 함)

다. Wait - For Graph의 작성 (직렬화 표기 방법 기준)

| Cycle 발생여부 | 미발생... Cycle 없음 |
| 교착상태 | 교착상태 미 존재... Cycle 없음. |

4. Transaction 실행순서 결정

Case	순서	문제점
①T1 start	①T1 → ③T3 → ②T2 → ④T4	없음
②T2 start	③T3 → ④T4	①T1. ③T3 수행안됨
③T3 start	③T3 → ②T2 → ④T4	④T4 수행안됨
④T4 start	④T4	①T1 ②T2 ③T3 수행안됨

· 채용순서 : ①T1 → ③T3 → ②T2 → ④T4

"끝"

PART
6

해싱(Hashing)

해쉬 함수(Hash Function)의 4가지 특징(필수 요건), 해싱(Hashing) 함수의 종류, 장·단점, Hashing 충돌 해결 방법인 선형 탐색(Linear Probing) 기법, 체인닝(Chaining) 기법에 대해 학습할 수 있습니다.　　　　　[관련 토픽 – 6개]

문 78)		Hash (해쉬) 함수의 4가지특징 (필수조건)에 대해 설명하시오
답)		
1.		신속한 탐색, 무결성 (Integrity) 보장, Hash 함수의 개요
	가.	단방향 (One-way Function) 함수, Hash 함수의 정의
	-	Data의 신속한 탐색을 위해 주어진 key 값으로부터 해쉬함수를 적용하여 주소 값을 계산하고 계산된 주소 값으로 Record가 저장되어 있는 위치에 직접 접근하는 방법.
	나	Hash Function의 특징

고속 탐색	Mapping 함수	단 방향성
-key 값에 해당하는 주소로 직접 접근 (Access)함 으로 고속처리 가능	key 값 → 주소로 변환 (Mapping) 되어 Record 검색	-역함수 계산 불 가능, 즉 출력된값 을 역으로 추적 불가능

2.	Hash Function의 특징 (필수조건)

특징	의미	부연설명
계산효율성 (Efficiency) (계산의 용이성)	-Ease of Computation -입력 x에 대해 h(x)를 계산 하기 쉬워야 함	x Y $x \xrightarrow{H(x)} y$ H(x) 계산은 쉬워야 함
일방향성 (역함수 계산 불가능)	-One-Wayness -해쉬 결과값 y로부터 h(x)가 되는 입력값 x를 찾는 것은 불가능	x H(x) Y $x \rightarrow y$ y=H(x) x=H^{-1}(y), 즉 역함수 계산은 불가능

			압축 (출력 되는 해쉬값은 고정된 크기)	-Compression (`압축) -출력 길이 $y = H(x)$는 항상 일정. 입력 x 길이와 무관 함 (고정된 크기)	
		충돌 회피성	약한충돌 방지(Weak Collision 방지)	입력값과 해쉬값을 알고 있을때 동일한 해 쉬값을 가지는 다른 입력값을 찾는것은 불가능	 $H(x) = H(x') \ x(\neq x')$ x'가 주어졌을때 x를 찾지 못함
			강한충돌 방지 (Strong collision 방지)	동일한 해쉬값을 가지 는 서로 다른 메세지 쌍을 찾는 것은 불가능 해야 함	 x^2에서 x_1, x_2 계산불가
3.		해쉬함수의 활용			
		DB분야		Key값을 주소값으로 직접접근 → 고속탐색, 성능향상	
		보안분야		-전자서명과 결합 Data 무결성 보장 -Computer System에서 중요 정보의 인증과 무결성 보장	

"끝"

문	79)	UNDO, REDO, ACID, DBMS, SQL, INDEX, HASH, BTREE, EER의 Data(데이터)에서 해싱(Hashing)을 이용하여 ACID와 FDA를 검색 하시오. Hash 함수는 Division(나누기)방법인 $f(h) =$ x mod m (x: 나머지, m: 버킷)를 활용하시오. (아래 EBCDIC Code Table을 활용하여 Hash 함수를 구하고, 버킷(Bucket)수는 10개이고 한개의 Bucket에는 2개의 Data를 저장할수 있음)

EBCDIC Code Table

1	A	J	-
2	B	K	S
3	C	L	T
4	D	M	U
5	E	N	V
6	F	O	W
7	G	P	X
8	H	Q	Y
9	I	R	Z

답)		
1.		<u>Key-to-Address</u> 변환 (키에서 주소로 직접 변환). Hashing의 개요.
	가.	<u>Direct Address</u> 탐색, Hashing의 정의

		-	Key 검색방법에서 각 Record의 Key의 계수적 성질을 이용하여 주어진 Key 값에 해싱함수(Hashing Function) 연산을 사용하여 그와 재응되는 주소공간을 산출 하는 방법

	4.	Hashing을 하기위한 일반적인 절차	
		절차	설 명
		1	Data들을 수치적 형태로 변환 (예 EBCDIC Code사용)
		2	Hashing 함수를 구함 (예 $f(h) = I \bmod B$ (I는수치))
		3	그 해싱함수가 가리키는 Table 번지에 Data를 위치시킴
		4	Overflow 발생시 Overflow 영역을 지정하여 pointer 로 Data를 저장함

	2.	주어진 Data를 해싱(Chashing)으로 검색하기위한 절차	
		- 주어진 문제는 EBCDIC Code로 수치적 형태로 전환	
		절차	설 명
		1	주어진 Data를 EDCDIC Code로 변환 (수치화)
		2	해싱 함수를 구함 (수치화한값을 버킷의 개수로 나눔)
		3	나누기 방법인 $f(h) = x \bmod m$ 사용
		4	나머지 값(mod)을 이용해서 Data를 해싱 Table에 기억
		5	Overflow 발생고려 (발생시 pointer로 지정)

	3.	주어진 문제에서 Hashing을 활용한 검색 방법	
		과 정	설 명

			EBCDIC 코드로 변환 (주어진 Table 에서 Code로 변환)	UNDO = 4546, REDO = 9546 ACID = 1394, DBMS = 4242 SQL = 283, INDEX = 95457 HASH = 8128, BTREE = 23955 EER = 559.			
			Hashing 함수구하기	$-$산술식 방법인 $f(h) = I \bmod B$ (B는 버킷수) $f(UNDO) = 4546 \bmod 10 = 6,$ $f(REDO) = 9546 \bmod 10 = 6,$ $f(ACID) = 1394 \bmod 10 = 4,$ $f(DBMS) = 4242 \bmod 10 = 2,$ $f(SQL) = 283 \bmod 10 = 3,$ $f(INDEX) = 95457 \bmod 10 = 7,$ $f(HASH) = 8128 \bmod 10 = 8,$ $f(BTREE) = 23955 \bmod 10 = 5,$ $f(EER) = 559 \bmod 10 = 9$			
			Hash Table에 저장	\<Hash Table\>			

버킷번호	버킷	
0		
1		
2	DBMS	
3	SQL	
4	ACID	

				5	BTREE		
		Hash Table에 저장		6	UNDO	REDO	
				7	INDEX		
				8	HASH		
				9	EER		
				Overflow Area			

4. Hash Table에서 ACID와 FDA 검색

검색	설 명
ACID	ACID 검색 위해 EBCDIC 코드로 변환(1394값)
	$f(ACID) = 1394 \bmod 10 = 4$, 버킷 4에 ACID 검색됨
FDA	FDA를 EBCDIC 코드로 변환시 값은 641
	$f(FDA) = 641 \bmod 10 = 1$, 버킷 1에 FDA 존재하지 않음

- ACID는 정상 검색되나 FDA 정보는 존재 하지 않음

"끝"

문 80)		해싱 (Hashing) 함수의 종류와 Hashing의 장점/
		단점에 대해 설명하시오
답)		
1.		Key(Data)-To-Address(키값에서 주소로 직접 Mapping),
		고속 Access 방식, Hashing의 개요
	가.	고속검색, Direct Address 탐색, Hashing의 정의
	-	Key 검색방법에서 각 Record의 key의 계수적 성질을 활용
		하여 주어진 값에 해싱 함수연산을 사용하여 그와 대응되는
		주소공간을 Direct로 Access하는 기법
	나.	Hashing의 개념도

		- 신속한 탐색을 위해 주어진 Key 값으로부터 해쉬 함수(Hash
		Function)를 적용하여 주소값을 계산하여 Direct 접근
2.		해싱 (Hashing) 함수의 종류

종류	설명
나누기	Division, f(h) = x mod m /x:나어짐, m = 버킷
중간 제곱	Mid-Square, f(h) = mm(x²)
폴딩	Folding : 일정구간으로 접어서 (Folding) 잘라진 수치를 더하여 Home 주소로 하는 방식
기수 변환	Radix-Conversion, 특정 진법으로 Key 값 변환
계수분석법	Digit Analysis : 키 분포를 자리별로 파악하여 비교

		대수적 코딩	Algebraic Coding : 다항식 계수 사용
		무작위	Pseudo Random : 난수 이용 주소 결정
3.		Hashing의 장단점	
		항목	설　명
		장점	-각 Record의 키값을 비교하면서 탐색하는번거로움 없음
			-기억공간 면이나 속도면에서 우수
			-Overflow 발생하지 않으면 원하는 레코드(Record) 를 단 한번의 접근으로 탐색 가능
		단점	-모든 Data(Record)를 수치적 형태로 변경해야 함
			-해싱함수(Hash Function)를 구해야 함
			-번지가 중복되는 충돌(Collision) 발생시 처리고려
			-Hash Table의 기억공간 할당량의 짐잔 어려움. 즉 Hash Table을 위한 기억공간 할장 어려움.
			-보안분야에서는 무결성확보를 위해 Hash 함수 사용.

"끝"

문 81)	Hashing (해싱), Hash Table, Hash Function 에 대해 각각 정의하고 Hashing 충돌과 해결방법에 대해 설명하시오
답)	
1.	(해싱(Chashing)의 정의)-Record (보조기억장치 입출력단위) 가 Table에 저장되어 있을때 Record의 값을 주면 이 key 값을 어떤 수학적 함수에 의해 Table의 주소로 변환시켜 원하는 Record를 바로 검색 가능한 과정
	(해싱 함수(Chashing Function))-Record의 키(Key)값을 Table의 주소로 변환시키는 수학적 함수(Function)
	(해싱 테이블(Chashing Table))-Record들이 Table 형세로 저장되어 해싱 함수에 접근,호출할때 사용하는 Table
2.	Hashing 충돌의 정의와 Hashing의 예
가.	(Hashing 충돌의 정의)-서로 다른 Key 값을 갖는 두개 이상의 서로 다른 Record들이 같은 주소값으로 계산되는 현상. 즉, K1과 K2가 서로다른 Key 값 일때 h(K1)=h(K2)가 되는경우
나.	Hashing의 예 (Key 집합을 Hash 함수로 표현)

			∅	acos	..
Key 집합	Hashing 함수		1	-	-
Lib함수: acos, define, exp, char, cell, ⋮	a→∅ b→1		2	char	cell
	c→2 d→3		3	define	-
	e→4 ⋯ 해쉬 Table→		4	exp	-

3.		Hash 충돌 해결방법	
		방법	설 명
		개방 주소법	-Open Addressing, Hashing 함수에 의해 얻어진 주소가 아닌 다른 주소를 사용하게 허용
			즉, 충돌시 그 다음의 빈 Table공간에 저장하는방법
			← 한곳에 자료가 모이는 Clustering 현상 발생
		선형탐사	-Linear Probing, 충돌시 현재주소에서 고정폭 (예를들면 1)으로 다음주소로 이동하는 방식
		제곱 탐사	Quadratic probing, 2종 (2개의 해쉬 함수)
			충돌시 Linked List로 해결하는 방법
		Chaining	Overflow 미 발생, 삭제/삽입 용이 ← 장점.
			단점 → Memory 할창(malloc())과 포인터 연산이 필요
			"끝"

문 82)	Hashing 충돌 해결 방법인 선형 탐색 (Linear probing) 방법에 대해 예를 들어 설명하시오
답)	
Ⅰ.	선형 탐색 (Linear probing) 기법의 정의와 Hash 함수문제점
가	선형 탐색 (Linear probing) 기법의 정의.
-	충돌 (Collision)이 발생된 경우는 그 위치로 부터 비어 있는 다른 버킷 (bucket)을 찾아 그 곳에 (Empty 영역) 저장하는 방법. 이때 Hash Table은 1차원 배열 형태를 가짐.
나	Nash 함수의 문제점

문제점	설명
충돌 (Collision)	복수개의 key들이 같은 Data 영역으로 Hashing 됨
overflow 발생	Data 영역 (Hash Table) Full 상태 인데도 불구하고 다른 Key가 Hashing 되는 경우발생

2.	Hashing 충돌 해결 위한 선형 탐색 기법의 알고리즘		

Table 형태		동작	설명 (Step 별)
bucket			1. 해당 키 값 → 해쉬함수변환 → 버킷 번호
∅	∅	Insert (삽입)	→ 해당 버킷이 Empty 이면 Insert (삽입)
⋮	⋮		2. If != Empty → 현재위치에서 차례로 조사하여 Empty bucket를 Search후 Empty bucket에 Insert (삽입)
n	n		3. Empty 영역이 없을 경우는 "오류 메세지" 표시

		bucket	Search (검색)	1. 해당 Key(키) 값을 가지는 Record를 해쉬 함수로 변환후 해당 버킷(Bucket)에 해당 Key 값이 있는지 조사
		∅ | ∅ ⋮ n | n		2. 해당 Record가 없을 경우는 충돌 발생한 것이므로 그 위치부터 차례로 탐색 실시

3. 선형 탐색 (Linear Probing) 알고리즘의 동작예

가. 선형 탐색의 조건과

조건	설명
해쉬 Table크기	5
해쉬 함수	제산 함수 (Module) $h(k) = k \mod 5$
저장할 key 값	35, 9, 15, 96, 45

나. 선행탐색 알고리즘의 동작 예 (Step별 = 절차 = flow)

Step	동작		설명
	< Hash Table>		- Key 값 35 저장
Step ↓ S1. (35값 저장)	∅	35	- $h(35) = 35 \mod 5 = \emptyset$
	1		
	2		- 해쉬 Table ∅번
	3		주소에 35값
	4		저장

주소 ↑   Bucket ↑

	S2. (9값 저장)	∅ 1 2 3 4	35 9			-Key값 9 저장 -h(9)=9 mod 5 = 4 - 해쉬 Table 4번에 9값 저장
	S3 (15값 저장)	∅ 1 2 3 4	3.5 15 9	← 충돌발생 Empty 영역으로 이동저장	-키값 15 저장 -h(15)=15 mod 5 = ∅ ⇒충돌발생 의 - Hash Table 다음 버킷중 비어 있는 버킷 1에 저장
		⟨Hash Table⟩				-키값 96 저장 -h(96)=96 mod 5 = 1
	S4 (96값 저장)	∅ 1 2 3 4	35 15 96 9		⇒충돌발생 - Hash Table의 다음 Bucket의 Empty Area에 저장
			충돌발생 이동저장			

					\<Hash Table\>		-키값 45 저장
			S5	∅	35		-h(45)=45 mod5
			(45값	1	15		=∅
			저장)	2	96		⇒충돌 발생
				3	45		-다음 Empty 영역
				4	9	3회 탐색	에 저장
				주소	Bucket		

4. 선행 탐색 (Linear Probing) 기법의 장/단점

구분	설 명
장점	Hash Table의 구조가 간단, 제어용이
단점	충돌이 발생된 경우, 최악의 경우 Hash Table 전체를 검색 해야 하는 경우 발생, 비효율적

- 단점 보완 방법으로는 Empty 영역의 위치를 pointer로 관리 가능.

"끝"

문 83)			Hashing 충돌 해결 방법인 체이닝(Chaining)기법에
			대해 예를 들어 설명하시오
답)			
1.			Chaining 기법의 정의와 Hash Function의 문제점
	가		연결리스트(Linked List)사용, Chaining 기법의 정의
	-		충돌(Collision)이 발생된 경우에는 동일 Bucket에 들어
			가야 할 명칭(Record)들을 연결리스트로 저장해 두는 기법
			즉, Hash Table의 각 Bucket이 하나의 Linked List로 연결
	나.		Hash 함수(Function)의 문제점

문제점	설명
충돌 현상	복수개의 Key들이 같은 Data 영역으로 Hashing됨
Overflow 발생	Data 영역(Hash Table) Full 상태 인데도 불구하고 다른 key가 Hashing 되는 경우 발생

| 2. | | | Hashing 충돌 방지위한 Chaining 기법의 알고리즘 |

Hash Table 형태	동작	설명
Hash Table ∅→□→□ ... Linked-List n-1→□→□→□ n□ Bucket	Insert (삽입)	해당 key 값을 가지는 명칭을 Hash Function 으로 변환 하여 주소를 얻어낸 후 그 위치에 연결리스트 (Linked List)로 연결후 삽입(Insert)

		Hash Table 형태	동작	설명 (Step별)
			Search (검색)	1. 해당 Key값 → 해쉬함수 → 주소값 취득
				2. 해당 위치의 연결리스트가 하나의 Node서는 Read
				3. Node가 2개 이상이면 Node들을 차례로 검색후 Read

3.		체인닝(chaining) 알고리즘의 조건과 동작 예		
	가.	Chaining 알고리즘의 조건 (예시)		

조건	설명
Hash Table 크기	5
해쉬 함수	제산함수(Module) $h(k) = k \bmod 5$
저장할 key값	35, 9, 15, 96, 45

	나.	Chaining 알고리즘의 동작예		

Step		동작	설명
		Hash Table	-key값 35 저장
Step S1 (35값 저장)	0	•point → 35 NULL	-h(35)= 35 mod5 = 0
	1		
	2		-해쉬 Table 0번
	3		주소에 35값
	4		저장

	S2 (9값 저장)	∅ 1 2 3 4	[•]→[35|Null] [•]→[9|Null]		·키값 9 저장 -h(9)=9mod5 =4 ·해쉬 Table 4번에 Node를 삽입하고 9값 저장
	S3 (15값 저장)	∅ 1 2 3 4	[•]→[35|•]→[15|Null] 충돌발생→Node 추가후 저장 [•]→[9|Null]		·키값 15 저장 h(15)=15 mod5 =∅ ·해쉬 Table ∅번에 Node 삽입하고 15 저장
	S4 (96값 저장)	∅ 1 2 3 4	\<Hash Table> [•]→[35|•]→[15|Null] [•]→[96|Null] [•]→[9|Null] ↑ ↑ 주소 Bucket		·키값 96 저장 -h(96)=96mod5 =1 ·해쉬 Table 1번에 Node를 삽입하고 96 값 저장

	S5		`<Hash Table>` 충돌발생	-key 값 45 저장
	(45값	Ø	• →35 • →15 • →45 NULL	-h(45)=45 mod 5
	저장)	1	• →96 NULL	= Ø
		2		⇒충돌발생
		3		해쉬 Table Ø
		4	• →9 NULL	번에 Node 삽입
			Bucket	하고 45값 저장

4. Chaining 기법의 장/단점

구분	설 명
단점	구조가 복잡, 기억 장소 사용량이 높아짐(연결리스트 사용)
장점	충돌(collision) 발생한 Record 들만 연결리스트에서 검색해주면 되므로 속도가 빠름. 삽입 가능한 명칭 (Record)의 수가 Hash Table 크기에 영향을 주지 않음

"끝"

PART
7

DB 응용

DW(Data Warehouse)의 구성 요소와 구축 방법, 데이터 마이닝(Mining), Web Mining 등에 대한 부분으로 이해 위주로 학습할 수 있도록 기술하였습니다.

[관련 토픽 – 12개]

문 84)	DW(Data Warehouse)의 구성요소와 구축 방법에 대해 설명하시오.
답)	
1	기업 Data의 통합, DW(Data Warehouse)의 개요
가	(DW(Data warehouse)의 정의) - BigData에서 의미 있는 정보를 수집하여 기업 활동에 활용하고 의사결정 정보 제공
나	DW의 등장배경과 특징

등장배경 ← 의사결정, 비정형Data표준, 고객중심의 경영

특징 ← 주제적 합성, 미래예측, 통합성, 비휘발성

신속, 정확

2	DW의 구성도 및 구성요소의 설명
가	Data Warehouse의 구성도

운영 Data OLTP.APP / 외부 Data ex)환율,시장 → ETL/ODS → 통합Data(DW) → DM / DM Data Mart → OLAP, Data Mining, BI도구, Legacy

Meta Data 관리

| 원천 Data | 추출 | Data 통합 | 활용및 분석 |

- 기업정보를 DW에 보관, 사용자에게 OLAP등을 통한 효율적 정보제공

| 나 | 구성요소의 설명 |

구분	구성요소	주요 내용
모델	ER/다차원	분석하고자 하는 목적/목표 지향적 모델

ODS : operational Data Store

			ETL/ETT	Data 추출, 가공, 전송(OLTP로부터 입수)
		추출	ODS	ETL 수행 Data를 DW에 적재하는 기능
			Data Mart	소규모 Data를 추출하여 구축한 System
			OLAP	최종사용자가 대화식으로 다 차원 분석수행
		활용	Data Mining	BigData 패턴분석, process화
			경영솔루션	DW에서 정재한 Data 활용
		관리	Meta Data	관리및 활용을 위한 사용자, 운영자 정보

3. DW의 구축 방법 (절차)

단계	process	내용
1	DW Modeling	Business Area 선정. 분석, Modeling
2	ETL(Legacy→DW)	운용 Data → ODS와 DW로 정제, 변환. 적재
3	Data Mart모델링	다 차원 분석 영역 정의 및 Modeling
4	ETL(ODS/DW →Data Mart)	ODS/DW로 부터 Data 추출, 다 차원 DB구성
5	ROLAP구축	DW에서 ROLAP 개발
6	MOLAP 구축	Data Mart 에서 MOLAP 개발
7	운영/유지보수	ETT Scheduling, Meta Data 관리, Backup

"끝"

문 85)	DW (Data Warehouse)의 구성요소와 구축 절차에 대해 설명하시오 (2교시)	
답)		
1.	기업 Data의 통합/운영/관리. DW의 개요	
	가	통합 Database, DW (Data Warehouse)의 정의
		- 대량의 Data와 각종 외부 Data들로부터 의미있는 정보를 탐색 하여 기업 활동에 활용 하고, 전사적으로 이질의 분산 Database를 통합하여 효율적인 의사 결정을 제공하는 통합DB
	나	Data Warehouse의 등장 배경
		(비정형 요구 급증) - 다량의 Data를 효과적으로 분석, 정보화 할수 있는 비정형 분석 방법이 요구됨. (ex, Data 실시간정보)
		(경영 전략의 변화) - 고객중심의 RTE가요구, 환경/service 대응
		(의사 결정용 DB의 필요성 재두) - 신속, 정확한 의사결정 → 경쟁력 확보
	다.	Data Warehouse의 특징

특징	설 명
주제 지향성 (원하는 정보)	정보를 분석 하고자 하는 주제에 맞게 분류, 가공, 추출, 정제 하여 구조화 가능 (예. 고객, 창구, 상품등)
통합성	기업 내부의 운영 Data와 외부에서 수집된 외부 Data를 통합하고 가공할수 있음
시계열성	과거, 현재 Data를 일정기간동안 저장 하여 미래를 예측하고 시점 별로 분석이 가능
비휘발성	한번 갱신된 Data는 지속 보관/보호됨

2.		Data warehouse의 구성과 구성요소의 설명
	가.	Data warehouse 의 구성도

원천Data	추출	Data 통합	활용및 분석

- 기업의 기간계 System을 통해 축적된 정보를 DW에 저장하고 일반 사용자에게 OLAP등을 통한 효율적인 분산 Reporting & 정보제공

	나.	Data warehouse 의 구성요소		
	구분	구성요소	설 명	
	모델	ER 모델	분석 하고자 하는 목적 지향적 모델	
		자차원모델	Star, Snow flake 같은 분석수행을 위한 Data모델	
	추출	ETL/ETT	-Extract, Transform, Loading. -데이저추출 (Extraction), Data 가공 (Transformation), 전송 (Transportation)	
			-OLTP로 부저 Data 추출, 정제, 가공하는 절차/도구/과정	
		ODS	.Operational Data Store -ETL 을 수행하는 Data를 DW에 적재	

	추출	ODS	-ODS는 다 차원 Modeling이 아니라 ER 모델링으로 되어있어 사용자로부터 직접 Access 없음	
		Data Mart	소수의 사용자들이 제한된 주제를 가지고 소규모의 Data를 추출하여 구축한 System	
	관리	Meta Data	관리 & 활용을 위한 사용자, 운영자 메타 Data	
	활용및 분석	OLAP	최종 사용자가 대화식으로 다 차원 분석을 수행	
		Data Mining	대규모의 Data (데이터)로부터 이미 알려지지 않은 사실과 패턴을 분석하는 Process.	
		경영솔루션	DW의 정제된 Data를 활용, BSC RMS, B.I, DSS	

3. DW의 구축 방법 및 구축 절차

가. Data Warehouse 의 구축 방법

유형	방식	특징
Top Down 구축	전사 관점에서 전체 Data Warehouse를 한번에 구축 후에 Data Mart 구축	-시간과 비용이 많이 소모 -구축후 전사적인 지원 필요 -체계적인 계획 & 운영방안이 필요
Bottom-up 구축	특정부서 & Group 별 DM 구축후 DW로 통합 (우선순위가 높은 업무부서 구현)	-시간과 비용이 절약 -통합문제/운영 문제 가능성 -통합시 사전 선행 검증필요
Hybrid (혼합)방식	Data Warehouse와 DM의 병행구축	-비용과 인력의 분산투입 가능 -위험을 최소화 할수 있음.

나. Data Warehouse의 구축 절차

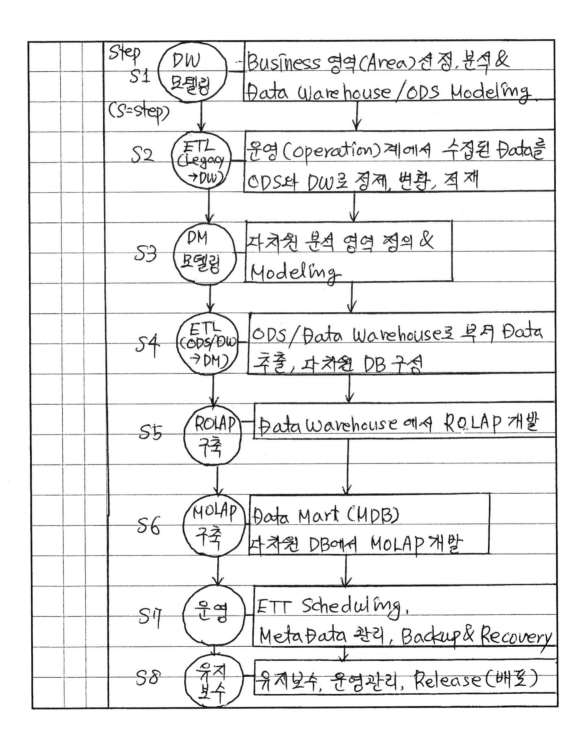

Step
S1 (DW 모델링) ─ Business 영역(Area)선정, 분석 &
　　　　　　　　Data Warehouse/ODS Modeling.
(S=step)

S2 (ETL (legacy →DW)) 운영(operation)계에서 수집된 Data를
　　　　　　　　ODS와 DW로 정제, 변환, 적재

S3 (DM 모델링) 차차원 분석 영역 정의 &
　　　　　　Modeling

S4 (ETL (ODS/DW →DM)) ODS/Data Warehouse로 부서 Data
　　　　　　　추출, 차차원 DB 구성

S5 (ROLAP 구축) Data Warehouse 에서 ROLAP 개발

S6 (MOLAP 구축) Data Mart (MDB)
　　　　　　차차원 DB에서 MOLAP 개발

S7 (운영) ETT Scheduling,
　　　　Meta Data 관리, Backup & Recovery

S8 (유지 보수) 유지보수, 운영관리, Release(배포)

4		Data Warehouse의 활용분야 및 향후 발전방향	
	가.	DW의 활용 방안	

구분	설명
EMA	-Enterprise Marketing Automation
	-고객 분석 정보활용 고객을 효율적으로 관리.
BSC	-Balanced Score Card
	-재무, 고객, 내부 process, 학습과 성장관점의 가치분석
EQM	-Enterprise Quality Management
	-정량화(수치화)된 Data에 의한 합리적인 의사결정지원
RMS	-Risk Management System 적
	-시장, 신용, 운영, 사업위험을 포함한 전사 Risk효율관리

나. DW의 향후 발전 방향

DW의 향후 전망	XML/EDI로부터 DW로의 자동추출, 전환 S/W로발전
BI의 Infra로서역할	BSC 중심의 SEM등 BI에 필수 Data 제공
DW 아커젝처 변화	SEM/BI/OLAP등 분석기능 → DataHub로 전화

"끝"

문 86) 데이터 마이닝 (Data Mining)에 대해 설명하시오

답)

1. 모형화를 통한 의미 있는 지식의 추론, Data Mining 개요

　가. 데이터 마이닝 (Data Mining)의 정의

　　- 대용량 Data Base에서 Data의 관계, 특성, 패턴, 규칙을 찾아 모형화 하여 유용한 지식으로 추론/변환하는 과정

　나. Data Mining의 특징

예측	일반화	pattern	활용	기업가치추구
정보활용 미래예측 반영	예측모형을 일반화하여 실제사용	Data패턴 유형 & 배열을 의미가 반도출	축적된 과거 자료를 활용, 편집	정보의 효율적 활용

2. Data Mining의 단계 및 설명 (Data Mining 기법)

지속수행
- Data 취득
- 문제 정의
- DB, DW 활용
- Data Mining 과정
  - Sampling (추출)
  - Exploration (탐색)
  - Modification (정제)
  - Modeling (분석)
  - Assessment (검사)
- Biz Reporting / 2차
- 의사결정

기법	설명 (사례)
군집기법 (K-means) clustering	- 상호간에 유사특성 Data 들을 집관화 (유사방문패턴)
의사결정트리	Tree형태패턴 (Upload최대)
연관규칙	Association, 신발구매서 양알구매
신경망 (Neural N/W)	결과에 따른 변수 예측, 분류 (카드분실 → 범죄수사)
연속규칙	Sequence, 1주일새 재 방문
분류규칙	특정 그룹특성 분류, 의미부여
기억기반추론	알려진 정보 활용 결과도출

3. Data Mining의 활용 사례

분야	분야 설명
품질 개선	결함의 발견 & 원인을 분석후 개선 → 불량 예방.
부정행위적발	사전 사기 행위 발견할수 있는 pattern 발견후 예방
DB 마케팅	-고객 DB 분석하여 고객의 Needs와 관심을 파악 -적합한 상품이나 서비스를 제공하는 과학적인 접근 제공 ex) 수요및 판매 예측, 장바구니 분석
과학분야	천문학, 분자생물학 분야에 활용
기타	-위험관리, 고객불만관리, 망(N/W)관리, 주식분석등

"끝"

문	87)	데이터 마이닝 (Data Mining)에 대해 설명하시오.
답	)	
1.		대량 Data에서 의미 있는 지식의 추론, 데이터 마이닝의 개요
	가.	데이터 마이닝 (Data Mining)의 정의
	-	대용량 데이터 (Big Data)에서 Data의 관계, 특성, 패턴,
		규칙을 찾아 모형화하여 유용한 지식으로 추론/변환 하는 과정
	나.	Data Mining의 특징

예측	정보를 이용하여 다음에 발생될 일을 예측/추정
일반화	예측모형을 기반으로 일반화 (정형된 자료화)
패턴	Data에 대해 자주 발생하는 유형 & 배열을 도출
활용	축적된 과거 자료를 다양하게 활용 가능

2.		Data Mining의 단계 및 과정의 설명
	가.	Data Mining의 단계

Sampling	샘플링
Exploration	탐색
Modification	조정
Modeling	모형화
Assessment	평가

단계	설명
문제 정의	적용하고자 하는 Biz 문제 정의 & 목표 결정
DB, DW	정의된 Biz 문제에 따라 필요한 Data를 선정하고 준비
Data Mining 과정	준비된 Data를 Sampling 하고 사전분석을 통해 탐색하고 변형과정을 거친후 적절한 Data Mining 기법을 통해 정보 pattern을 발견/평가
Biz Report/ Graph	Data Mining 과정에서 얻어진 결과물에 대해 사용자가 쉽게 이해 할수 있도록 Biz 의 문제와 목적에 맞게 재 표현하는 단계
의사결정	Data Mining 으로 부터 정보를 기반으로 전략이나 의사결정을 통한 실제 업무로의 활용
피드백 (Feedback)	실제 업무에서의 적용후의 결과나 효과를 토대로 향상된 정보를 얻기 위해 Mining의 초기단계로 피기

4. Data Mining의 과정 (SEMMA 과정)

구분	단계	설명
S	Sampling 과정	Big Data로 부터 모집단위 유형과 같은 작은 양의 Data를 추출하는 과정
E	탐색 과정	Exploration. 기존 정보를 수치화 하는 작업을 시작으로 보유중인 정보의 변수들과 상관관계 탐색 (알고리즘 적용)
M	변형& 조정 과정	Modification. 탐색과정의 정보를 모형화 단계에서 모형의 성능 향상시키기 위해 Data의 정보를 효율적으로 사용할수 있도록 함 (변수변환, 수량화, 그룹화등)

| | | | 모형화 M (Modeling) 과정 | -Data Mining의 핵심과정, 앞단계의 결과를 기반으로 분석목적에 따라 적절한기법 적용 모형화. -Predictive Model : 의사결정수, 신경망 -Descriptive Model : 연관분석 기법 |
| | | A | 평가 과정 | -적절한 두개 이상의 Model (모형)의 효과를 비교 하여 가장좋은 모형을 선택, 실제 모집단에 반영하여 그 효과를 재평가 할수 있음. |

3. Data Mining의 기법 들과 설명

기법	설명	사례
군집기법 (Clustering)	-상호간에 유사한 특성을 갖는 Data 들을 집단화하는 과정 [사례] ① A∼B의 Data를 집단화 하는 과정에서 고객 군집별 특성을 파악함 ② A군집은 소득500만원 이상 자녀 2∼3명, 연령이 40대 군집 ③ B군집 교육 수준높고 자녀출가, 구매액	유사한 방문객신 분류
의사결정트리	상호수집된 데이터(Data)를 분석 하여 pattern 분류별 특성을 조합 하여 나무(Tree) 형태로 표현	upload객수 사용자판별
연관규칙 (Association)	상호순서에 발생하는 트랜잭션의 연관관계를발 견, 척도: 지지도, 신뢰도, 향상도	신발구매후 양말구매

신경망 (Neural N/w)	결과(Result) 변수에 대한 예측, 분류를 목적으로 pattern (패턴) 찾아 일반화	카드분실및 범죄수사
연속규칙 (Sequence)	연관 규칙 Transaction Data를 시계열적으로 분석하여 향후 Transaction의 발생 가능성을 예측	1주일 내 재 방문자 판별
분류규칙 (Classi-fication)	이미 알려진 특정 2룹의 특정 (Feature)을 부여하고 정의(Define)된 분류에 맞게 구분	신용카드신규 가입자 등급(높음 중간/높음)판단기준
기억 기반 추론 (MBR)	-Memory Based Reasoning -기알려진 예를 기반으로 다른 그룹과의 차별적인 특성을 도출하고 모르는 실례들은 예측	-기억 기반 추론 과정

4 Data Mining을 활용한 기업 적용 사례

분야	분야 설명
품질 개선	-결함(Fault)의 발견 (Detection) & 원인 (Root Cause)을 밝혀 불량율 Zero화
부정 행위 적발	사기행위를 발견 할수 있는 pattern을 발견하고 Database화하여 사전 예방
DB 마케팅	-고객 DB를 분석 하여 Needs와 관심을 파악 -적합한 상품이나 Service를 제공하는 과학 적인 접근 방법을 제공 예) 수요및 판매예측, 장바구니 분석, Trend 분석, 시장조사

			과학분야	-천문학, 분자생물학 분야에 활용
			기타-응용분야.	-위험관리(Risk Management), 고객불만관리
				-N/W 망관리, Financial (주식분석&투자종목선택)

"끝"

문 88) Data Mining 기법중 연속(Sequence) 규칙, 분류 (Classification)규칙, 데이터 군집화(clustering) 규칙에 대해 정의 하고 각각의 사례를 들어 설명하시오.

답)

1. 연속(Sequence) 규칙의 정의와 사례

구분	설 명
정의	개인별 Transaction 이력 Data를 시계열적으로 분석하여 Transaction의 향후발생가능성을 예측함

사례	회원(고객)번호	거래일	구입품목	연속규칙
	1	02-01 02-19	A D,E,H	A 품목을 구입한 고객이
	2	02-07 02-18	A H	향후 H 품목을 구입할
	3	02-06 02-08	B C	가능성은 75% 임
	4	02-09 02-10	A,C B,H	⇒ 5번 고객에게
	5	02-21	A	H 품목 추천

2. Data 군집화(Clustering)의 정의와 사례

구분	설 명
정의	상호간에 유사한 특성을 갖는 Data들을 집단화 하는과정
사례	(고객) 고객의 Data → A,B,C,D,E,F

B 고객 군집별 특성 - 나이적고, 자녀가없으며
교육수준이 낮고 소득도 200만원 이하 (E 군집은 반대의 특성)

3.		분류(Classification) 규칙의 정의와 사례					

구분	설 명
정의	다른 그룹과의 차별적인 특성을 도출하는 것으로 차별적인 특성은 특정 그룹에 속하지 않는 Data에 대하여 해당 그룹을 지정하는 용도로 사용 할 수 있음

	번호	직업	성별	거주	나이	응답	
사례	12	자영	여	강북	31	예	**분류 규칙**
	34	고용	남	강북	38	예	"예" 답한 부류의 특성
	56	고용	여	강남	33	예	㉠ 직업 = '자영' 또는
	78	고용	남	강남	54	아니오	㉡ 직업 = '고용' &
	9	자영	여	강남	49	예	나이 <= 43세 또는
	10	무직	여	강북	32	아니오	㉢ 직업 = '무직' &
	11	무직	남	강남	32	예	거주지 = '강남'
	12	고용	남	강남	34	예	
	13	무직	여	강남	54	예	

"끝"

문 89) Data Mining 기법중 연관규칙의 지지도 (Support), 신뢰도(Confidence), 향상도(Lift)에 대해 예를 들어 설명하시오.

답)

와 기법

1. 모형화를 통한 의미있는 지식의 추론, Data 마이닝의 정의

가. 데이터 마이닝 (Data Mining)의 정의 - 대용량 DB에서 Data의 Relationship, Feature, pattern, rule(규칙)을 찾아 모형화하여 유용한 지식으로 추론/변환하는 과정

나. Data Mining 기법의 종류

군집 기법	의사 결정 트리	연관 규칙	신경망	연속 규칙	분류 규칙
Clustering	Tree 형태	Association	Neural N/W	Sequence	Classification

2. 연관규칙의 지지도, 신뢰도, 향상도의 정의, 사례

가. 지지도, 신뢰도, 향상도의 정의와 설명

구분	설명	수식
지지도	품목 X,Y를 동시에 구매하는 비율	(X,Y를 모두 포함하는 Transaction)/ 전체 Transaction
신뢰도	품목 X를 포함하는 구매 중에 Y가 포함되는 비율	(X,Y를 모두 포함하는 트랜잭션)/ (X를 포함하는 TR)
향상도	Y가 일어났다는 전제에 X가 일어나는 조건부 확률	(전체 TR)*(X,Y 모두 포함하는 TR)/ ((X를 포함하는 TR)*(Y를 포함하는 TR))

나. 연관 규칙의 사례 (우유와 콜라를 구매한 트랜잭션 기준)

TR : Transaction - 트랜잭션

TR : 트랜잭션

거래번호	품 명	- 연관규칙 : 우유를 구매한 고객은 콜라를 구매함
1	우유, 빵, 버터	- 전체 트랜잭션 : 1, 2, 3, 4, 5 = 5
2	우유, 버터, 콜라	- 우유를 구매한 TR : 1, 2, 4 = 3
3	빵, 버터, 콜라	- 콜라를 구매한 TR : 2, 3, 4 = 3
4	우유, 콜라, 계란	- 우유와 콜라를 구매한 Transaction
5	빵, 버터, 계란	: 2, 4 = 2

3. 지지도, 향상도, 신뢰도의 도출 (연산과정)

구분	도출	결과
지지도	2/5	40%
신뢰도	2/3	66.7%
향상도	5 * 2/(3 * 3)	1.1

· 지지도와 신뢰도가 높을수록 연관성이 높음

향상도 = 1	두 물품이 독립적인 관계
향상도 > 1	두 물품은 연관성이 깊은 관계
향상도 < 1	두 물품은 연관성이 낮은 관계

"끝"

문 90)	Data Mining의 단계별 Activity에 대해 설명하고 OLAP와 비교하시오.		
답)			
1.	데이터 마이닝 (Data Mining)의 정의		
	- 대용량 Database에서 데이터의 관계, 특성, 패턴, 규칙을 찾아 모형화하여 유용한 지식으로 추론/변환하는 일련의 과정		
2.	Data Mining의 단계별 Activity (주요 활동)		

단계	주요 활동	산출물
사업 목적정의	Data Mining 필요성 & 목적 정의	요구사항 명세서
Data 준비 (DB Data)	Database 내의 Data 선택, 사전 처리, 변환	Catalog, Mapping 정의, 품질관련보고서
Data Mining 수행	선택된 알고리즘 (Algorithms)을 준비된 Data에 적용	알고리즘 선택기준, 관계 & 패턴들의 Set
결과 평가	의미 있는 pattern들과 관계들을 찾기 위해 결과로 나타난 패턴을 검사하기 위해 Filtering 기법을 적용, 의미 있는 패턴 선택	결과 패턴 리스트 - 의미 있는 pattern List 표현
의미 발견의 표현	반복적 사용을 위한 지식 Base에 흥미로운 발견 및 저장	시각적 네비게이션 Chart & Graph
발견 용도 통합	Mining 결과들은 사업에 이익을 줄 수 있는 항목들을 생성하도록 이용	마이닝 결과보고서, 업무적용수행계획서

| 3 | Data Mining과 OLAP의 비교 | | |

구분	OLAP	Data Mining
목적	다차원 질의를 통한 자료확보	예상치 못한 숨겨진자식발견
주요기능	What에 대한 답변	Why에 대한 답변
사용자	End-User Computing	분석가 활용
분석	과거 상황의 요약	미래상황의 예측
분석접근	하향식 접근법	상향식 접근법
Reporting	결과 자체가 보고서에 포함	결과를 OLAP에 제공
특징	수동적인 의사결정 지원	능동적인 의사결정지원

"끝"

문	91)	Web Mining에 대해 설명 하시오		
답	)			
1.		Real time 정보분석, Web Mining의 개요		
	가.	Web의 차별화된 Service 구현, Web Mining의 정의		
	-	Web. 환경에 저장된 Log, Link정보, Content등을 대상으로 알려지지 않은 규칙이나 지식을 Detection하기 위한 process.		
	나.	Web Mining의 목적 (기업의 RTE 구현)		

	-	기존 Mining은 축적된 Data대상, WebMining은 실시간 Web기반		
2.		Web Mining의 대상 및 분석기법		
	가.	Web Mining의 대상		

구분	Web Content	Web 구조	Web 사용
Data	Text, HyperText	Link Structure	Web, N/W Log
분석	선호도/관계분석	선호도분석	통계, 시간/순서분석
결과	Graph/온톨로지	Graph	Table, Graph
특징	Semi-Structured	Structured Data	Interactivity
활용	콘텐츠 선호식별	네비게이션, 경로분석	접근경로, 사용시간분석

	나.	Web Mining 분석 기술		

분석기법	설 명	활용
연관성분석	Data 요소간 연관 및 종속관계 식별	장바구니분석

RTE= Real Time Enterprise

		연속성 분석	시간성 & 연관성 동시분석, 이력정보활용	구매이력분석
		의사결정 Tree	Data 속성을 기준으로 Tree 형태분류	고객분류
		Social분석	Social web 이슈탐지 & 예측분석	공동관심사분석
		선호도분석	Page view, Content 실행, Feedback분석	선호내용분석
		접근분석	접근경로, 시간, 횟수, 재방문횟수등	인지도분석
3		Web Mining 활용분야 및 유의사항		
		활용 분야	은행/보험 상품 개발, 홈쇼핑 상품광고, 최근유행 상품, 구매분석 / 고객이력 분류 → 맞춤형 Service → 이익증대	
		유의 사항	무분별한 Data 수집에 의한 개인 정보 침해 방지, 사전 분석을 고려한 Web Log, DB Field 설계, 사전 Data정제	

"끝"

문	92)	Web Mining의 유형과 절차에 대해 설명하시오
답	)	구조,
1.		사용자의 특성을 파악후 Service, Web Mining의 개요
	가	유용한 정보 추출(Web상), Web Mining의 정의
	-	Web 환경에서 적용되어지는 Data Mining 기술로 Web으
		로부터 얻어지는 방대한 양의 정보로 부터 유용한 정보를 추출 하는것
	나	Web Mining의 특징

실시간성 / One-to-One / Rule 기반 / 마이닝 기법

-웹 Log를 기반으로 실시간 발생하는 Transaction 분석 / -고객 행위분석을 통해서 개인화 서비스 지향 / -Rule 매칭 System과 연계하여 서비스 제공 / -신경망, 연관성, 순서화, 의사결정등 마이닝기법활용

2.		Web Mining의 유형과 설명
	가	Web Mining의 유형

Web Mining

Web Content Mining (웹내용) / Web Structure Mining (웹구조) / Web Usage Mining (웹사용)

- web page / ├요약 정보 / ├패턴 발견
- 검색 결과 / ├참조 정보 / ├패턴분석

4	Web Mining 유형에 따른 설명			
	유형		설 명	특 징
	Web Contents 마이닝	에이전트기반	웹 Site를 구성하는 페이지의 내용	지능형검색, 정보필터링
		DB기반	중에 유용한 정보를 추출(Text등)	다수준DB, 웹질의시스템
	Web 사용 마이닝 (Usage)		웹로그를 분석, 사용자의 행위 패턴을 분석하여 의미있는 정보추출	Pattern 발견, 패턴분석, 개인화
	웹구조 마이닝 (Structure)		Web사이트의 구조적인 요약 정보를 찾기위한 기법, 하이퍼링크를 통한 Graph의 구조적인 정보이용	Web site의 구조적 요약 정보 추출후 사용

3	Web Mining의 구조와 추출 Algorithms		
가	Web Mining의 구조 (추출 → 기법 → 저장)		
	구분	요소	설 명
	추출	Web Log 분석	Log기반 개인별 Site 방문 기록 추적
		HTML 분석	HTML내의 컨텐츠의 의미를 분석하여 구조화
		HTML구조분석	HTML내의 HyperLink 기반으로 Graphic 적으로 구조화
	저장	DW	Web기반의 Log 추출 정보 → DW에 저장 → 패턴분석
		DM (Data Mart)	추출(Extraction)한 정보중 특정 패턴이나 특정 고객을 분류하여 Data 축적
	기법	연관성 탐사	강한 연관성의 Web Log 정보를 조합 → 패턴발견
		연속성 탐사	시간의 경과에 따른 Web Log 분석 → 패턴정의
		분류 탐사	이미 알려진 그룹의 특성을 부여

기법	군집탐사	유사한 특성을 갖는 Data의 그룹을 분류하여 패턴분석

4. Web Mining에 대한 알고리즘들

알고리즘	상세 내용	사례
연관규칙 -Association	독립변수와 종속변수간의 연관성 도출, 강도와 방향성 결정	세션 정보를 바탕으로 지지도, 신뢰도, Report 도출.
군집화 -Clustering	유사한 특성의 Data를 묶는 거리기반의 K-means 알고리즘	사용자A와 B는 방문패턴이 비슷한 부류
의사결정Tree -Decision Tree	패턴, 분류별 속성을 Tree 형태로 분류, 설명성이 좋음	페이지별 업로드잇 Access 최다 사용자 판별
연속규칙 -Sequence	연관규칙에 시간 개념 추가 특정시간내에 재실행	A page를 방문한 사용자는 1주일이내에 B page를 다시 방문
신경망 -Neural Network	인간 두뇌세포를 모방한 개념으로 반복학습을 통한 모형도출	최다 방문자, 구매자 판별.

4. Web Mining의 절차와 발전 방향

가. Web Mining의 절차

정보 수집	전처리 단계	패턴 발견	패턴 분석
-Web Data Gathering (수집)	-수집된 자료의 정제 -Log file Refresh -User 정보 파악 -Transaction 작업	-Pattern Discovery -Data Mining 실시	-Analysis -전략적 활용 -마케팅 적용 -개인화 적용

4. Web Mining의 발전 방향

종류	설명
Semantic Web 측면	Web 정보의 의미를 부여하는 Semantic Web의 도입으로 다양하고 세분화된 Ontology 기반의 고객 pattern 분석이 가능
전자상거래 측면	전자 상거래 활성화로 Web Mining을 통한 고객 Pattern 분석으로 다양한 Marketing 전략에 활용
M-Commerce 측면	Mobile의 활성화로 모바일 측면의 Mining을 통해 고객 마케팅 & 모바일 마케팅 정보로 활용 될 것임.

"끝"

문	93)	ETL(Extraction, Transformation, Loading)에 대해 설명하시오
답	)	
1		DW(Data Warehouse)의 지속적 사용성 보장, ETL의 개요
	가.	ETL(Extraction, Transformation, Loading)의 정의
	-	Data를 소스 System에서 추출하여 정제/변환후 DW에 Loading(적재) 작업까지의 전 과정
	나.	Data의 추출(Extraction), 가공(Transformation), 적재의 의미
		추출 | 기간계 DB로부터 DW에 저장할 Data를 추출
		가공 | 추출한 Data를 Cleansing하고 통합된 Format으로 변환
		적재 | 변환된 Data를 DW와 DM에 적재
2		ETL의 작업 절차와 처리 단계의 설명
	가.	ETL의 작업 절차 개념도

- Source Data를 추출, 가공, 적재후 DW에 기록(저장)

나. ETL의 처리 단계의 설명

ETL의 기능	설명
Data 확인	-Source Data에서 어떤 Data를 추출할지 확인
Data 추출	실제로 Source Data에서 필요한 Data를 추출함

		Data 정제	Data Quality 확보 - 중복 제거, 기준 Data 정리
		Data 변환	추출/정제된 Data → Target Data 형식에 맞게 변형
		Data 통합	의미 있는 Data를 DW로 통합 적재 (전송)
3.		ETL 도구 선정시 고려사항	
	-	H/W 및 비용고려, 개발 & 유지보수의 용이성, 다양한 Source Data 지원, Batch 처리 및 관리의 용이성 여부 확인, 자동 Data Type 변환 가능여부, Data 추출 성능	

"끝"

문 94)	오피니언(Opinion) Mining에 대해 설명하시오.
답)	
1.	상품에 대한 사용자 평판(Reputation), Opinion 마이닝 개요
가.	상품 평판 한눈에 비교, Opinion Mining의 정의
	- Potal 게시판, Blog, 쇼핑몰과 같은 Web 문서로부터 사용자
	들의 의견 정보를 수집&분석하여 해당주체에 대한 평판분석기술
나.	Opinion Mining의 특징

현재 Web		Opinion 마이닝
Fact, 현상, 증상에 관심	Text 마이닝	'Opinion'에 관심
정량적 수치에 관심	자연어 processing	· Negative/positive 추출
'사진거의'의 등록글수	Opinion 마이닝	'사진거익 사용성, 사진품질

2.	Opinion Mining의 절차 및 요소기술
가.	Opinion Mining의 절차

	현재 Web	상품에 대한 사용자 Reputation 정보 → 분석
	- Data 수집 → Data 가공 → 요약(Summary) → 점수(Scoring)화	
나	Opinion Mining의 요소기술	

요소기술	설명

		Web object	Object	분석 대상, 객체, 사물 (사람, 제품 등)
		인식	Attribute	무게, 가격, 작품성, 디자인 등 평가 속성
		Opinion	자연어 처리	Opinion 관련 phase, word 추출
		분석	Text 마이닝	Classification을 통한 긍정/부정 산출
		Service	Reporting	Attribute별 Scoring, 정량화 제시

3. Opinion Mining 활용분야

  가. 서비스수준 향상: 온라인 여론동향 추이 & Trend Map 활용가능

  나. Social N/W Service 분석: 상품, 소비자 반응 Research

  다. Risk Monitoring: 기업의 위험요소 사전 발굴 및 제거

"끝"

문 95)	Stream Data Mining에 대해 설명하시오.

답)

1. Seamless Input → Output Data, Stream Data의 개요

가. 실시간성(Real time) Data, (Stream Data의 정의)
- Seamless 입력되고 출력되는 연속적 형태의 Data.

나. (Data Mining(마이닝)의 정의) - 대용량 DB에서 Data 관계, 특성, 패턴, 규칙을 찾아 모형화하여 유용한 지식으로 추론/변환 하는 과정 (추출 → 탐색 → 정제 → 분석 → 평가)

자. Stream Data의 특징

시간순	재생불가	고속성	무한생성	고차원성	Dynamic
순서, 시간순시열, 시간순으로 발생	한번통치면 복원불가	빠른속도로 변화	대량의 Data 산출	여러소스 동시수집	고정된 값이아님

2. Stream Data Mining의 원리와 기법

가. Stream Data Mining 의 원리

```
                    Data의 줄거리
                 (평균, 중간값, 편차, 최소/최대값)   ← Data의 시간순
   Data Stream                                      정렬과 DB 생성
   1 ────────┐
   :         ├──→ Stream                      (개략적인)
   :         │    Processing  ═══════════════▶ 결과도출
   n ────────┘    Engine
         Input                        output
```

- 무작위 Stream Data에 대해 모집단의 분포등 정량/정형화

나. Stream Data Mining 의 개발기법

응용기술	내용

		표본 추출 기법 (Sampling)	Stream Data에 대해 요점판분포와 유사한 표본이 되도록 Data를 선택하는 방법
		요약된 정보를 보관하는 기법	Tree구조나 Histogram(Data를 구간으로 분할해서 표시)등을 이용→요약 정보를 보관
		분할과 정복기법 (Tree&군집화)	Data를 블록단위 저장후 이전 블록과 같이 연산하여 점증적으로 수치화 하는 기법
		Embedding 기법	어려운 연산 문제를 훨씬 쉽게 연산 하기 위해 다른 문제로 변환하는 방식
3		Stream Data Mining의 응용분야	
	가.	N/W (통신): 사기 탐지 System, N/W Monitoring & 트래픽검사 (관제 시스템에 적용), Webserver의 Log 분석	
	나.	금융 (Finance): 실시간 주식거래분석, 신용 Card 거래등	
			"끝"

DB의 종류

DBMS의 기능과 발전 단계와 RDBMS, OODBMS, ORDBMS 비교, MMDB, Embedded DB, 분산 DB, 생체 인식 Database, XML Database, Tiny DB, NoSQL Database, Streaming DBMS, 분산 DB의 Issue와 해결방안 등에 대한 내용으로 작성했습니다.　　　　　　　　　　　　[관련 토픽 −18개]

문	96)	DBMS의 기능과 발전관계 RDBMS와 OODBMS, ORDBMS를 비교 하시오.
답	)	
1.		DB(Database)와 DBMS의 정의
	가.	DB - 논리적으로 연관된 하나 이상의 자료의 모음, 자료 항목의 중복을 없애고 자료를 구조화 하여 기억 시켜 놓은 자료 Set
	나.	DBMS - DB관리, 응용 Program들이 Database를 공유하며 사용할수 있는 환경을 제공하는 Software (Tools)
2.		DBMS의 발전과정과 DBMS의 기능
	가	DBMS의 발전 과정

```
종류 ↑
              XML DBMS
발전        객체 관리형 DBMS - ORDBMS
           객체 지향 DBMS - OODBMS
         관계형 DBMS (Oracle) - RDBMS
       계층형 DBMS / Network DBMS
    파일시스템
                              → Time
  1960 70 80 90 2000
```

| | | - 최근 BigData Mining 기술과 MM DBMS 화 추세(속도) |
| | 나 | DBMS의 기능 (DB구성, 접근 방법, 유지관리등) |

기능	설 명
중복성의 통제	메모리 효율적 사용, 속도증가, 중복제거
접근 통제	DBA에 의한 Access 제어 정책

		일관성	Transaction 실행성공 후에는 자료 변경되지 않음		
		보안성	무결성 유지 및 불법적인 침투방지 대책 & 운용		
		경제성	중복 Data 제거, 반복 작업 최소화, 생산성 향상		
		무결성	동시성 제어 Lock, 병행 제어, Data 신뢰성 유지		
		Recovery	Backup과 복구(Recovery) 기능 제공		
3.		DBMS 유형비교 (RDBMS, OODBMS, ORDBMS)			
		구분	RDBMS	OODBMS	ORDBMS
		저장자료	문자형 Data 위주	Data+Method	Data+Method
		자료 모델	Table 구조관계 기본키(Primary key)	Entity 간 pointing 방식 객체식별(OID)	RDBMS + OODBMS
		지원 자료형	미리 정의된 일반 정보 Type만 지원	비정형 객체 타입 지원	사용자 정의 및 비정형 객체타입 지원
		DB Access	SQL	OQL(object)	SQL 확장질의어
		장점	-System의 안정성 -대규모 트랜잭션 처리	복합 비정형 Data 모델 적용	관계형의 안정성과 OODBMS의 복합모델적용
		단점	복잡한 정보수용을 위한 모델적용의 제한	기본기능 미약, 안정성&성능 검증미흡	-표준화 수립중 -복잡화

"끝"

문	97)	MMDB (Main Memory DB)에 대해 설명하시오
답	)	
1.		Real time Enterprise 구현 MMDB의 개요
	가.	서버 전원 ON후 DB → Main Memory로 적재후사용, MMDB정의
	-	DB의 전체 (또는 일부)를 주기억 장치에 상주시켜 동작하는DB
	나.	Main Memory DB의 등장배경

기술적 인측면	기존DBMS성능	Big Data 처리위한 기존DBMS속도 한계
	메모리가격하락	SSD, Flash Memory의 지속 가격하락
	64 Bit OS등장	메인 Memory 주소영역이 거의 무한대
Biz환경 측면	RTE 구현	실시간 Data 처리(Transaction)요구증가
	시장환경대응	제품의 성능이나 신뢰성을 중시하는 풍조

2.		기존 Disk 기반 DB와 MMDB 간의 구조와 특징 비교
	가.	Disk 기반 DB와 MMDB의 구조 비교

디스크 기반 DB

```
        ┌─────────┐
        │   CPU   │
        └────┬────┘
             ↕
   ┌──────────────────┐
   │   Main Memory    │
   │  ┌────────────┐  │
   │  │   Buffer   │  │
   │  └────────────┘  │
   └─────────┬────────┘
             ↕
        ╭─────────╮     보조기억
        │Table/Index│   장치에
        ╰─────────╯     DB저장
```

MMDB

```
        ┌─────────┐
        │   CPU   │
        └────┬────┘
             ↕        Main메모리에
   ┌──────────────────┐  ┌────┐
   │   Main Memory    │  │ DB │
   │  ┌────────────┐  │  │정보│
   │  │Table/Index │  │  │Load│
   │  └────────────┘  │  └────┘
   └─────────┬────────┘
             ↕
        ╭─────────╮
        │ Backup  │
        │ & Log   │
        ╰─────────╯
```

		Buffer만 Main Memory에 DB Table은 Disk에 존재	Main Memory 내에 DB Table, Index 등이 존재	
	나	Disk 기반 DB와 MMDB의 특징 비교		

구분	디스크 기반 DB	MMDB
Data 저장장치	디스크	Main Memory
운영 목표	Data의 안정적 운영	Transaction 빠른 수행
동시성 제어	데이터 접근 트랜잭션 중심	Index에 대한 동시성 제어
DBMS process 구성	Multi process	Multi-Thread
처리 속도	i배 (DB연산+데이터 I/O)	(0~50배 빠름 (DB연산)
Backup 매체	Disk	Disk
Indexing 알고리즘	B-Tree, B+ Tree	Hashing, T-Tree
Size 제한	Disk Size	물리적인 메모리 Size
회복 기법	Undo/Redo, Log로 관리	H/W적인 회복 기법
System 설계 방향	-Disk 접근 횟수 최소화 -Data clustering 향상	-Cpu 처리 시간 최소화 -메모리 공간 사용 최소화

3.		MMDB 실현을 위한 요소 기술	
	가	Data Access (접근)을 위한 기술 요소	

구분	Disk 기반 DB	MMDB
목적	Disk I/O 최소화	메모리 공간 효율적 사용
전략	Clustering	접근 비용이 저렴한 Index
자료구조	B-Tree, B+ Tree B*-Tree	T-Tree

Data pointing	Index Node는 key값제거 Data에 대한 포인저 필요	Index Node는 포인터(pointer)만 필요
자료 탐색	-B-Tree: 순차접근 어려움 -B+트리: Index와 Sequence용 -B*트리: 빈번한 Split 줄임	data3→부모 포인터 node값 data3 node값 Left---central---Right 포인터

4. Recovery 기법의 비교와 회복을 위한 기술요소

구분	디스크 기반 DB	MMDB
회복대상챗부	비휘발성 장치(Disk)에 상주	휘발성, 주기억 장치에 상주
장애시 영향	주기억 장치 Buffer내의 Data만 손상, 전체 DB 무영향	DB 전체가 손실되어 회복기법이 매우 중요함
회복 (Recovery) 을 위한 기술요소	Logging 규칙	-WAL(Write Ahead Logging): DB 변경사항이 반영되기 전에 로그 정보는 비휘발성 메모리에 먼저 기록. [반대] -LAW(Logging After writing): WAL
	Commit 방식	-Immediate 방식: Commit후 해당 트랜 잭션의 모든 로그를 비휘발성 메모리로 이동 -Group Commit: 로그버퍼 full시 비휘 발성 메모리로 이동(I/O성능개선↔동시성저하)
	Check point	-동기 방식: TCC, ACC 방식 ·트랜잭션이나 Action수행과 동기화 방식 -비동기 방식: Fuzzy checkpointing ·트랜잭션 수행에 영향없이 Checkpoint 수행

TCC: Transaction Consistency checkpoint
ACC: Action Consistency "

4		MMDB의 단점극복방안 현업 활용현황	
	가.	MMDB의 단점 극복방안	
		단점	극복 방안
		용량제한	무제한화 가능 (TB, PB까지 구현 가능)
		안정성	Disk에 Log 및 checkpoint 기록 구현
		성능저하	비휘발성 Flash 사용 (I/O Access 최소화)
		로딩시소요시간	병렬 처리 기법 활용 로딩중 실행기술도입
	나.	MMDB의 현업 활용 현황	
		지리정보	GIS, LBS, Telematics등 실시간 정보 제공
		차세대 빌링	실시간 Game, 전자상거래 등에 사용
		증권사	주식 시세분석, Chart등 다양한 분석.
		생명과학	실시간 바이러스 대응 체제 구축후 신속 대응
		이동컴퓨팅	이동 DB, 이동식 물류관리 업무, 일괄처리

"끝"

TB : Tera Byte
PB : Peta Byte

문 98)	Hybrid MMDB에 재해 설명하시오.

답)

1. MMDB의 메모리용량의 한계, Hybrid MMDB의 개요

  가. (Hybrid MMDB의 정석) - Disk 기반 DB와 Main Memory 상주 DB를 결합하여 Table space 단위로 저장위치를 지정할 수 있는 Database

  나. MMDB의 한계와 Hybrid MMDB의 등장배경

- 메모리 크기의 한계
- 재규모 시스템 에처리어려움

MMDB 한계

극복 → 정보처리 능력 향상

Hybrid MMDB등장
- 고성능 정보 처리 가능
- 대용량 정보처리 가능
- MMDBMS, DRDBMS로 구현

2. Hybrid MMDB의 구조와 특징&장점, MMDB와의 비교

  가. Hybrid MMDB의 구조와 특징& 장점

(APP.) ... (APP.)

Hybrid MMDB

Memory Data	Buffer
	Disk Data

특징
- Hot/Cold Data를 하나의 DBMS에서 관리.
- Data를 가상화 개념도입 물리적 위치를 구별하지않음

장점
- 고성능/대용량 정보처리 가능
- MMDBMS, DRDBMS, Hybrid MMDBMS 등 다양한 구성이 가능

  나. MMDB와 Hybrid MMDB와의 비교

항목	MMDB	Hybrid MMDB

		저장공간	주기억장치 Real Memory	Real Memory + Disk
		규모	소규모 DB 구축	소규모 및 대규모 두 지원
		이력관리	메모리 한계로 이력관리어려움	Disk기반 활용으로 이력데이터 보관
		처리방법	모든 Data는 Real 메모리에서 처리	Table space 단위로 지정
		활용	인증, 주문처리, 증권사 시세 등	인증, 인증이력, 주문/주문이력
3.		Hybrid MMDB와 기존 DBMS와의 비교		
		비교항목	RDBMS (Disk기반)	MMDB	Hybrid MMDB
		운영위치	Disk	메모리	Memory + Disk
		구성	단순	복잡, RDB와 혼용	단순(RDB 사용안함)
		속도	MMDB보다 느림	빠름	선택적 (메모리 or Disk)
		호환	솔루션연계 유연	타솔루션/DB와 호환 어려움	타 Solution과 호환 쉬움

"끝"

문	99)	생체 인식 Database에 대해 설명하시오
답	)	
1		물리적 접근통제 요소기술, 생체 인식 DB의 개요.
	가.	생체 인식 DB (Biometric Database)의 정의
	-	사람의 측정 가능한 신체적/행동적 특성 (Lifelog)을 추출하여 본인여부를 비교 확인하는 생체 인식 관련 정보를 검색하고 저장하기 위한 Database System.
	나	생체 인식 DB의 특징과 등장배경

특징			등장배경
(XML 사용)	(이미지 저장)	(신속한 인증)	-생체 인식이 개인정보 보호수단으로 활용
-호환성증대 -표준화	-객체저장기술 -멀티미디어기능	-인증신속성 -정확성요구	-IoT 발전, 개인정보연관 -정확 신속한 인증필요

2.		생체 인식의 개념도 및 구성요소
	가.	생체 인식 DB의 개념도

:사람의 신체적, 행동적 유일한 특정을
:추출 하여 DB화 하고 이를 검색, 이용, 관
리할 수 있는 방법 제공_ DB

나.	생체인식 DB의 구성요소	
	구분	설명
	등록/패턴매칭	생체인식 대상을 이미지 처리하여 DB화
	영상획득	카메라/PC Cam/Senor 등으로 부터 생체인식영상획득
	전처리과정	생체인식 구성요소 추출등 이미지/객체 처리과정
	이미지추출	전처리과정을 거친 입력 Data로 부터 이미지 검출
	표준화	특징추출, 기하학적 표준화
	인식	검출 Data와 DB Data간의 비교 및 인식

3.		생체인식 DB의 인증 process와 설명
	가	생체인식 DB의 인증 process

등록과정

확인과정

등록한 생체인식 DB와 확인과정에서 Data가 일치시 승인됨

	나	생체인식 DB의 인증 process의 설명	
		구분	설명
		획득	생체특성을 Digital 형태로 변환
		특징추출	사람마다 고유하면서 변별력 높은 특징점 추출

| | | 비교 | 등록된 특징과 입력된 특징을 신속/정확하게 비교 | |
| | | 유사도 판정 | 비교된 두 특징들이 동일인의 특성(특징)인지를 판단 | |

4. 생체 인식 DB와 RDB와의 비교

구분	생체 인식 DB	RDB
목적	사용자 인증	Transaction 처리
저장방식	이미지 처리, XML처리	plain Text(평문) 위주
사용방식	원본과의 비교	Data 수정/삭제 등
저장매체	신속성, 정확성이 요구 (고가장비)	일반 Disk 장비)

"끝"

와 문제점

문 100)	생체 인식 DB의 적용분야, 요구사항, 전망에 재해 설명하시오		
답)			
1.	개인의 생체적 고유 특성 정보 저장, 생체 인식 DB의 정의		
	- 생물체의 특성(불변성)을 이용하여 식별 기술로 사용하기		
	위한 인식 기술 Database, 이미지나 형상 형태로 DBMS에 저장		
2.	생체 인식 DB(Biometric DB)의 적용분야와 문제점		
가.	생체 인식 DB의 적용분야 (DNA 정보추출)		
	- 공항 출입국 관리 - 지문　　(생체 인식)　- 스마트폰 - 지문 및 Image 인식		
	- 사무실 출입 - 생체, 지문　　　- 특정보안지역 : 생체 인식 적용		
	- 아파트 - 홍채, 얼굴 인식　　- 전산실 - 목소리, 눈동자, 제스처		
	- 금융분야, 공공분야, 출입국 관리, 접근통제분야 등 다양하게 적용		
나	생체 인식 DB의 문제점		

구분	문제점
사용자 인식	- 생체 인식 결과는 확률적인 것으로 오류의 가능성 존재
	- 생체 특징 공유(Share)에 대한 거부감
인증	- 객관적 성능평가를 위한 실험용 생체 인식 DB 필요
	- System 인증을 위한 공공 기관 필요 (법제화 필요)
표준화	- 동일 생체 인식 기술 간에도 자료 호환 불 가능
	- 이 기종 생체 인식 기술의 혼용 가능성 연구이비
법률/ 제도	- Computer를 이용한 생체 인식 결과에 법적 구속력
	- 전자 서명으로써의 생체 특징 인정
연구/교육	- 복합적 학문 및 기술 요구, 전문가 필요성

			인권	-목적외 활용가능성에 대한 우려
				-생체 정보의 자기결정권 침해우려
				- Privacy 훼손등 정보 감시문제 대두
				-생체 정보를 이용한 국가 통제 강화

3. 생체 인식 DB의 요구사항

구분	내용
사용자측면	편의성, 생산성(Reuse), 신속성
생체인식 Data	보편성, 획득성, 신뢰성, 상호호환성
성능측면	-타인오인식율(FAR: False Acceptance Rate: 잘못된 허용의 비율), 본인오거부율 (FRR: False Rejection Rate, 잘못된 거부의 비율), 획득 실패율, 등록실패율(FER: Failure to Enroll Rate)등으로부터의 보완 필요 -FAR이 많을 경우 인식율을 높이는데 주력 -FAR과 FRR은 서로 Trade-off 관계가 발생가능하므로 FAR과 FRR의 CER (Cross over Error Rate, 교차점)이 중요 -엄격한 보안이 요구되는 경우에는 FAR은 낮추고 FRR를 증가시킴으로써 보안성 (Security)을 향상시킬수 있음.
보안측면	기밀성, 무결성, 가용성, 접근제어

4.			생체 인식 DB의 전망	
			구분	설명
			보안 암호화 기술과 결합후 Solution 제공	-생체 특징점 추출및 정합 알고리즘의 개발 -생체 인식기술의 핵심으로 System오차를 결정 -H/w및 응용분야에 따라 다양한 알고리즘가능
			생체 정보 입력기기의 개발	-생체 정보, 응용분야, 사용자환경에 따라 다양한 Hardware 기술 개발. -BIO환경, IoT성장, Mobile 기기와 연동 -Sensor 에서 생체 인식후 Mobile 기기와 Cloud System 활용 DBMS 구축 가능
			다중생체인식 방법의 개발	-단일 생체인식 방법의 취약점을 보완 -보안 정도에 따라 다양한 조합의 생체인식 적용
			New Biz 창출 기회	-미아 찾기, 출입국관리, Smartcard와 결합, 의료 정보, 생활/건강 재편 검증등
			요소기술의 표준화	-생체 정보를 교환하기위한 표준안 필요 -정보획득 과정, 분석, 저장, 활동 process를 국가 간 정보공유하고 Share하는 표준필요
			전자상거래, 전자서명	디지털 생체 정보로 Digital서명을 대체하는데 따른 법/제도의 연구 필요
			생체 자료를 기반으로 인간의 유전성 연구	-지문의 특성과 DNA 구조의 상관관계 연구 -얼굴의 특징과 학업능력의 상관관계 연구 -생체 자료 기반 유전성 연구

			성능평가 및 분석기술의 개발	객관적인 성능평가 및 분석을위한 공학적 척도및 System 연구 필요. (산출물 지속관리) · 실험용 생체 자료의 DB화및 분석 기법개발 - Big Data 대두등, 생체 기반 정보의 대량화, 새로운 형태의 검색엔진을 이용한 생체인식 DB 구축은 정형화된 틀을 갖는 기존의 DBMS에 비해 조건에 따른 응용성이 높게 평가되고 있는 추세

"끝"

문101) 생체인식 (Biometrics)에 재해 설명하시오

답)

1. BT와 IT의 융합기술, 생체인식의 개요

가. (생체인식 (Biometrics)의 정의) - 살아 있는 사람의
신원을 생리학적 & 행동특징 기반으로 인증하거나 자동인식하는 방법

나. Biometrics의 필요성

- 지식기반정보(PIN, 암구호, password)
- 소유기반정보(ID, Smart card, 디지털 인증서)

생체인식 필요성 → 필요성 → 생체기반 정보
- 도난, 망각, 분실 문제해결
- 편리성, 신속성, 호율성 제공

도난, 망각, 분실 공유에 취약

2. 생체인식 System의 구성 및 인식 대상유형

가. 생체인식 System의 구성도

생체인식 System
등록자 얼굴, 홍채 → Biometric Sensor → Feature Extractor (추출) → 생체인식 DB
등록과정   아나로그   디지털

등록자 얼굴, 홍채 ⇄ 생체인식 System 비교
확인과정

4.	생체인식 (Biometrics) 대상유형	
	구분	설명
	생리학적	얼굴, 망막/홍채, 손모양, 안면열상, 음성, 정맥, DNA패턴
	행동특징기반	서명, 음성, Keystroke, 걸음걸이

3. 생체인식의 비교 및 정확성 (성능) 측정 기준

가. 생체인식의 비교

종류	장점	단점
지문	값싸고 구현이 용이	신뢰도 낮음
망막, 홍채	신뢰도 가장높음	장치 비쌈, 사용자 거부감
손모양	구현이 용이	지문비해크고 신뢰도 낮음
안면열상	사용자 인지못한상태에서사용	구현어려움, 신뢰도 낮음
음성	별도의 장치 불필요	신뢰도가 가장 낮음
정맥	값싸고 구현 용이	신뢰도 낮음
DNA	위조, 변조, 중복불가	개인특성, 악용우려

나. 생체인식 정확성 (성능) 측정 기준

항목	설명
오인식율 (FAR)	-FAR: False Acceptance Rate. -System오류로 접근 허용되는 비율
오거부율 (FRR)	-FRR: False Rejection Rate -System 오류로 접근이 거부되는 비율
적정기준선	-CER: Crossover Error Rate

		(CER)	-FAR과 FRR의 Cross (교차) 점
		등록실패율	-FER : Failure to Enroll Rate
		(FER)	-생체 Data 등록 오류 발생 비율

4.		생체 인식을 위한 조건 및 응용분야	
	가.	생체 인식을 위한 Condition.	

항목	설명
이상적인생체특징	보편성(누구나), 유일성(고유), 영속성(불면화), 획득성(정량화)
시스템설계고려사항	성능(정확도, Robust성 등), 수용정도(거부감완화)

	나.	생체 인식의 응용분야	

분야	설명
공공서비스	지문위주 (출입국관리, 운전면허, 사회복지 등..)
법집행	지문, 손위주 (순찰차, 자택연금, 투표, 미아찾기..)
금융	지문위주 (ATM, 신용카드, 고객검증, 직원인증)
물리적 접근통제	손위주 (건물, 공공기관, 투표소, 근태관리 등)
IT	음성주도 (Computer 사용, 처방전 인증, 메일 등)

음성

"끝"

문	102)	멀티미디어 (Multi-Media) Database 에 재해
		설명하시오.
답)		
1.		비정형 자료의 효율적 검색 & 관리, Multi-Media DB연계요
	가.	Multi-Media 정보 저장, 멀티미디어 DB의 정의
	-	대용량과 복잡성을 가진 Multi-Media 비정형 자료를 저장
		및 통합하여 논리적으로 단일 Data를 제공하는 Database
	나.	Multi-Media Data 저장을 위한 Multi-Media DB의 특징

MultiMedia Data의 특징	Multimedia DB의 특징
대용량 - 압축, 복원이 필수	① 대용량 Data 처리 Capacity
검색 관리 → 내용기반 검색 → 미디어별 검색기술필요	· 대용량 저장공간 처리와 압축/복원기술 · 자료처리속도 고속화
복잡한 Data구조 - 비정형 다양한 구성, 관계성 등	· 동시 사용자 다수 (병행제어 필수) ② Multimedia 자료 Type 지원을
다양성 - 다양한저장 & 출력방식	통한 저장, 검색, 연산 수행

			Multi-Media	
2.		Multi-Media DB 구축 방법과 DB의 기본구조		
	가.	멀티미디어 Database 구축방법		

구축방법	주요 내용
파일기반	- 단순한 검색위주의 VOD등에 이용됨
	- Data 동시 접근 권한 회복 기능 지원곤란
	(DBMS 기능 미사용)

VOD : Video on Demand

CLOB : charter Large object

BLOB : Binary

		RDBMS 기반	. CLOB Field에 ASCII 텍스트 Data를 저장
			- BLOB Field에 이미지/Video/Audio 저장
			- 완전한 MultiMedia Database 구축어려움
		OODBMS 기반	- 사용자 정의 Class, 사용자 정의 Method 정의기능 이용해 Media별 class를 정의함.
			- 기존 Database와 호환성
		ORDBMS 기반	- 모노 미디어 저장을 위한 CLOB, BLOB필드를 지원함
			- 사용자 정의 타입, 함수를 이용해 미디어별 타입을 정의함

4. MultiMedia Database의 기본구조와 설명

		IORM	- Intra-object, Relationship Management
		(설정단계)→	자동 추출, 일관성 제어, 기록 저장, User-Driven추출
			설정내역 저장, Object간의 관계설정등
		(중단단계)→	해제단계, 직접/간접 중단, 일관성제어, 해제내역저장
		(해독단계)→	표현제어, 질의 처리 (설정 내역응용)

		MXOM	-Mixed-Object Management
			·IORM에 의해 구축된 객체간의 관계뿐만 아니라 혼합 객체까지를 저장하는곳
		요구해석기 (Request Interpreter)	-원시 Data의 자동수집 지능 기능
			-Media Data의 수동수집 및 Edit 기능
			-객체간의 관계의 설정및 중단 기능
		요구처리기 (Request Processor)	-다른 Multi-media 요소와의 통신 설정등을 담당
			1)통신 제어기능 : 멀티미디어 DBMS내의 요소들
			2)트랜잭션 관리기능 : 동시성 (Synchronization)관리
			3)Transaction 제어기능 : 회복 (Recovery)
		LFDS	Long-Field Data Server, 텍스트, 음성, 화상과 같이 자료양이 많은 Data 지원
		VDS	-Video Data Server
			·완전한 Graphic Emination이나 Video 필름에 대하여 발생하는 Video Data를 지원
3		Multimedia DB의 처리과정및 질의의 기법	
	가	Multimedia DB의 질의의 기법	
		검색 기법	검색기법의 설명
		속성질의	Multimedia 정보를 기술하는 여러속성 값을 주고 그에 부합하는 Multimedia 요소 검색
		내용 기반질의	Multimedia 정보를 기술하는 여러 특징을

			주고 그에 부합하는 Multimedia 요소 검색
		구조 질의	복잡한 형태를 지시고 있는 Multimedia 정보에
			대해 구조에 대한 조건을 주고 이것에 일치하는정보검색

나. Multimedia DB 질의 처리과정

기존 DB 질의 처리과정	Multimedia DB 질의처리과정

- Multimedia Database의 경우는 반복적으로 질의를 처리하는 구조가 요구됨 (feedback 구조)

- 검색을 원하는 Multimedia 요소의 명확한 기술(Descri -ption)을 위하여 질의 생성시에 사용자로부터 여러가지 다양한 입력을 받는 과정이 추가됨

자. Multimedia data 저장 방식의 비교

구분	File 사용	RDBMS사용	ORDBMS사용	OODBMS사용
구현모델	범용프로그램언어	관계형언어	확장된관계형언어	객체지향언어

		Data 저장	Text 위주의 평이한 Data	정형:Record 비정형:File로저장	대량의 가변 Data	모든 형태의 MM Data
		장점	응용분야 넓음	범용성, 대용량 Data	제한된 객체 구조	완벽한 MM Data 표현
		단점	-복잡 Data 구현곤란 -사용자가 Data 직접관리	-주가지언어 필요, 제한된 Data 표현	-Overhead -관계형언어의 폭 넓은 자원곤란	회복, 동시성, 질의최적화가 RDB에 비해 비효율적

4.		Multimedia DB 구축시 고려사항 및 응용(발전)분야
	가.	다양한 입출력 장치의 지원, 기존 Data와의 호환성, Multi-user 자원용이성 확보, 신속한 자료 Input(입력)등요력
	나.	교육분야의 원격교육, e/u-Learning, 의료분야의 원격진료 System, 광고분야의 VOD, UCC, IPTV, WebTV에 활용되고 있음 (CDN과 연계)

"끝"

문 /103)	XML Database 에 대해 설명하시오
답)	
1.	XML Data의 효율적인 저장,관리. XML DB의 개요.
가.	XML(eXtensible Markup Language) DB의 정의
	- XML Data를 구조적 변경없이 XML 형식으로 저장, 검색, 수정, 관리를 지원하는 구조화된 Database System.
나.	XML Database의 필요성
	- 이기종 Database 간 연동기술로 적용　　　　　　 T요구
	- Data 교환 & 표현수단으로 XML 활용증가. XML DBMS 모델링
다.	XML DB의 주요특징

platform 독립적	특정 OS,언어, H/W와 무관 Open 표준 기반
구조화된 Data	문서중심, 엘리먼트/Attribute 단위의 계층구조
사용성/확장성	이해쉽고 작성쉬움, Tree구조의 Data 모델로 확장용이
저장형태/Data	Native XML 기반/엘리먼트, 순서, 주석, 스키마

2.	XML DB의 구성 과 유형의 설명
가.	XML DB 구성 개념도

4.	XML DB 구성 유형		
	유형		설 명
	객체 관계형 DB 확장형	특징	기존 일반 DB 구조를 보존, Wrapper 이용 XML 저장
		장점	기존 Infra 활용, Indexing, 대용량 처리
		단점	비정형 XML 문서 질의 처리 복잡, 성능 저하
	XML 전용 DB형	특징	DTD, XML Schema 자동 생성, XML 문서 그대로 저장
		장점	계층구조 (DOM Tree) : 처리속도 빠름
		단점	대용량 Data 처리 성능 미흡, Indexing, 동시성 제어 기능 지원 제한

3.	XML DB의 주요 기능 및 종류, 주요 기술	
가.	XML DB의 주요 기능	
	주요 기능	설 명
	Document Collection	XML Import/Export, DTD 관리
	XQuery/Xpath	문서 단위, 엘리먼트 단위의 검색, 질의
	Xupdate	문서 단위, 엘리먼트 단위의 수정, 삭제, 편집 기능 지원
	API	DB 연결, Metadata 검색, Query 수행, 결과 반환, Method 제공 (DOM, SAX)
나.	XML DB의 종류	
	종류	설 명
	XML 전용 DB	XML Data & 문서만 저장, 관리/검색해 주는 System으로 검색 빠르고 성능 우수

		XML 전용 DB	-XML 문서를 파싱된 XML로 저장
		XML Repository	RDBMS와 XML문서 사이에 Repository 관리자를 두어 XML문서를 연결하는 작업
		RDBMS의 BLOB, CLOB이용	-XML Data를 BLOB, CLOB에 저장 -엘리먼트, 속성값 갱신이나 추출시에도 전체 BLOB, CLOB를 Update & 읽어야 함으로 비효율적
		RDBMS Table 매핑	-기존의 RDB Table의 필드와 XML의 엘리먼트, 속성을 Mapping 시킴 -단점 : . DB저장을 위해 매번 Table로의 변환절차 수행. XML의 확장성이 없어지고 성능 저하초래 -간단한 형태의 확장성이 필요없는 XML Data에 유용
		Interface 위주의 XML 적용	-가장 광범위하게 적용되는 XML파일 그대로 저장 -가장 초보적인 Interface 방식 임 필요 -Data 무결성 취약, 검색 위한 별도의 System 구축
	다	XML DB의 주요기술	

주요기술	설 명
XML DTD와 스키마	DTD : 문서의 구조를 명시적으로 설명 -스키마 : XML문서의 구조와 Data Type 정의
DOM과 SAX	-DOM : Tree 구조, Well-Formed XML문서 -SAX : 문서의 파싱을 통해 항목조사
XSLT와 Xpath	-XSLT : XML문서의 변환 -Xpath : 계층적인 Data 처리

			Xlink	문서와 문서를 연결하는 Link
			XML Query	-spec: 요구사항, Data모델, 정규표현, 문법
				-XML Query가 지원해야 하는 것들의 명세서
				Query 사용정보 집합문서
4.			XML DB 구성시 고려사항.	

고려사항	설 명
요소와 속성 정의	Text 내용에 대해 요소와 속성중 어느 것을 사용할 것인지의 선택을 구조생성 이전에 결정후 반영
명명 규칙	요소와 속성의 이름을 부여할시 무엇을 표현할 지 쉽게 인지할수 있도록 상세하게 자음(명명)
성능 고려	Memory와 Network의 부하를 방지하기위하여, 문서를 생성하는 방식, 크기, 파싱 방식에 주의

"끝"

문 104)	Tiny DB에 대해 설명하시오
답)	
1.	USN에서 처리된 정보를 DB로 처리하는 기술, Tiny DB 개요
가.	Smart Dust와 연관. Tiny DB의 정의
	- Tiny OS에서 구동되는 Sensor Network로부터 정보를 얻어 내기 위한 Sensor Database Query System.
나.	USN에서 처리된 정보를 DB로 처리하는 기술 유형

Tiny OS	OS code 4K 이내, 메모리 256 Byte, 모듈기반 N/W.
Tiny DB	USN에서 처리된 정보를 저장하기 위한 저장소

2.	Tiny DB의 개념도(구성도) 및 구성요소
가.	Tiny DB의 구성도 (UC 버클리에서 제안한 구성도)

User ↔ (APP.) → DB ← 정보제어 System ← Gateway Router ← AP ~ 정보수집 ... Mote Sink node

Tiny DB 저장 ← 추출

- Mote(Sensor)를 통해 자월 N/W(Sink node) 통해 Tiny DB에 저장

나	Tiny DB의 구성요소
Sensor Catalog	Sensor 정보 작성, 분석, 해독, APP과 I/F
Schema 관리	Sensor 정보의 속성 및 종합적인 정보관리
Query 제어	Tiny DB 핵심, APP과 표준사양 통신, 최적화
메모리 관리	Static이 아닌 Dynamic적인 메모리관리
N/W 제어	Topology 제어, Mote와 상호통신 제어
사용자 I/F	사용자 Client I/F를 통해 제어 및 DB 관리

I/F : Interface

3		Tiny DB 설계시 고려사항들
	-	Sensor Network와 상호운영성, Tiny DB 제약성고려
	-	핵심 Metadata의 Backup 및 실시간 (Realtime) 분석
	-	대량 Data 발생시 Cloud storage와 상호 연계성고려
		"끝"

문105)	NoSQL Database에 대해 설명하시오.
답)	
1.	BigData, 실시간 Web App. 이용, NoSQL DB의 개요
가.	단순검색&추가작업의 최적화된 키값 저장공간, NoSQL의 정의
	- Cloud, Web 3.0의 비정형, BigData 처리 위해 간단한
	Key값의 저장, 단순 처리하는 고정된 Schema를 갖지않는 DB
나.	NoSQL DB특성 설명을 위한 CAP 이론

<table>
<tr><td>가용성 (A)vailability</td><td>Fault-Tolerance</td><td>-RDB는 C/A에 특화</td></tr>
<tr><td>일관성</td><td>일부에서저존실에대한</td><td>-NoSQL DB는 C/P</td></tr>
<tr><td>(C)onsistency ─── (P)artition Tolerance</td><td>세구성</td><td>또는 AP선택</td></tr>
</table>

	CP선택 Big Table, Mongo DB	AP선택 Couch DB, 카산드라가 있음
2.	NoSQL DB의 구조및 기술특징	
가.	NoSQL DB의 구조	

API 계층	open API	REST	JavaScript
질의 계층	< 문서	key	Graph기반>단순검색
Middle ware(option)		(ACID 보장) //Transaction시	
분산각일시스템		분산 File system (Block 단위, 복제 저장)	
H/W Clustering	(PC급 서버) ------ (PC급 서버) ------		

	- Low Cost Clustering과 점진적 확장, 높은 Availability 제공형
나.	NoSQL DB의 기능설명

주요 기능	설 명	요소 기술
단순한 검색	Key, Graph, Document 기반접근	REST, JavaScript

경제성	Low Cost 클러스터링, open s/w License	Clustering
Simple DB	고정된 Schema, Join 없음, 무결/정합성 보장	MW 선택도입
높은 가용성	여러 Point에 Data Backup 하여 저장	분산파일처리
수평적 확장	Peta, Zeta Byte 수준, 무한 확장보장	자동 Release 기술

- Open Source S/W 기반, 자생적 흐름의 특성을 갖음 (Hadoop 아키텍처)

3. RDD와 NoSQL DB 비교

구분	RDB	NoSQL (Disk기반)	NoSQL (메모리기반)
도입용이성	변경/설치용이성	기존 Data 재구축	용이함, App 수정필요
확장성	읽기 성능에 영향	R/W 확장성 보장	R/W 확장성 보장
성능	대용량처리시성능저하	대용량 처리 지원	고속 R/W 성능
비용	고가의 Storage	저가 Storage	고가 메모리 (flash)
사례	MySQL, Oracle	Big Table, 카산드라	DataGrid, XAP

"끝"

XAP = eXtreme Application platform.

문 106)	Streaming DBMS에 대해 설명하시오.
답)	
1.	"Data 폭증 한계 극복 대안" Streaming DBMS의 개요.
가.	"Active Data의 Continuos 처리" 스트림 DB의 정의
	- IoT, P2P, M2M, SNS에 의한 대량 Data를 Stream 방식으로 사전에 정의된 질의(쿼리)에 따라 실시간 처리 DBMS
나.	Streaming DBMS의 등장배경 및 특징

	- Data 폭발(폭주)에 대한 실시간 분석/처리 목적으로 도입됨
2.	Streaming DBMS의 Data 처리방식 및 요소기술
가.	기존 DBMS와 비교한 Streaming DBMS Data 처리방식

일반 DBMS	Streaming DBMS
Store → Query → Result	Query Register → Result → Store
수동적 Data 처리, 용량 부족 발생	능동적 Data 처리, 정제된 Data 저장

- DSMS : Data Stream Management System, 질의 접수 및 처리

나.	Streaming DBMS의 요소기술

구분	요소기술	설명

			질의	연속질의, Event 질의	'특정 지역의 단체'질의, 강남역근처 30대'질의
					'온도가 50°이상이 되면 Log 보관'질의
			처리	Active processing	사건 등록 질의에 따라 능동적 연산, 전달
				부하분산	각종 Data 분할/병합 잇 분산처리, 스케줄링
			전달	Data streaming HW, 거리 제약없이 정확한 시간에 전달	

3. Streaming DBMS의 활용분야

- 실시간 Data 처리분야 : 실시간 교통관제, 증권, 병원 자료

- Big Data 처리분야 : IoT, Sensor 정보, 환경 변화에 적용

"끝"

문 107)	임베디드 (Embedded) DB에 대해 설명하시오
답)	
1.	Embedded System에 탑재, Embedded DB의 개요
가.	특수 (Specific) 목적의 Database, 임베디드 DB의 정리
	- 임베디드 System에 포함되어 임베디드 Application이 실행될때 사용되는 DB, Disk 없는 환경에서도 DBMS 가능 (MMDBMS)
나.	최근 Embedded Database가 부각되는 사유
	- Mobile Device 대중화, 기업의 Main DB와 모바일 단말기 간의 Data 처리 및 동기화 필요성 증대 (특수목적 DB 요구됨)
2.	Embedded DB의 구조와 기술적 특징
가.	임베디드 DB의 구조 (MMDBMS와 유사)

Embedded SQL
- Storage 서버 인터페이스
- 트랜잭션 Manager | 병행제어 Manager | Recovery 관리자
- 메인 메모리 상주 DB | Log 버퍼

〈임베디드 DB 조건〉
- High performance
- Small size, Low Cost, 관리용이, Easy 사용, 독립성, Specific, Easy User 시나리오 제공

나.	Embedded DB 기술적 특징	
	특징	설명
	Small Footprint	- 대부분 최소한의 DRAM 및 특정 기능 구현목표 - Overhead를 줄이기 위해 필수 기능만 포함
	상호호환성	- 서로 다른 Device간 통신 필요, 중앙 DB 동신필요

		이식성	다양한 platform에 DB porting이 요구됨	
		성능	실시간 OS에서는 특히 중요 (Transaction 처리)	
		보안성	암호화, 접근제어, Data 무결성 유지	
		관리성	운영 및 관리 수월. 유지보수 편리성 유지	

3	Embedded DB와 일반 DB의 비교		
	구분	일반 DB	Embedded DB
	장점	-대용량 Data 처리 & 관리 -범용적인 요구사항 처리 가능	Tiny size로 실시간 트랜 잭션을 고속처리 가능
	단점	-범용적인 DB 임으로 특수 목적 단말기에 사용불가	H/W 제약, 대용량 Data 처리 & 관리기능 지원 어려움

"끝"

문 (108)	Embedded DB(Database)에 대해 설명하시오	
답)		
1.		제한된 자원, 특정 기능구현, Embedded DB의 개요
	가.	임베디드 System에 탑재&운영, Embedded DB의 정의
		- 제한된 Memory와 성능을 가지고 특정 기능 구현을 목적으로 Embedded System에 적합하도록 만든 Database.
	나.	Embedded System의 필요성
		- Specific 환경에서 동작, 제한된 자원 활용 극대화 필요
		- 상용 DB의 Memory와 성능환경이 Embedded System에 부적합
		- 제한된 정보관리 환경에 부합된 특수목적 DB요구
		- 통신기능(IoT) 탑재된 Mobile Device의 대중화
		Mobile Device 내에서 많은 Data 처리 필요.
	다.	Embedded DB의 기술적 특징

특징	설 명
Small Footprint	- 대부분 최소한의 RAM 및 Disk 사용, 최소 ROM - Overhead를 줄이기 위해 필수 기능만 포함
상호 호환성	- 서로 다른 Device 간 통신 필요, 중앙 DB와 N/W - 중앙 Database와 Network 통신 필요
이식성	임베디드 System의 다양한 플랫폼에 DB porting이 요구됨
성능	실시간 OS에서는 Real time Transaction 중요
보안성	다중 사용자 환경에서 암호화, 접근제어등 보안요소 구현필요
관리성	operation, Management 수월.

2.		Embedded DB 구조 및 조건
	가.	Embedded DB 구조

Embedded SQL	Database를
Storage Server 인터페이스	Disk 대신 Main
트랜잭션 / 동시성제어 / 회복/복구	Memory에 상주하여
Manager / Manager / 제어	효과적인 알고리즘

수행과 최소의 Disk

Main Memory Resident DB	Log Buffer

I/O로 성능을 향상
시킨 Database

나.	Embedded Database의 조건	
분류	**설명**	
Small size	Memory, 저장장치에 대한 소규모, 경박단소	
Low Cost	적용되는 수량과 빈도가 많음, 가격의 부담 최소화	
High Performance	용도에 따라 Real Time 성능요구됨, 산업/의료 기기/제어 장치등에 사용되는 경우가 많음	
관리용이	Embedded System 특성상 Application 자체가 Admin 역할을 수행하므로 별도의 관리기능이 존재할수없음	
독립성	Device 독립성을 가져야함, 상호호환성	

3.		Embedded DB의 분류 및 RDBMS와 비교
	가.	Embedded DB의 분류

분류	설명

		Client/Server	Client/Server 환경의 RDB와 OODB
		RDB/OODB	-Client/Server간의 통신의 Overhead 존재
		Embedded Library	-Application Address 공간으로 직접 Link됨.
			-SQL을 사용하지 않는 Simple Language Level API
			-별도의 Server통신이 불필요하므로 빠른 성능보장
			-소수의 Component (CPU, ROM, RAM)들이
			Embedded System에서 수행되므로 Reliability 증가
			-표준 programming Interface 부재

4. Embedded DB와 RDBMS의 비교

구분	Embedded DB	RDBMS
위치	메모리	Hard disk
Buffering	불필요	필요
트랜잭션	-Hard Transaction -반드시 시간 제약 준수하여야 하며 미준수시 중대한 손실초래	-Soft Transaction -마감시간 및 지켜도수행 결과가 어느정도 여유 있음
Index	T-Tree	B-Tree
특성	-트랜잭션의 빠른 수행 -작은 사이즈 설계 (Footprint)	-안정적인 Data 관리 -규모에 따라 크기가 다양함

4. Embedded DB의 동기화와 Method

가. Embedded DB의 동기화의 설명

- Embedded DB에서의 변경 또는 Server측 DB의

변경이 잇는경우, 두 DB간의 Data 일관성유지 방안

4. Embedded DB의 동기화 방안

- Embedded DB는 API 상위에 존재, APP요청에 의해 DB수행
- APP.은 Interface를통해, 외부 Main server와 통신 수행

"끝"

문109)	분산(Distributed) Database의 종류와 일반 Database와 비교 설명하시오

답)

1. 신뢰성, 확장성을 제공하는 분산 Database의 개요

　가. 분산(Distributed Database)의 정의

　- 논리적으로 하나의 가상 시스템으로 구현되어 있으나 물리적으로 Network를 통하여 분산화된 형태로 관리되는 Database

　나. 분산 DB의 목적과 장단점

목적	장점	단점
-지역화(분산화)	지역 자치성, 점진적	-S/W개발비용증가
-부하분산, 병렬처리	증가용이, 신뢰성, 가	-오류의 잠재성 증대
-속도향상, 가용성	용성, 효율성, 융통성	-처리비용의 증대

2. 분산DB의 구조와 분산DB의 종류

　가. 분산 DB의 구조 (분산DBMS와 지역 DBMS로 구성)

분산 DBMS	여러개의 지역 DBMS를 하나의 광역 DBMS로 관리 가능및 지원
지역 DBMS	질의 처리기, 동시성 처리, 보안 처리기, 복구관리기, 저장장치관리기

　나. 분산 DB의 종류

			종류	내 용
			동질형	모든 지역에 동일한 DBMS를 사용하는 방식
				- 전역 Interface를 통해 완전 동질 투명성을 제공
			이질형	- 지역간 이기종 DBMS를 사용하는 경우
				- 이기종 DB와 연동하기 위해 별도의 Gateway 필요
				- 기존 독립적 Site를 통합하는 Bottom up 경우 발생
			강 결합형	- 각 Site의 DB 전역 Data를 참조하여 운영
				- 전역 스키마 분산 DB : 전역 스키마 가 모든 통제 수행
				- 연합분산 DB : 참조 Data를 Import/Export 하는 방식
			약 결합형	각 지역 Site DB가 필요한 Data 만을 상호 교환 하는 방식, 약 결합형 (Loosely - Coupled)
3			분산 DB와 일반 DBMS와의 비교	

구분	일반 DB	분산 DB
통제	중앙통제	지역자치 & 전역스키마에의한통제
Data	중복 배제, 일관성	Data 분산, 중복 허용
Data 중복성	공유통한 중복도 감소	중복성 & 지역성
구조	통합 DBMS 하나로 구성	업무지역별 DBMS 존재
Transaction	동시성 제어	분산 동시성 제어 필요
투명성	가능	장점

"끝"

문 110) 분산 DB에서 Data의 분할(partition)과 할당(Alloca
tion) 전략에 대해 설명하시오.

답)

1. 분산 Database에서의 Data분할과 할당의 정의

　가. (분할(partition)의 정의) - 해당 Table을 어떻게 분할할 것인
가에 대한 분할 전략 (수평, 수직, 혼합(Hybrid)분할)

　나. (할당의 정의) - 분할된 DB를 각 지역에 할당하는것

2. Data의 분할(Partition)과 할당의 전략(Strategy)

　가. Data의 분할의 전략

방식	내용	예
수평분할	-한관계의 Tuple들을 분할, 둘 이상의 서로 다른 장소에 저장하는것(Record별분할) -서로중복되는 Record들이 없도록 분할	-서울지역고객 은 서울소재 전산실에 배치
수직분할	-한관계의 속성을 분할하여 둘이상의 서로 다른 장소에 저장하는것(Field별분할) -JOIN 연산에 의해 재 결합이 가능해야할	고객 기본사항은 중앙에 보관하고 변동사항은 지역에 배치
혼합	수평분할과 수직분할을 혼합한 방식	
Replication	동일 DB를 둘이상의 장소에 중복하여 저장하는 방법	

　나. Data의 할당(Allocation) 전략

방식	내용
중앙집중식	모든 Data를 N/W상에서 한 Node에만 위치시킴
분산 할당	분할된 Table을 지역 DB에 위치시키는 방법

			중복 할당	-분할된 Table들을 지역 Database에 중복 (Replication)하여 위치시키는 방법	
			혼합 할당	-분할된 Table들을 선택적으로 중복할당하는 방법 -중요내용은 중복할당, 일반내용은 한지역에 분산	
3.			Data 관리 전략의 장단점 비교		

방식	장점	단점
수평 분할	동일대상의 자료를 여러 지역에 서동시에 입력/수정/삭제 가능	동일 자료가 다른 DB에 저장 될 수 있어 무결성 손실가능
수직분할	자료보안 강화되고 관리용이	속성 파악 위한 시간 필요.
할당	-빠른 응답속도와 비용 절감 -Data 가용성&신뢰성 증가	저장 장소 용량 증가 -Data 동기화 위한 NW과부하

"끝"

문 ////)	분산 데이터베이스의 3가지 설계 전략을 비교하고, 분산
	Database가 갖추어야 할 4가지 특성에 대하여 설명하시오.
답)	
1.	신뢰성, 확장성, 효율성, 융통성 제공, 분산 DB의 개요
가	분산 데이터베이스 (Distributed Database)의 정의
-	논리적으로 하나의 가상 시스템으로 구현 되어 있으나 물리적
	으로 Network를 통하여 분산화된 형태로관리되는 DB.
나.	분산 DB의 구조와 목적

	구조	사용자 통합제어	DB Node 분산

	목적	운영&관리 용이	Data에 대한 이해도가높은 조직이관리
		Data 분산처리	통신 비용의 감소& Data 처리 집중화방지
		Data 처리 속도향상	Data 처리부하의 분산& 병렬 Data 처리
		가용도& 신뢰도	Data 가용도와 신뢰성 향상 (복제)

2.	분산 Database의 3가지 설계전략및 비교
가	Distributed DB의 3가지 설계 전략

방식	내용
TOP Down	중앙 집중 DB 설계와 같이 전체 설계후 분산

			Top Down	DB를 설계 동일 분산 DB 구축 방식
				-기존 DB가 존재하지 않는 상태에서 설계
			Bottom up	-지역별 설계후 전사적 관점에서 통합, 설계
				분산DB, 기존 DB 통합 구축 방식, 이기종 Data
				Base와 연동하기 위한 Gateway 필요
				-이미 존재하는 Database를 통합하는 방법
				-분할하여 개발후 전체를 통합하는 설계 방식
			Hybrid	-Database 통합시 Top Down과 Bottom up
				방식을 혼합하여 활용하는 방식, DB들의 Data
				복잡도가 심할 경우 적용, -이미 존재하는 DB의
				복잡도가 심해 Bottom up 적용이 어려운 경우에 적용

4. 분산 Database의 3가지 설계 전략 비교

항목	Top-down	Bottom-up	Hybrid
개념	전체 DB 설계후 지역 DB를 설계 하는 전략	지역 DB를 설계 한후 DB를 통합 구축하는 전략	Top-down과 Bottom-up을 혼합한 전략
DB환경	동질 DB	이기종 DB	동질/이기종 모두
고려 사항	수평/수직 분할 완전/부분 중복	유사성문제, 충돌 문제, 불일치성	분할,중복,통합, 유사성/충돌/불일치
활용	주로 신규 분산 DB구축시 활용	기존의 DB의 통합 연계시 활용	기존 이기종분산 DB에 신규분산 DB확장시

		제약	적음	중간	않음
		복잡성	낮음	중간	높음
		공통	분할과 할당, 복제등의 방법으로 Data의 관리가 쉽게 설계		

3. 분산 Database가 갖추어야 할 4가지 특성 및 장단점

가 Distributed Database가 구비해야될 4가지 특성

구분	설명	관련 기술
위치 투명성	사용자나 응용 program이 접근할 물리적위치를 명시할 필요가 없음	위치 정보시스템 카탈로그관리
중복 투명성	사용자나 응용 program이접근서 물리적으로 여러 지역으로 분산되어 있는 여부를 알 필요 없음	완전중복, 부분중복
병행 투명성	여러 사용자나 응용 program이 동시에 분산 DB에 대한 Transaction 을 수행하는 경우 결과값 이상발생않음	-트랜잭션 조정자 -분산 Locking
장애 투명성	지역 Database의 시스템 이나 통신 장애서 Data의 무결성을 보존	-2PC, 예비조정자 -원자성 유지

-분할투명성, 지역 사상 투명성 (Local Autonomy
Transparency), 복제투명성 이 있음.

나 분산 Database의 장단점

구분	세부 항목	설명
장점	지역 자치성	분산된 지역 DB의 고유의 Data 관리,

			지역 자치성	제어 (Control)를 자치(지역)적 행사 가능
		장점	집중적 시스템	-대용량 Database 구축 가능
			용량 확장	-확장시 서비스 중단없이 새로운 Site 추가 용이
			신뢰성 & 가용성	-Data 중복관리로 한 지역의 장애시에도 영향
				없이 가용성 증가, 중복에 따른 신뢰성 증가
			효율성 &	-CDN과 연계 DB Cache화 가능
			융통성	-Data를 동적으로 이동, 중복, 제어 가능
			SW 개발	중앙시스템 구현보자 어려움, 분산 DB
			비용 증가	S/W의 개발의 복잡성 → 개발 비용 증가
		단점	오류의	병렬적으로 운영 → 알고리즘의 정확성 확인
			잠재성 증대	어려움 (치명적인 오류가 잠재되어 있을 가능성)
			처리 비용의	투명성 제공을 위해 지역간 Message
			증대	교환과 이들간에 조정등 추가 비용 증대
				"끝"

문	112)	분산 DB의 Issue와 해결방안에 대해 설명하고
		분산 DB구축시 고려사항에 대해 설명하시오.
답)		
1.		분산(Distributed) DB의 정의
	-	물리적으로 Network를 통해 분산화된 형태로 관리되며
		논리적으로는 하나의 가상 System으로 구성된 Database
2.		분산 Database의 Issue(문제점)와 해결방안

Issue(문제)	해결(개선) 방안
DB모델 및 언어 간이질성(가장 어려운 문제)	-객체지향 모델을 공통 Data 모델로 정하고 이를통한 분산 Database System 구현(표준화)
	-표준화 공통 조작어 사용 - 표준 SQL-3
	-분산질의 최적화 전략(통신처리/병렬처리 최소화)
분산 트랜잭션관리기법의 이질성	-분산 병행 제어및 전역 DeadLock관리(2PL, Time Stamping등 검토필요)
	-분산회복 처리 필요: 2단계 Commit
보안문제	-분산 DB내 표준화된 보안 절차 필요 (보안정책)
	-N/W보안: 암호화, 인증, 접근(Access)제어
	-Internet 연동시 방화벽 및 IPSec, SSL 적용
중복 Data 관리	갱신 List 유지후 Logging 참조해서 갱신
분산 위치 관리	중앙집중: 전체 카탈로그를 하나의 중앙사이트에만 저장
	완전중복: 전체 카탈로그를 각 Site에 완전히 중복
	분할 방식: 해당 Site객체에 재한 카탈로그 유지(각Site별)

		Network 관련문제	통신 Link 속도 저하, 접근 지연 시간 증가
			통신관련 메시지 처리비용증가 & Network 보안문제
3.		분산 DB 구축시 고려사항	
	가.	(동시성 제어) 2PC방식이용, Data 일관성유지	
	나.	(Network 속도) 광대역 N/W구축, 분산 DB들간 정보공유원활	
	다.	(보안기술) 보안 System 적용, 접근제한(권한)설정후 사용자관리	
	라.	(Backup & Recovery) 광전송 Backup구축, 신속한 Recovery.	
	마.	(Clustering) 분산 Computing 성능향상, Web기술사 연동	
			"끝"

문 113)	분산 Database 구현을 위한 2PC (phase Commit)에 대해 설명하시오.	
답)		
1.	지역적 분산 DB 제어, 분산환경 신뢰성 보장, 2PC 개요.	
가.	분산 Transaction 원자성 보장, 2PC의 정의	
	- 분산 Database 환경에서 ACID(원자성, 일관성, 고립성, 영속성)를 보장하기 위하여 분산 Transaction에 관여하는 모든 Node가 Commit 하거나 Rollback 하는 메커니즘.	
나.	2PC (phase Commit)의 특징	

- 분산 DB에서 여러 단계 수행시 신뢰도는 증가, 반대로 Overhead도 증가

2.	2PC의 구조 및 수행절차 & 구성요소	
가.	2PC의 구조와 수행절차	

4.	2PC 구성요소	
	GC..Gobal Coordinator	분산 Transaction & Global Commit 시작

			서버 (Server)	분산 Transaction을 참여하는 모든 Node. 조정, 참여
			Client	다른 Node의 Database를 활용하는 Node
			지역노드	Local 에서 Transaction을 수행하는 서버
			Commit 원격 Site	분산 Transaction의 제일 먼저 Commit / Rollback 수행

3	2PC 적용후 개선 항목에 대한 경험 사례	
	구분	설명
	성능구현	최적화 N/W 구현, Bandwidth, Traffic 제어, QoS
	기술구현	Easy Debugging 환경구축, System hang 방지대책
	비용측면	Backup & Recovery, BCP 구현, N/W 증사전검토

"끝"

MEMO

PART
9

DB 품질 관리

Data 표준화의 필요성과 원칙, MetaData, 데이터 품질 기준으로 유효성과 활용성,
DRM, DQM, 무결성 확보 방안(개체/참조/영역/업무 무결성), Data 프로파일링
(Profiling) 등에 대한 부분으로 이해 위주로 학습할 수 있도록 답안화 하였습니다.

[관련 토픽 – 8개]

Database System 에서

문 114)	Data 표준화의 필요성과 원칙에 대해 설명하시오.
답)	의 개요

1. Database 설계, 관리등 문제 재발 방지, Data 표준화

  가. Data 표준화 (Data Standard)의 정의

  - System 별로 산재해 있는 Data 정보 요소에 대한 명칭, 정의, 형식, 규칙에 대한 원칙을 수립하여 이를 전사적으로 적용하는 활동

  나. Data 표준화의 목적

명칭		표준1	한글명, 영문명
정의	전사적	표준2	영문 약어명
형식	표준 적용	표준3	Type (Data)
규칙		표준4	Data length. 소수점 이하 길이

  - 누구나 같은 의미로 이해하고 같은 방법으로 사용할 수 있는 기준 정함

2. 기존 Data 문제점 개선을 위한 Data 표준화의 필요성

Data 활용 현황	Data 저하원인	품질 개선활동
- Data 중복 & 불일치 발생	- 부서 자발적 정보	- Data 품질 기준 마련
- Data 의 미파악 지연	System 개발	- Data 표준화 정의
→ 정보 적시성 결여 →	- 전사 Data 관리 →	- Data 표준화 필요
- Data 통합의 어려움	Mind 미 형성	- Metadata System
- 정보 시스템 변경 &	- 관리인력 부재 및	구축, Data 거버넌스
유지보수 곤란	표준 관리 도구 부재	체계 마련

  - Data 표준화를 통해 생산성 극대화, RTE 실현, 이익 극대화

3. Data 표준화의 원칙.

원칙	설 명
Data 표준화	- Data의 용어, 단어, Domain등을 이해관계자간 공동으로 인식해 같은 의미로 공유하도록 방법/절차통일
통합화	단위 System으로 개발되어 사용 하고 있는 Data를 집중화, 통합화 →경험사례축적(KnowHow)
정규화	일관성 있는 Data, 원자성, 영속성, 고립성 유지 Data 중복 저장 최소화, 성능및 응답시간 고려
합리화	표기 방법의 합리화, 단어/용어명 통일/동음이의어 정리, 이음동의어 정리, Data Type 표준

"끝"

문 115)	메타 데이터 (Meta data)에 대해 설명 하시오.
답)	
1.	Easy Access to DBMS, Meta data의 정의
-	DM, DW의 데이터(Data)를 사용자가 쉽게 접근할수 있도록 도와 주는 표준 Data, 복잡한 구조를 단순화, 추상화 함.
2.	Meta Data 구조와 Metadata 기반 Data 관리 체계의 설명
가.	Metadata의 구조

- 복잡한 메타 Data 원천을 사용자는 통일된 View 사용으로 Easy 사용

| 나. | Metadata 관리 System |

- 전사 메타 Data 저장소를 구축 하고 이를 중심으로 표준화 관리.

품질관리, Data 경영향분석등을 확장/활용하여 데이터 구조의 변경에 유연하게 대처 가능 하도록 지원하는 메타 Data 관리 System

3 Mata data 의 종류와 설명 & 비교

구분	내용	원천 Data	사용자
기술 메타 Data (Technical)	-Data 구조와 특성, 프로그램설명 -ETL Mapping 과 변환추적 -변경이력 & 작업관계 -사용자 접근 유형 & 빈도	-ETT관련 정보관리 -변경관리	-개발자 -분석가
비즈니스 메타 Data	-Data 이름, 설명, 관계, 관리자정보 -Data 위치, Data Owner, 리포트종류 -코드 정의와 의미등 최종사용자에게제공	-DB 스키마 관리 -코드관리	-경영자 -비즈니스 분석가
운영적 메타 데이터	-연동도구 Meta 정보 -DB 정보	-표준항목관리 -Code 관리	-DBA -DA

"끝"

문 116)	데이터 품질기준으로 유효성와 활용성으로 분류 할수 있다. 완전성, 정확성, 일관성에 대해 예를 들어 설명 하시오.

답)

개요

1. 해당 Data가 업무처리에 도움이 되는지 판단, 품질기준의

　가. (유효성의 정의) ~ 제공 Data는 업무에 유효하며 신뢰할수 있어야함.

　나. (활용성의 정의) ~ Data를 필요한 시점에 손쉽게 활용할수 있어야 함.

2. Data 품질의 구성과 설명

- Data 품질의 구성요소 및 설명

구분	기준	설명
유효성	정확성	실세계에 존재하는 객체(사건, 사물, 개념등)의 값이 오류 없이 저장되어 있음.
	일관성	정보 System 내의 동일한 Data 간에 불일치 (Mismatching)가 발생하지 않음.
활용성	유용성	조직이 요구하는 데이터(Data)의 범위(Scope)와 상세화 정도를 충족 시킬수 있음.
	접근성	사용자가 원하는 Data를 손쉽게 이용할수 있음.
	적시성	응답시간과 같은 비기능적 요구사항 & Data의 최신성 유지와 같은 품질요건이 얼마나 잘 제쳐 하고있는지를 의미
	보안성	외부및 내부 요인으로부터 Data를 적절히 보호하고 있는지 여부를 의미

3. 완전성, 정확성, 일관성에 대한 예시

구분	기준	유형	예시

		안전성	Null 값 존재 여부	물리적 & 업무적	-Space 존재 여부, Indicator 성격의 Column에 Null 존재 여부등
				Null 값 존재 여부	-결혼 기념일이 존재 하는데 결혼여부가 N, 주민 번호가 존재 하는데 남녀 구분이 Null등
		정확성	데이터 허용값 정확성	데이터 유효범위	-1, 2, 3 값으로 정의된 컬럼에 10, 20이 있는 경우
				정확성	-특수문자 …는 포함하면 안됨
			Data Type 정확성	Data Type, Data 패턴, 날짜 Type	-Char. type인 출판사명 컬럼의 값이 '20' -일련번호 규칙 방법, 고객 번호, 오더 번호, 생성규칙 준수 여부등
				준수성	-일자 포멧이 20070615, 2007-06-15, 2007-06-15 12:00 등으로 상이함.
			기준코드 정확성	Code 준수성	고객 등급코드는 1, 2, 3이 정의 되어 있는데 실제로 4, 5등이 사용됨
		일관성	데이터 일관성	참조 무결성 & ID성 Data 유일성	-부모-자식 Table간 Data의 정합성 -PK로 지정된 컬럼 이외, 업무적 의미를 갖는 ID 데이터의 유일성

"끝"

문 //7)		DRM (Data Reference Model)에 대해 설명하시오
답)		
1.		Data 구조의 표준화 → 재사용. DRM의 개요.
	가.	Data의 확장성, 이식성을 위한 DRM의 정의
		- Data 아키텍처 수립을 위한 참조 모델로 Data 표준화 및
		Data 관리를 지원하기위해 분류 및 정의한 Data 구조의 표준체계
	나.	Data Reference Model의 특징
		- 시간 & 비용 절약 → 생산 / - 표준모델 : 표준용어, 정의,
		성강화, Reuse. / [DRM] / Domain 값, Data 요소 기술
		- Best practice : 업무 / - 각 기능별, 조직별 Data의
		전문가 & 경험자의 Know / 요구사항을 전사적 차원에서 통합관리
		-How 반영, 품질 방안제시 /
2.		DRM Framework의 구성도 및 설명
	가.	DRM Framework의 개념 구성도
		(참조) ─ [범 정부 Data 모델] ─ (표준화)
		사례 참조자원 ─ [Data 분류] / [관리] / -Data 표준화를
		(재사용) ─ [Data 구조] / 위한 Guide 제시
		재사용, Reuse [Data 교환] / - 표준 Model 제공
		- Data 참조, Reuse, 표준화 방안 제시.
	나.	DRM Framework의 설명

구성요소	설 명
Data Model	정부 차원에서 관리하는 Data 분류 & 관계 도식화
데이터 분류	Data 분류, 구성요소간의 Mapping, 매핑정보로 검색 기능제공

		Data구조	Data 구성요소, 소유주, 표준화 항목 정의, 정보저장
		Data 교환	Data교환구조, 메시지 방식 정의, 이력관리등
		데이터 관리	품질, 표준화, 보안등의 정보유지, 정책/규칙관리
3.		DRM(Data Reference Model)의 기재 효과	
	-	범 정부차원의 아키텍처 제공으로 표준모델 이용 활성화.	
	·	Data 아키텍처 설계서의 오류 방지 및 고품질 Data관리 가능	

"끝"

문 //8)	DQM(Data Quality Management)에 대해 설명하시오
답)	
1.	Data 무결성 확보를 위한 DQM의 개요
가.	데이터 품질관리(Data Quality Management)의 정의
	- 기관이나 조직 내/외부의 정보시스템 & DB 사용자의 기대를 만족시키기 위해 지속적으로 수행하는 데이터 품질(Data Quality)을 관리하고 개선하는 활동
나.	데이터 품질 조건

사용성(편리성) · 안정성 · 신뢰성(무결성) · 객관성 · 공익성

-. Utility - 이용자들이 Easy use	- 관리적/물리적/기술적 사용상 안정성	- Integrity - 접근권한 관리 신뢰성	Objective 근거 및 출처 분명	- 과학적 혹은 통계기법에 의해 증명가능

다.	Data Quality Management의 필요성	
관점	설명	
내부	-업무가 정보화되면서 Data의 중복성/불일치성 문제 대두 - 수집된 고객 Data를 하나의 뷰(view)로 일관성 있게 관리	
외부	-기업 내부 System 통합 및 외부 System과의 연계 필요 -기업의 개인 정보유출에 대한 사법적인 소송 및 각종 규제	

- 관리적, 기술적, 물리적 보안에 입각한 DB 보호 및 접근권한 관리를 통해 Data의 안전성, 신뢰성이 확보되어야 함.

| 2. | 데이터 품질관리 모형과 모형의 관점 |

가. Data Quality Management 모형의 3가지 관점

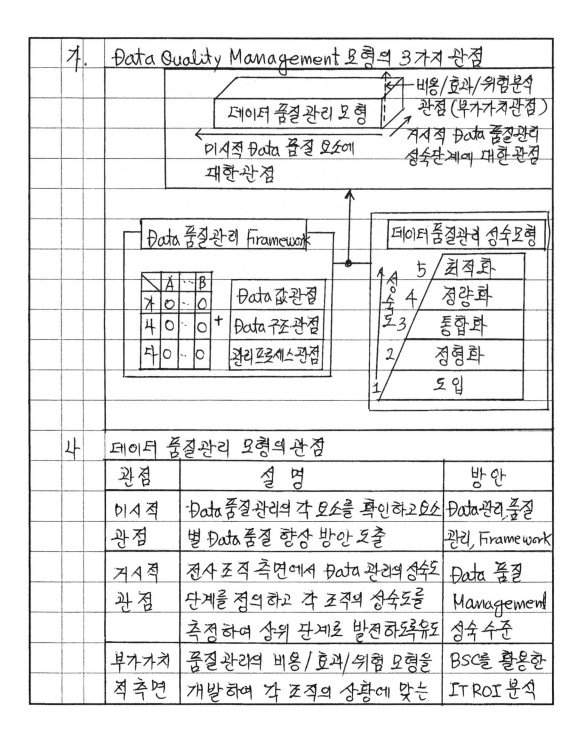

나. 데이터 품질관리 모형의 관점

관점	설 명	방안
미시적 관점	Data 품질관리의 각 요소를 확인하고 요소별 Data 품질 향상 방안 도출	Data관리, 품질 관리, Framework
거시적 관점	전사 조직 측면에서 Data 관리의 성숙도 단계를 정의하고 각 조직의 성숙도를 측정하여 상위 단계로 발전하도록 유도	Data 품질 Management 성숙 수준
부가가치적 측면	품질관리의 비용/효과/위험 모형을 개발하여 각 조직의 상황에 맞는	BSC를 활용한 IT ROI 분석

			Data Quality Management 방안을 제시
3.			최근 DQM (Data 품질관리)의 관심 집중 이유
			항목	설명

항목	설명
System 운영의 효율성 필요	중복과 불일치 제거, 전사 Data Bank 및 데이터 (Data) Warehouse 효율적 운영
Data 표준및 Data 일관성	- Data 표준화 필요...의사소통도구로 활용 - 내/외부 System과의 연계가 필요, 일관성 유지
Biz 고객관리	Biz의 고객이 조직의 가장 중요한 자산으로 인식

"끝"

문 119)	DQM3 (Data Quality Management Maturity Model)에 대해 설명하시오
답)	
1.	데이터 품질관리 성숙모형. DQM3의 개요.
가	DQM3(Data Quality Management Maturity 모델)의 정의
-	데이터 품질관리 수준을 진단하고 개선 과제 및 방안을 단계적, 체계적으로 제시하기 위해 개발된 Data 품질관리 process(프로세스)의 성숙도(Maturity) 모델
나	DQM3의 필요성

```
  ┌─────────┐      ┌─────────┐      ┌─────────┐
  │  DB의   │──────│  Data   │──────│ 신뢰성  │
  │ BigData │      │ 관리체계│      │ 가용성, │
  │   화    │      │  중요   │      │ 효율성  │
  └────┬────┘      └────┬────┘      └────┬────┘
       │                │                │
  - 업무의 전산 의존도↑  - Data의 기하급수적  - Data 신뢰성 확보
  - Data 축적의 증가     상승맞 복잡성      - 전산 System의
  - Big Data 화        - Data 관리에 대한     가용성, 효율성증가
                        체계적인 process수립
```

2.	Data 품질관리 성숙모형(DQMMM)의 구조 및 품질 기준
가	Data Quality Management 성숙모형의 구조도

```
                    ▲  데이터 품질기준 (정확성, 일관성, 유용성,
                   /│\    접근성, 적시성, 보안성) -6개 항목
                  / │ \
                 /  │  \
                /   │   \
               ◄────┼────►
        (8가지 process)    (도입→정형화→통합화→정량화→최적화)
        Data 품질관리 process   데이터 품질관리 성숙수준
```

- Data 품질 성숙모형은 품질기준 6개항목, 품질 관리 process 8가지, 성숙수준 5단계로 구성됨.

| | 4 | 데이터 품질 기준 |

```
                    ┌─────────┐
                    │ Data 품질 │
                    └─────────┘
              ┌───────────┴───────────┐
          ( 유효성 )              ( 활용성 )
         ┌───┴───┐            ┌────┬────┬────┐
    ┌──────┐┌──────┐    ┌──────┐┌─────┐┌─────┐┌─────┐
    │ 정확성 ││ 일관성 │    │ 유용성 ││ 접근성 ││ 적시성 ││ 보안성 │
    └──────┘└──────┘    └──────┘└─────┘└─────┘└─────┘
    ·사실성    ·정합성      ·충분성   ·용이성  ·시의성  ·보호성
    ·적합성              ·유연성   ·명확성  ·예측성  ·안전성
    ·필수성    ·일치성      ·사용성   ·근접성          ·책임성
    ·연관성    ·무결성      ·추적성
```

구분	품질기준	설 명
유효성	정확성	실세계에 존재하는 객체(사물,개념등)의 값이 정상 저장
	일관성	정보시스템내의 동일한 Data 간에 불일치가 발생하지 않음
	유용성	조직이 요구하는 Data의 범위와 상세화 정도를 충족
활용성	접근성	사용자가 원하는 Data를 손쉽게 이용할수 있음
	적시성	응답시간과 같은 비기능적 요구사항 & Data 최신성 유지와 같은 품질 요건에 잘대처 하고 있는지를 의미
	보안성	외/내요인으로부터 Data를 적절히 보호.

- 유효성 : 제공 Data는 업무에 유효하며 신뢰할수 있어야함
- 활용성 : 데이터를 필요한 시점에 손쉽게 활용 가능

| 3 | . | Data 품질 관리 process의 구성과 설명 |

가. Data 품질관리 process의 구성도

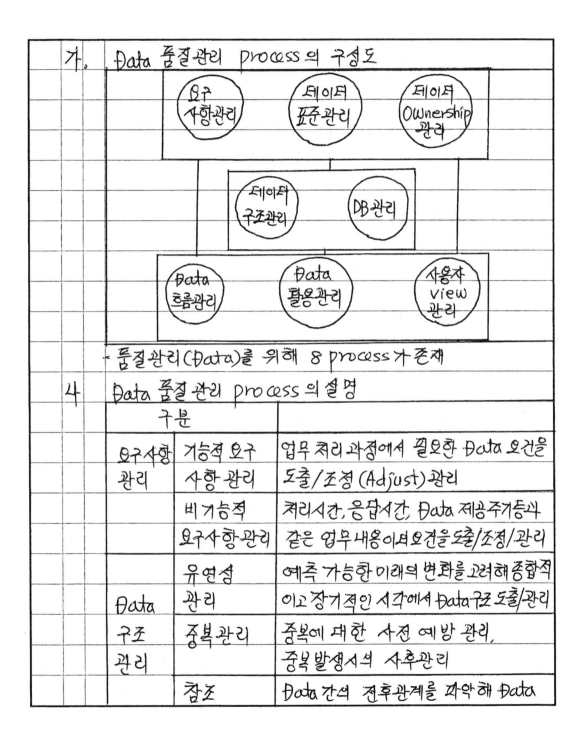

- 품질관리(Data)를 위해 8 process가 존재

나. Data 품질 관리 process의 설명

구분		설명
요구사항 관리	기능적 요구 사항 관리	업무 처리 과정에서 필요한 Data 요건을 도출/조정 (Adjust)관리
	비기능적 요구사항관리	처리시간, 응답시간, Data 제공주기등사 같은 업무내용이며요건을 도출/조정/관리
Data 구조 관리	유연성 관리	예측 가능한 미래의 변화를 고려해 종합적 이고 장기적인 시각에서 Data구조 도출/관리
	중복관리	중복에 대한 사전 예방 관리, 중복 발생시의 사후관리
	참조	Data 간의 전후관계를 파악해 Data

				무결성관리	처리과정에서 이를 준수 할수 있도록 조정
				통합관리	-전사시스템에서 Data 구조를 설계/관리
					-전사 조직 차원에서 Data 활용성 극대화
			Data 흐름관리	흐름 주기 관리	Data 흐름 주기를 파악후 필요한시점에
					정상적으로 흘러 갈수 있도록 관리
					-즉시, 지연, 일별, 주별, 월별, 수시
				흐름 재사 관리	-정해진 오전에 따라 Data 흐름 (flow)
					이 정확히 이루어 지는지 확인/관리
					-상호간의 Data 흐름의 정확성 확인
					-오류 발생시 원인추적 & 해결
			DB 관리	성능 관리	-사용자가 원하는시간에 원하는 Data 제공
					-지속적인 Monitoring, Tunning 활동
					-성능유지를 위한 자원 조달계획,배분, 관리
				보안관리	-DB내에 저장된 Data의 무결성 보장
					-Backup, 장애 대책, 권한통제
			데이터 표준관리	용어 표준	Data 표현시 사용용어에 대한 표준화
				도메인/코드 표준관리	-도메인표준: 유사 유형의 Data를 Group화
					-Code 표준: 정의된 기준에 의거 기호로 대처
			Data Ownership	오너쉽 관리	-오너를 중심으로 Data 품질관리 제반 절차
					나 과정을 정의하고 실행하는 모든 활동
			사용자 View	사용자 View관리	사용자의 Data에 대한 접근 장벽을 최
					소화 하여 Data 활용을 극대화.

4. Data 관리 성숙 수준 (성숙도 모형)

5	최적화	Data 품질관리 개선에 필요한 요소를 지속적으로 도출하고 적용하는 단계(최적)
4	정량적	정량적인 측정방법을 통해 Data 품질 관리가 수행되는 단계 (정량)
3	통합화	전사적인 연계통합관점에서 일관성 있는 Data의 품질관리가 수행되는 단계 (통합)
2	정형화	Data 품질관리를 위한 제반 process 가 정형화된 단계 (정형)
1	도입	Data 품질관리의 문제점과 필요성에 대해 인식, 부분적인 Data 품질 활동을 시행하는 단계 (도입)

성숙도

"끝"

문(20)		Database System 개발과정서 무결성(Integrity) 확보 방안에 대해 설명하시오.			
답)					
1.		DB System의 Data 관리의 효율성 보장, Data 무결성의 개요			
	가.	정밀성, 정확성, 완전성, 유효성의 의미, Data 무결성의 정의			
		- Data의 정확성, 유효성, 일관성을 위해 무효 갱선으로 부터			
		Data를 보호, 변경되거나 파손되는 상황에 노출되지 않고 보존.			
	나	Data Integrity(무결성)의 종류			

종류	설명
개체무결성 (Entity)	-기본키(Primary key)는 동일한 PK불가, Not NULL임 -하나의 Entity는 중복 & 누락 안됨
참조무결성 (Referential)	-외래키가 참조하는 각른 개체의 키는 기본키로 존재 혹은 NULL. -기본 key와 Foreign 키와의 관계
영역 무결성 (Domain)	-Data속성은 지정된 Domain(범위)에 속해있는 값이어야 할 -Data의 속성, 기본값, NULL 여부에 대한 제한
업무무결성 (Business)	-사용자의 Biz 요구에 따른 의미적 제안을 준수 -업무 규칙 & process에 대한 Data 규칙

2.		DB의 구축과정과 개발과정서 무결성 확보 방안		
	가	Database의 구축과정		

구축과정	내용	확보 방안
논리적인	-Data모델 검증: Entity Type/관계/속성검증	정규화.

			논리적인	Entity 통합 : 엔터터 통합/Type 관계의 정의	도메인 정의
			Modeling	세부사항정의 : 속성상세 정의, 도메인/규칙정의	속성/식별자
				식별자 정의 : 주/보조식별자 & 식별자 규칙정의	업무 규칙 정의
				ERD 전환 : Table 전환, 반정규화, 무결성 제약	
			물리적인	분산설계 : Transaction과 성능/안정성고려	DB 중심
			Modeling	물리설계 : Transaction 분석, View 설계	Modeling
				Index 설계, 접근 방법 설계	DBMS 제약
			구축/	DB 생성 & 관리/사용자 생성, Object추가	동시성 제어
			운영	분산/통합환경에 따른 Data 직렬성보장	Data 아키텍
				Data 품질관리 위한 방안, 아키텍쳐 구축	쳐와 표준화
	4		논리적인 Modeling에서의 무결성 확보 방안		
			확보방안	설 명	
				Domain	Biz Process 규칙에 적합하도록 업무
			업무	정의	Domain에 따른 도메인 설정
			규칙	식별자	업무 Process의 대표성을 나타내는 식별자
			정의	정의	와 종속성에 대한 규칙 정의(주/보조식별자)
				Entity	Entity 간의 업무 흐름에 따른 통합과 Data
				통합	모델의 무결성 확보를 위한 Process 통합
				개념	Data 일관성유지, Data 중복 최소화,
			정규화		Data를 논리적인 구조로 분해하는 방법
				제1정규화	속성의 원자성확보, 식별자를 선정하여 분해
				제2정규화	부분함수 종속성 제거, 식별자를 제외한

				제2정규화	속성 (Attribute)은 식별자에 종속
			정규화	제3정규화	이행함수종속성제거, 속성간의 종속성을 제거
				BCNF정규화	모든 결정자가 후보 Key
				제4정규화	다중값 종속성 제거
				제5정규화	후보 Key를 통한 Join 되는 종속, 결합 종속성 제거
3.		물리적인 Modeling / 구축&운영 단계에서의 무결성확보방안			
	가	물리적인 Modeling에서의 무결성 확보 방안			

확보방안	구분	설 명
절차적 방법	Trigger	Data 변경에 대한 특정 Event 발생시 사전 정의된 process를 실행
	Stored Procedure	DBMS의 절차적 언어를 이용하여 무결성을 확보, procedure, Function, Package
	Application	비즈니스 process의 업무규칙을 DB를 사용하는 program 내부의 Data 접근 모듈이 무결성이 확보가 가능 하도록 개발
선언적 방법	Primary key	하나 이상의 고유한 식별자로 구분되는 키를 보장
	Foreign Key	외래 (Foreign) key의 값은 참조되는 Table의 Primary Key, NOT NULL
	Unique	Table의 지정된 행, 열의 집합에서 중복되지 않는 값을 보장

				Check	Data의 조작(Manipulation)시 해당
		선언적			값의 Check 제약 위배를 검증
		방법		Data Type	Data의 유형을 제한하여 무결성을 유지
				Default	특정 열의 Data(데이터)를 지정하여
					Data의 유실을 방지

4. 구축/운영 관계의 무결성 확보 방안

확보방안	구분	설 명
	관리자(DBA)	Data의 표준화, Metadata관리를 위한
		Data 아키텍처 구축
데이터 아키텍 처	설계자 (SA)	Data관리를 위한 관리 체계를 확립, Data의 접근/제어를 통한 무결성유지
	개발자 (Programmer)	Data 입력/수정이 가능한 Application의 접근/제어를 위한 공통모듈확보, 표준 접근API제공
	사용자(User)	교육 & 표준 매뉴얼을 통한 Data 입력오류방지
	Project Manager	아키텍처 구조적인 무결성 확보, Data관리 성숙도 제고위한 관리 Framework 마련
동시성 제어	2PL (2phase Locking)	-Transaction에 일어나는 Data에 대한 동시 접근 (동시성)제어 -Lock/Unlock을 통해 성장/축소 발생
	Time Stamp 기법	-Transaction 읽고/쓰기에 대한 Counter를 기록하여 Data의 이상 발생시 무결성 확보 (전/후관계 파악)

| | | 동시성 제어 기법 | Valida-tion | -Transaction의 기본적인 수행 결과를 긍정적으로 보고, 최종 Transaction 완료시 Data/수행 결과를 검증 |
| | | | | |

4. DB의 무결성 확보를 위한 Activity와 고려사항

가. DB의 무결성 확보를 위한 Action Item

구분	설 명
Middle-ware	-Data의 접근통제 & 암호화, 2PC (phase Commit) -권한관리를 통한 Data의 일관성 유지
Network	-Hacking등을 통한 Data의 위변조 방지 -분산 Data의 장애/손실 발생시 복구를 위한 BCP, DRS
Client	-사용자 Application, Web UI/UX에서 사용자의 입력 변수를 제약/검증.

나. Database 무결성 확보를 위한 고려사항

- 무결성 확보의 적정한 관리 기준 필요 : 무리한 정규화, 참조 성능 고려
- Data 관리를 위한 조직적인 활동(본질) : Data 흐름관리 & 성숙도
- IT Compliance 수립 : 무결성 확보위한 법/제도적 검증/증명

"끝"

문 /2/)		Database에서 Data profiling (각일링)에 대해
		설명하시오
답)		
1		Data Refactoring, 데이터 프로각일링의 개요
	가	데이터 프로각일링(Data profiling) 의 정의
		Data에 기반한 정합성(整合性 : 모순되는 Data의 정리)을
		체크하여 Data를 구조화하고 보정하는 기법.
	4	Data profiling 의 목적
		(Data 정확성) - Biz 업무에 정확한 Data 정보 제공
		- BI 위한 OLAP& Data Mining 시 신뢰성있는 정보제공
		(Data 제어) - 이름, 주소등 Biz Data에 대한 정제, 표준화& 중복제거
		- 품질 규칙을 기반으로 한 자동화된 process 구축
		(Data 모니터링) - 분석 기능을 통한 지속적인 Data 품질평가
		및 변경내역에 대한 Monitoring 제공
2.		Data profiling 절차와 설명
	가	Data profiling 의 flow

단계	flow	Action Item
1	DB DB	- Data profiling 을 위한 대상 Data 선정
		- 목표 사양서 작성 및 소요 시간(기간) 예측
2	완전성 / 유효성	- Level 1 : Data Discovery (Data 발견)
		. 모든 필요 Data가 존재 하는지 여부?

				· Data 값이 업무 규칙과 일치 여부?
		3	Level 2 무결성	- Structure Discovery (구조 발견)
				· Record 내에 구조적 이상이 없는지?
				· Table 간의 무결성이 유지되는지 여부
		4	Level 3 상관성	- Relationship Discovery (관계 발견)
				· Table의 필수 key 관계 제약조건은 준수하는지?
				· 컬럼, 테이블, DB 간의 참조 관계 여부
		5	결과 보고	결과 Report를 통한 관계별 Feedback 을 실시하고 지속적 정제 작업 수행

사. Data Profiling 절차(flow)에 대한 설명

구분	설 명
대상 선정	Data profiling에 필요한 Data를 선정
Data 탐색	- Data의 값이 업무 규칙과 정합성을 유지하는지 확인 - Data의 완전성을 위해 Data 레코드 (Record) 내의 구조적 이상 확인
구조 탐색	- Table 사이의 무결성과 Record 내의 구조적 이상 확인
관계 탐색	- 컬럼과 Table 간 관계(Relation)의 관계 분석 - Table의 필수적인 Key 관계 제약조건 준수 여부 확인
결과 Report	- 발견된 Data 오류(Error) 정보를 사용자 및 Cleansing 모듈에 전달

3. Data Profiling의 개념도와 기법

flat 파일: 단일 Record형 Record의 순 서적 집합으로 이루어진 파일

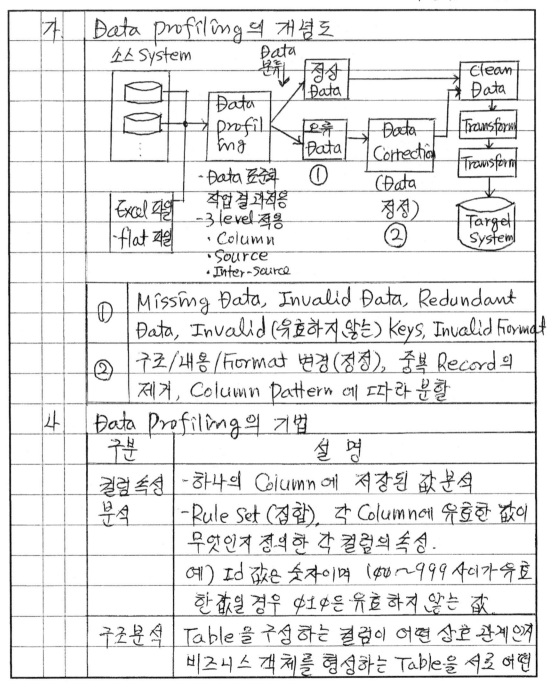

가.	Data profiling의 개념도

소스 System

Data 분류

정상 Data → Clean Data

Data profiling

오류 Data → Data Correction (Data 정정) ①

Transform → Transform

Target System

- Data 표준화 작업 결과적용
- 3 level 적용
  · Column
  · Source
  · Inter-source

Excel 파일
-flat 파일

①	Missing Data, Invalid Data, Redundant Data, Invalid (유효하지 않는) Keys, Invalid Format
②	구조/내용/Format 변경(정정), 중복 Record의 제거, Column Pattern 에 따라 분할

나.	Data Profiling의 기법	
구분	설 명	
컬럼속성 분석	- 하나의 Column에 저장된 값 분석 - Rule Set (집합), 각 Column에 유효한 값이 무엇인지 정의한 각 컬럼의 속성. 예) Id 값은 숫자이며 100~999 사이가 유효한 값일 경우 010은 유효하지 않는 값.	
구조분석	Table을 구성하는 컬럼이 어떤 상호 관계에게 비즈니스 객체를 형성하는 Table을 서로 어떤	

				관련인자를 정의한 Rule 사용 예) 기능적 종속성 발굴, Table 사이의 동의어 → 같은 컬럼으로 유추
			단순 Data Rule 분석	값의 결합이 가능한 Biz 객체의 여러 컬럼에 걸친 값을 다루는 Rule을 분석하여 보다 유용하게 적용 예) Startdate < EndDate
			복잡한 Data Rule분석	여러 Biz 객체에 연관된 Data Rule에 부합하 는 값을 요구하는 것 보다 복잡성 있는 Rule 분석 예)특정고객은 소매고객도 도매고객이 될수 없음.
			Value(값) Rule 분석	- 합당하지 않는 값에서 부정확한 Data의 존재파악 - 각 컬럼의 값이 발생빈도파악 → 입력오류 관찰 가능 예)Null이나 Blank의 빈도수, Sum과 평균값과 비교등
4.			Data profiling의 활용분야 & 주요 원칙	
			활용	DQM, DRM, ISP, Data Migration 작업에 활용 가능 AS-IS분석 및 TO-BE 설계를 위한 핵심 process로 활용
			주요 원칙	명확한 Scope (범위) 선정 필요, 표준 템플릿 정의 & 사용, 결과에 대한 공유 및 자산화, 지속적 유지관리, Data Quality (품질)관리를 위한 전사적 관점의 Data 거버넌스 구축및 전문조직화 중요
				"끝"

MEMO

DB 성능 향상

DB 성능 개선을 위한 평가 항목과 성능 개선 절차, DB Table Partition의 유형과
특징, 샤딩(Sharding), DB 튜닝(Tuning)의 3단계와 튜닝, AVL Tree 불균형, 균형
유지 이유, B −Tree, B+ −Tree, B* −Tree, R −Tree, T −Tree 등에 대한 내용을
학습할 수 있도록 하였습니다. 자주 출제되는 토픽들입니다.   [관련 토픽 − 18개]

문 (122)		Database 성능 개선을 위한 평가항목과 성능 개선 절차에 대해 설명하시오.	
답)			
1.		Database 성능 개선을 위한 평가 항목	
		평가 항목	설 명
		처리능력 -Throughput	-Transaction 작업을 수행하기위한 소요 시간 -처리능력 = 트랜잭션수/시간 주로 시스템 성능지표로 활용
		처리시간 (Time)	-processing Time, 작업이 완료될때 까지의 소요시간 -주로 Batch program 성능지표로 이용
		응답시간	Input에 대해 Output 되는시간, 시스템 반응시간
		적재시간 (Loading)	정기적이거나 비 정기적(불규칙적)으로 발생되는 Database Data를 Load 작업 수행시간
		-위의 각 항목 평가후 성능 개선 항목을 도출 & 발굴	
2.		DB 성능 개선 절차및 각 항목의 procedure	
	가.	DB 성능개선 절차	

분석 — 이행 → 평가

분석
-자료 수집
- 성능평가 항목 Review및 개선 항목 도출
- 목표및 방향설정

이행
-H/W, S/W 개선
-Application/SQL
-object 설계
- Instance/Tuple설계
- 최적화 이행

평가
-분석 단계 도출된 문제점 Inspection
-성능평가 비교
-이행목표 일치여부

4. DB 성능 개선을 위한 분석 단계 Activity 해야될

자료수집
- 성능평가분석후 개선 항목 발굴 (사양서작성)
- Database 관련 기초 Data 수집
  - Database object 현황 분석
  - 물리설계 요소에 대한 성능 & 저료 Data
- H/W, S/W 성능및 개선이력
- 기존 Checklist 검증 항목 Review
- 경험 사례 (DB 개발) 자료 수집
- 고객 (사용자) 불편 사항 List-up

목표 설정
- 성능상 문제점의 도출 & 개선 방향설정
- System 자원 분석, Database Access 분석
- Hashing 기법, Data Block Size 결정
- DB 설계 분석및 System 관리 현황
- 목표 사양 설정후 Checklist 작성및 Spec화

3. DB 성능 개선위한 이행단계및 평가 단계에서의 Activity

이행 단계
- 도출된 문제점에 대한 Tuning 작업
- 구체화된 최적화 방안 수립 & 적용
- Database 파라이서 (parameter) 조정
- 전략적인 저장 기법 적용위한 물리설계 &
  Design 검토. - 비효율적으로 수행되는
  SQL문에 대한 최적화, N/W 부하등을 고려한
  Database 분산구조에 대한 최적화 작업

			평가	- 적절한 Index 구성 및 설계등의 최적화
				- 분석단계에서 도출 문제요소들에 대해 설정된
				개선목표와 이행단계에서 구체적인 Tuning
				작업 수행후 성과를 비교 측정 & 분석 평가
				- Tuning 목표와 Tuning 성과에 차이가 발생
				서 차이요소들을 파악후 목표와 성과를 Merge
				시키는 과정을 수행

"끝"

문 (123) Database 성능 개선을 위해 Hardware와 Software 측면에서 개선 가능한 항목을 설명하시오.

답)

1. Database 성능 개선의 필요성

시스템 성능up	처리 능력	응답 시간	대기 시간	경과 시간최소화

- 사용자에게 최적환경 제공, Fast 응답, 기업의 RTE 구현

2. Database 성능 개선 접근 방법

H/W 및 S/W 관점	Application 관점 접근

H/W System/ 운영체제 → DBMS S/W/ DB 인스턴스 → 온라인/Batch ← program, Disk I/O 효율성 → DB 설계 → SQL 튜닝

- 커널 parameter   - File System 분리
- Resource Usage   - Table space 분산
- Disk I/O   - DB Instance
- Block 크기, 버퍼크기 - Data Block 크기

- 온라인 program은 응답시간 관측, 배치프로그램은 처리시간최소화

3. H/W와 S/W 측면에서의 개선 항목

가. Hardware System 및 운영체제의 개선 가능 항목

개선방안	내용
Kernal 파라미터	-Ethernet Channel 대역폭을 10Tb 이상. 이중화 설정, 주기억 메모리의 성능 향상
Resource 사용률	-Cpu idle 사용률은 20% ~ 30%로 유지

Tb : Tera byte

I/O : Input, Output, LUN : Logical unit Number

			자원 사용률	-DBMS Memory 사용량은 40~60% 유지 (성능향상)
				-최소 SWAP 유지 : 메모리 Paging In/out 최소화
			Disk I/O	Read/write Buffer분산, LUN으로 가상화
			Block 조정	Read/write시 Block size 최적화 구현
4			Software 측면에서의 개선 가능 항목	
			개선 방안	내용
			파일 시스템 분리	DBMS S/W 설치와 DBMS 로그 (Archive Log) 파일 시스템을 분리하여 경합(R/W) 최소화
			Table Space 분산	-Table과 Index의 물리적 배치분리.
				-대량의 Table 경우는 Logical (논리)적 파티션 단위로 물리적으로 분산하여 저장
			DB Instance	-SGA, PGA영역에 Cache hit Ratio 평가 Latch 경합 발생 최소화
				-Background process 추가 가동하여 process 재가 지연 현상 최소화 (polling 방식 보다 비동기식동작수행)
			Data Block Size (Buffering 과 연관됨)	-메모리와 Disk간의 Data 전송단위를 고려한 Block size, I/O 횟수, 단편화(내부/외부)고려
				-OLTP 업무는 잦은 Data 입출력이 발생 하므로 블럭 경합최소화를 위해 Block 크기가 작은게유리
				-OLAP/DW 업무는 조회 위주가 많으므로 Block size를 크게하여 Disk I/O를 최소화하는게유리.
				-Block size는 Buffering과 연관됨. 적정크기 사용

R/W : Read/write
SGA : System Global Area
PGA : Program Global Area

			Optimizer Mode	- CBO 기반의 갱신된 통계 정보로 부터 최적화된 Access Path 고려 하여 수행.
				- Data가 어느 정도 적재된 상태에서 통계 정보 수집
		CBO - 비용기반 최적화 - Cost Based optimizer		
		RBO - 규칙기반 최적화 - Rule Based optimizer		
				"끝"

문 124)	DB에서 Table 파티션(Partition)의 유형과 특징에 대해 설명하시오	
답)		
1.	DB 단순화, DB Access 속도 개선, Table 파티션의 개요	
가.	테이블 파티션(Table Partition)의 정의	
	- Table 또는 Index Data를 Partition 단위로 나누어 저장하는 설계 기법, Partition Key에 따라 물리적으로 별도의 물리적 위치에 Data를 저장하여 Disk I/O 분산 효과	
나.	Table Partition의 목적	

관리적 측면	- Partition 단위 Backup, 추가, 삭제 변경 가능
성능적 측면	- Partition 단위 조회, DML 수행 정합 & 부하분산
APP. 측면	- Easy Control 및 Debugging 용이

2. Table Partition의 유형과 특징

유형	구조도	특징	적용예
Range (범위) Partition	파티션 key 값 RP1 → Table RP2 → Table ⋮ ⋮ RP3 → Table	- 파티션 Key 값의 범위로 분할 - 시계열성 Data에 대한 Access & 관리 용이 - 파티션 단독으로 백업&복구 가능	판매 데이터, 월별로 분할 분석
Hash 파티션	H1 ---- H2 ---- H3 ----	- 파티션 key 값에 해서 함수적용, 반환된 값으로 partition Mapping - 파티션 key의 Data 분포	고객 번호, 주문 일련 번호

				가그른 컬럼에서 효율적, Range 별 Data량 차이가 많을 때 효과, 성능극재화	
		List 파티션	판매 Data 서울 강남구 부산 동래구 대전 유성구 광산구 광주	- 불연속적(이산적인) 값의 목록을 각 partition에 지정 - Data들에 순서와 상관없이 사용자가 미리 정한 Grouping 기준에 따라 Data를 분할저장 - 반드시 컬럼만 partition Key로 지정이 가능 - Business 친화도에 따른 이상적 Data끼리 Grouping	판매 Data를 지역별로 분할
		Composite 파티션 (합성 파티션) -Hybrid 형태	고객 ID RP h1 h2 RP h1 h2 RP h1 h2 RP h1 h2 주문일자 Hash 파티션 List Range	- Range 나 List 파티션 내에 또 작은 서브 파티션 (Range, Hash, List) 구성 - 일차적으로 Range 파티션 을 한후, 각 partition 내에서 Hash & List 파티션으로 Sub-partition 생성 - Range + List + Hash partition이 혼재된 Hybrid 파티션임	주문일자로 Range 파티션 구성후 고객 ID로 Hash 파티션 으로 Sub-파티 션을 구성

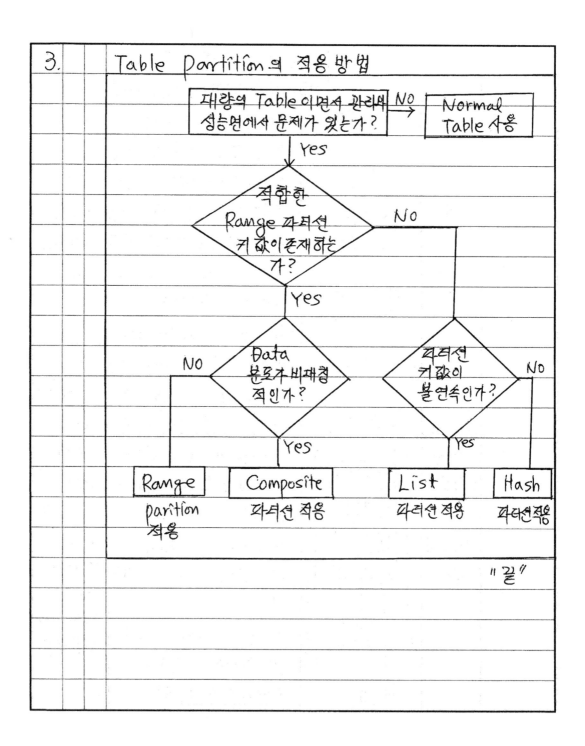

3. Table Partition의 적용 방법

대량의 Table 이면서 관리나 성능면에서 문제가 있는가? —NO→ Normal Table 사용

Yes

적합한 Range 파티션 키 값이 존재하는가? —NO→

Yes

Data 분포가 비대칭적인가?
파티션 키 값이 불연속인가?

NO → Yes ← Yes → NO

| Range parition 적용 | Composite 파티션 적용 | List 파티션 적용 | Hash 파티션적용 |

"끝"

문 125)	Database 성능향상을 위한 Partition의 정의, 장점과

문 125) Database 성능향상을 위한 Partition의 정의, 장점과
필요성, 적용시 고려할 사항에 대해 설명하시오.

답)
　　partition의 유형,

1. (DB 성능향상위한 Partition의 정의) - 대용량의 큰 Table
들을 partition이라는 보다 작은 단위로 분할하여 관리 함으
로써 성능 저하 방지 (성능향상) 하고 수월하게 관리하는 개념.

2. partition의 장점과 필요성 (Divide_and_Conquer)

　가. 파티션의 장점

Access 최소화 → (성능 향상) — (관리 용이) — (I/O 분산) 파티션 (분할 정복) ← 핵심 솔루션

　나. partition의 필요성

- 분할과 정복 효과, partition별 독립적인 Backup&복구
- DBMS의 조작의 단순화 (대용량시 관리&조작 어려움)
- 장애시 Data 손상 최소화, I/O 분산에 따른 성능 향상
- 독립적인 DML Query 수행 (다른 partition에 무영향)

　지. partition의 유형

유형	종류	설 명
Table 파티션	Range	partition key 값의 범위로 분할
	Hash	키에 Hash 함수적용 → 반환값 파티션과 매핑
	List	불연속적 값의 목록을 각 파티션에 지정
	Composition	Hybrid 방식 (Range + Hash + List)
Index	Local	Table 파티션과 1:1 대응 되도록

| | | | Index 파티션 | Local | 파티셔닝한 Index |
| | | | | Global | Table partition과 독립적인 구성을 갖도록 파티셔닝한 Index. |

3. partition 적용시 고려사항.
- 사전 이행과 본 이행으로 분리하여 적용, 분할과 정복 개발필요.
- 성능향상 및 저하도인 사전 개발... partition key 선정
- Data 이력관리 필요... 생성주기, 소멸주기 고려.

"끝"

문 126)	대용량 데이터 처리를 위한 Sharding에 대해 설명하시오
답)	
1.	Application Level에서의 DB partition, 샤딩의 개요
가.	성능(performance) 향상, Sharding의 정의
	- 대량의 Data를 처리하기 위해 Data를 partitioning하는 기술, DB가 shard라고 불리는 각각의 개별 파티션으로 분할
나.	Sharding의 장점

- 재용량 DB Data를 분할 관리목적 - 성능, 신뢰성능 장점많음

2.	Sharding의 개념도와 설명, Sharding의 유형
가.	샤딩의 개념도와 설명

개념도	설명
	Shard key로 설정된 컬럼의 범위(Scope)를 기반으로 각각의 특성에 맞는 shard 저장 (대형DB 분산시 적용)

나.	Sharding 방법의 종류		
	유형	특징	사례(적용예)
	Vertical 파티션	구현용이, 전체 시스템에 큰 변화없음	서버분할(항목별)

			Range (범위) 파티션		- 파티션 Key 값의 범위로 분할 - 파티션 단독으로 백업&복구가능	판매 Data ,년/월로분리 ·고객정보분리
			Hash 파티션		- 파티션 Key값에 Hash 함수 적용, (서버 Access - Hash 반환값으로 서버선택)	고객번호, 주문번호 사용자ID
			Directory Base 파티션	File system의 Diretory 구조 형식으로 parition. (Look-up Table활용, Cache조합)		사용자 Group

3. Sharding 적용시 선행 개발 해야될 항목 (적용위한 방법)
- 서비스정지없이 Scale-up 할수있게 설계 (Data Migration)
- 단계별 적용필요 - H/W , S/W방식 구분후 사전이행후 →본이행

"끝"

문 127)	데이터베이스(Database) 튜닝(Tuning)의 3단계와 튜닝의 기대 효과에 대해 설명하시오.
답)	
1.	DB performance 최적화 Action, DB Tunning의 개요
가.	개발자, 설계자, DBA, System 관리자 Co-work, 튜닝의 정의
-	App, DBMS, H/W, OS등 전반적인 DB 전체 System의 이해를 바탕으로 DB 활용에 불합리한 요소 제거 & 수정 → 성능개선
나.	Database의 튜닝의 필요성

Biz. 민첩성	Data 증가	성능 향상	튜닝 기술	시장 환경 대응
-Processing & -의사결정	-Big Data -트랜잭션증가	-H/W, OS성능UP -DBMS 최적화	튜닝도구 최적화 -SQL튜닝	사용자 요구

2. Database의 Tunning 3단계와 설명

분석 (성능진단)	전략수립	ROI분석, CPU Usage, 처리율, 응답시간
	자료수집	현황분석, Bottleneck요소, 자원 사용량
	목표설정	수집된 자료 기반으로 Tunning 목표설정
이행 (튜닝)	Design	반정규화, 파일 배치, DB Index 설계등
	DBMS	CPU, Memory, I/O, N/W, Buffer, 캐쉬등
	SQL	Join, SQL 실행 plan, Hash, Merge등
평가 (산출물)	AS-IS	성능개선 항목 전후 값 비교, 추가개선
	TO-BE	목표치 달성여부 검증, 개선 이력 관리
	레포팅	산출물 작성, History, Revison 관리

3.			Database Tunning의 기대효과
		IT관점	- Response Time 단축, Throughput 증대
			- 병목현상 제거, System 성능과 사용자 요구사항
			간의 Gap관리, SQL제어기술향상 & 최적화, 가용재제휴
		비즈니스 관점	- SQL문의 표준화 및 표준 process화 정립 - 선제대응
			- OPEX 비용 감소, 이익극대화, TCO 향상, RTE구현
			- Service Agility 실현, 시장요구사항 실시간대응

"끝"

문 128)	AVL Tree를 설명하고 AVL Tree의 불균형을 초래하는 4가지 Type (LL, LR, RL, RR)에 대해 예를들어 설명하고 AVL Tree의 균형유지 이유와 활용분야에 대해 설명하시오.

답)

1. AVL(Adelson-Velskii & Landies) Tree의 개요

가. Balance Factor (균형인수) 사용, AVL Tree의 정의

한 Node를 중심으로 좌우 종속 Tree (왼쪽과 오른쪽 Sub Tree의 높이차)

높이차(Height차)가 ±1 이하인 Tree

나. AVL Tree의 특징

- 균형인수가 +1, 0, -1 이상일 경우는 회전(LL, LR, RL, RR) 수행
- O(Logn)의 검색 성능보장, AVL 형태로 Tree 유지 지속

2. AVL Tree의 불균형을 초래하는 4가지 Type

Type	도석 (Ð 삽입)	설명
LL		왼쪽 서브 트리 (sub Tree)의 왼쪽 Sub Tree에 Node 삽입
LR		왼쪽 Sub Tree의 오른쪽 Sub Tree에 Node 삽입
RL		오른쪽 SubTree의 왼쪽 SubTree에 Node 삽입

* Tree에 대한 상세 내용은 Vol. 6 알고리즘 참조하십시오.

		RR		오른쪽 Subtree의 오른쪽 Subtree에 노드 삽입
3.		AVL Tree의 균형유지 이유와 활용분야 & 효과		
	가.	AVL Tree의 균형유지 이유		
		- 이진 (Binary) Tree의 삽입, 삭제 지속시 어느 한 방향으로 치우치거나 높이 차이로 인해서 수행시간이 증가되는 현상을 사전에 방지하기 위해 균형을 유지 (성능향상효과)		
	나	AVL Tree의 활용분야 및 기대효과		

활용	MMDB Index	AVL 트리 + B-Tree → T-Tree 적용
분야	프로세스간통신	Process 할당메모리, AVL Tree 관리
효과	검색 성능	대용량 자료처리, 성능보장
	사전 정렬	미리 정렬 수행함으로써 빠른 연산 수행

"끝"

문 129)		m-원 탐색 Tree의 특성을 설명하시오.
답)		
1.		유출차수 ≤m (m>2), m-원 Search Tree의 개요
	가.	m-원 Search Tree의 정의
		- 이전트리에서는 한 Node에서 두개의 Link만 가능하지만 m-원 Tree에서는 Link되는 개수가 최대 m.
	나	m-원 Search Tree의 목적
		- 탐색 길이는 Tree의 높이임으로, 탐색 길이를 최대한 줄여서 계산량을 최소화, performance 향상
2.		m-원 탐색 Tree의 특성

특성	설명
구조	node $$\boxed{n} \boxed{P_0} \boxed{K_0} \boxed{P_1} \boxed{K_1} \cdots \boxed{P_{n-1}} \boxed{K_{n-1}} \boxed{P_n}$$ - n: Node에 존재하는 key 값의 갯수 - $P_0, P_1 \cdots P_n$: Sub Tree에 대한 Pointer, n+1개 pointer - $K_0, K_1 \cdots K_{n-1}$: key value
오름 차순 정렬	- 한 Node 안에 있는 key 값은 오름차순 정렬 $K_i < K_{i+1} \cdots i=0, \cdots, n-2$를 만족
p_i값 < K_i값	- $i=0, \cdots, n-1$인 i에 대해 p_i가 pointer 하는 Subtree의 모든 노드들의 키 값은 K_i의 key 값보다 작음
m-원 탐색 트리구조	- $i=0, \cdots, n-1$인 i에 대해 p_i가 가르키는 Subtree 또한 m-원 탐색 트리임.

3.	3-원 탐색 트리와 이진 탐색 트리 비교 .

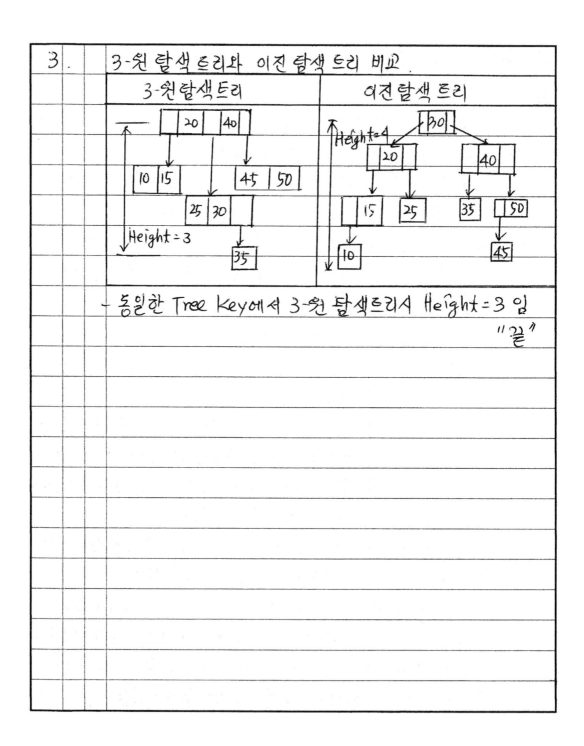

- 동일한 Tree Key에서 3-원 탐색트리사 Height = 3 임

"끝"

문	(30)	B-Tree에 대해 설명하시오.
답	)	
1.		안전성, 신뢰성, Recovery 우수. B-Tree의 개요
	가	(B-Tree의 정의) → Data를 Sorting(정렬)하여 탐색,
		삽입, 삭제 및 순차접근이 가능하도록 유지하는 Tree형 자료구조
		B는 Balanced의 의미, Leaf node가 한쪽 방향으로 쏠리는 현상이적음
	나.	B-Tree의 특징
		-Root와 leaf를 제외한 모든 노드는 최소M/2, 최대M개의 서브트리를가짐
		-Root는 leaf이 아닌 이상 적어도 2개의 서브트리를 가짐
		-모든 leaf는 같은 레벨(level)에 있음
		-Leaf노드는 (m/2)-1개, 최대 m-1의 key 값을 가짐.
2.		B-Tree 구조및 장/단점.
	가.ㄱ B-Tree 의구조	

	-Tree Node 포인터, Datapointer, Null Tree pointer로구성
나 B-Tree의 장단점	

장점	단점
-삽입,삭제 후에도 균형트리유지	-노드의 삽입과 삭제시 트리균형
-효율적인 Algorithm 제공	유지를 위하여 복잡한 연산 (재

| | | -저장장치의 효율성 | 분배, 합병(Merge) 필요 「비효율적」 |
| | | -균등한 탐색속도 보장가능 | -순차탐색시 Inorder(중위)순회요 |

3. B-Tree 간 비교

구분	B-Tree	B+-Tree	B*-Tree
특징	노드에 1/2이상 채워져야 분열	Record위치는 leaf노드에만 등록됨	노드에 2/3이상 채워져야 분열
장점	안정성, 신뢰성 Recovery 우수	순차접근이 용이함 -Data저장, 검색속도빠름	B-Tree에 비해분열이 적으며 연산용이
단점	순차접근이 어려움 -Data저장효율 낮음	-Index Set과 Sequence Set에 중복성 존재	대용량 Data 처리 어려움

"끝"

문 131)	B-Tree에 대해 설명하고 주어진 B-Tree에서 Key값 22, 41, 59, 57을 삽입하는 과정을 설명하시오.

차수 3인 B-Tree

답)

1

B-Tree의 정의 - m-원 탐색 Tree, 성능향상(속도, 삽입, 삭제)을 위해 완전 균형화에 근접하는 Tree, 자료구조의 Index 구조를 조직하는 가장 일반적인 방법

B-Tree의 특징

- Root와 단말노드를 제외한 Tree의 각 노드는 m/2의 서브트리
- Root node는 최소한 2개의 종속 tree를 가짐
- Tree의 모든 단말 노드는 같은 level 유지
- 한 Node 안에 있는 Key값들은 오름차순 유지
- AVL처럼 삽입/삭제시 균형 알고리즘 필요.

2 B-Tree의 삽입연산의 특징및 삽입 Flowchart

가 B-Tree의 Insert 연산

① B-Tree의 높이는 Root에서 증가 (이진트리높이는 단말에 증가)

② 한 Node가 분열되면 반만 채워진 Node가 발생

③ 분열에 의해 부모노드로 올라가는 Key값은 항상 중간 값임.

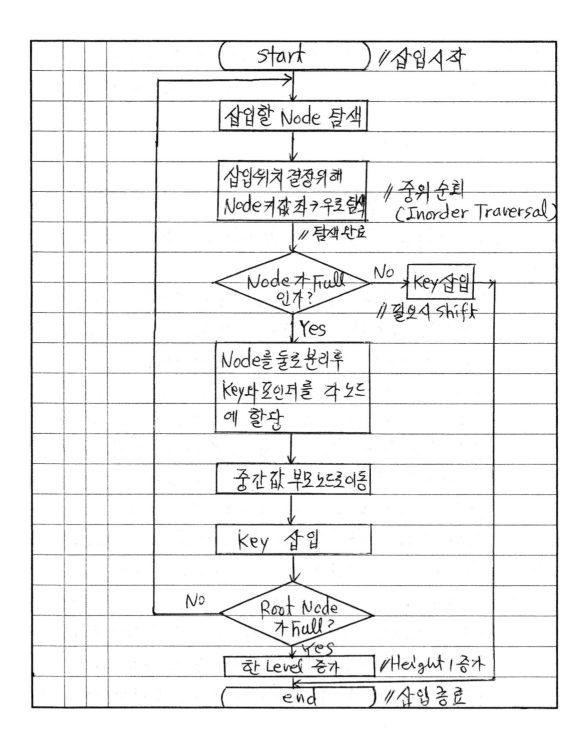

Start // 삽입시작

삽입할 Node 탐색

삽입위치 결정위해 Node 커값좌→우로탐색 // 중위 순회 (Inorder Traversal)

// 탐색완료

Node가 Full 인가? — No → Key삽입 // 필요시 shift

Yes

Node를 둘로 분리후 Key와포인터를 각 노드 에 할당

중간값 부모노드로이동

Key 삽입

Root Node 가 Full? — No

Yes → 한 Level 증가 // Height 1증가

end // 삽입종료

3		주어진 B-Tree 에서 Key 값 22, 41, 59, 57 삽입과정	
	삽입	Tree 변화	설명
	22	(.28.40.) → (20 22)	여유 자리가 있음으로 단순히 삽입.
	41	(.28.40.) → (42) → (.28.40.) → (41,42)	42는 오른쪽 shift 후 41 key 삽입
	59	- Node가 full 상태 → Node를 분리. (.60..) → (5058)(6265) → (.58. 60.) → (50)(59) ↑삽입	Node 분리 후 삽입.
	57	(.58. 60.) → (50 57)	여유자리에 삽입

- 최악의 경우에는 Tree의 Root 까지 모든 Node의 분열이 필요, Root에서 분열 발생시 Height 가 1 증가됨.

"끝"

문	132)	다음 B-Tree 에서 Key 값 58, 17, 60, 20, 15 순으로
		삭제시 Flow와 실제동작에 대해 상세히 기술하시오.

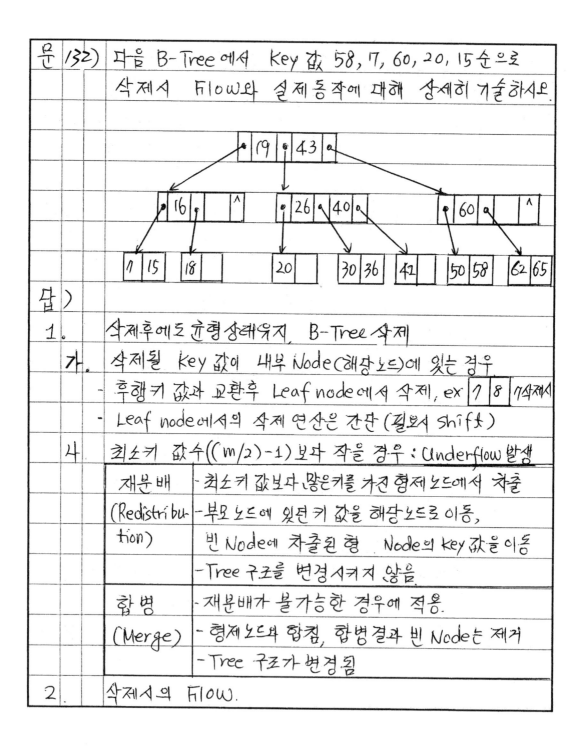

답	)	
1.		삭제후에도 균형상태유지, B-Tree 삭제
	가.	삭제될 Key 값이 내부 Node(해당노드)에 있는 경우
	-	후행키 값과 교환후 Leaf node에서 삭제, ex 7 8 7삭제시
	-	Leaf node에서의 삭제 연산은 간단 (필요시 shift)
	나	최소키 값수((m/2)-1) 보다 작을 경우 : Underflow 발생

재분배 (Redistribu-tion)	- 최소키 값보다 많은키를 가진 형제노드에서 차출
	- 부모 노드에 있던 키 값을 해당노드로 이동,
	빈 Node에 차출된 형 Node의 key 값을 이동
	- Tree 구조를 변경시키지 않음
합병 (Merge)	- 재분배가 불가능한 경우에 적용.
	- 형제노드와 합침, 합병결과 빈 Node는 제거
	- Tree 구조가 변경됨

2.		삭제시의 FLOW.

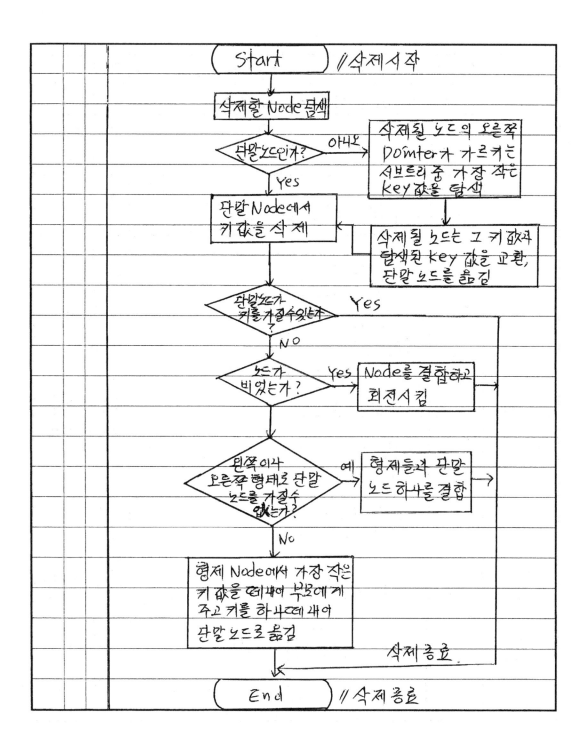

3.		주어진 B-Tree 에서 58, 7, 60, 20, 15 삭제과정		
		삭제키	각 Node의 변화 과정	설명
		58	↓삭제 [	58	]	순서대로 삭제
		7	shift(좌측) [7	15] → [	15] →[15	]	shift 연산
		60	[• 60 • | ^] ↓ ↓ [50 |] [62 | 65]	60 삭제시 해당 Node Underflow 발생
			↓ 60↔62 교환 [• 62 • | ^] ↓ ↘ [50 |] [60 | 65] //60 삭제	후행키 값과 서로자리 바꿈
			↓ [• 62 • |] ↓ ↓ [50 |] [65 |]	65 shift(좌측)
		20	[• 26 • 40 •] ↓ ↓ ↘ [20 |] [30 | 36] [42 |]	20 삭제시 Underflow 발생

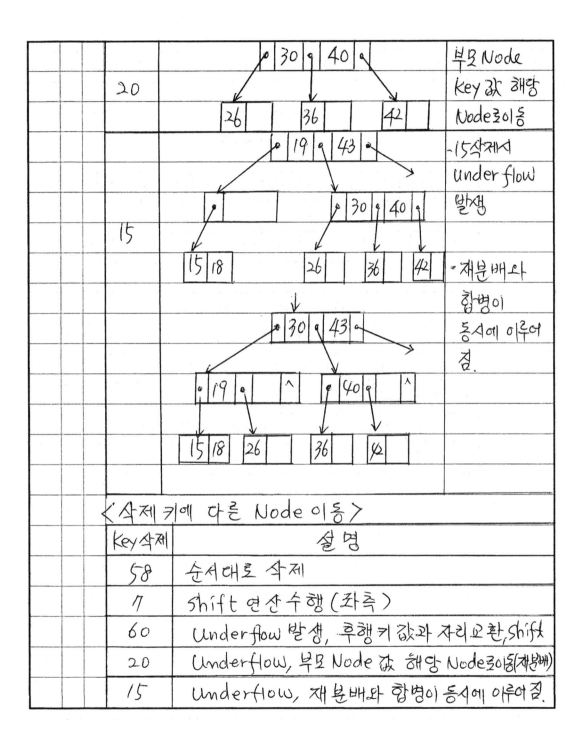

20

부모 Node
Key 값 해당
Node로 이동

15

-15삭제서
under flow
발생

·재분배와
합병이
동시에 이루어
짐.

〈삭제 키에 다른 Node 이동〉

Key삭제	설명
58	순서대로 삭제
7	shift 연산 수행 (좌측)
60	Underflow 발생, 후행 키 값과 자리교환, shift
20	Underflow, 부모 Node 값 해당 Node로이동(재분배)
15	Underflow, 재분배와 합병이 동시에 이루어 짐.

4. | 주어진 B-Tree에서 삭제(해당 key) 결과

- B-Tree에서 삭제시에도 균형유지

- <B-Tree에서의 문제점> ⟶ B*-Tree로 발전

1) 균형유지를 위해 추가적인 연산 필요

2) 추가적인 연산의 내용

| 삽입시 | 분할(Split): Node의 분할 발생 |
| 삭제시 | Node의 재분배와 합병 발생 |

"끝"

문	(133)	B+ - Tree에 대해 설명하시오.
답)		

1. (B+ -Tree의 정의) - B - Tree를 변형한 Tree로 단말노드에 파일의 Record 주소를 포함시킨 Tree 구조

2. B+ -Tree의 구성과 특징

가 B+ -Tree의 구성

Index 부분	-내부 Node로 구성, 각 내부 Node는 키(Ki)들과 서브트리에 대한 pointer(Pi)를 갖음.
순차 집합	-단말 Node로 구성, 각 Node는 Ki와 Pi 및 Record Data 파일의 해당 주소(Ai)를 포함.

나 B+ -Tree의 특징

Index 부분	Key를 직접 탐색하게되어 해당 Record를 직접 접근
순차집합	Key들을 순서에 따라 순회 함으로 해당파일 순차적 접근

- B+ -Tree 이용시 파일의 Record들은 직접 또는 순차적으로 모두 효율적으로 접근 가능.

"끝"

문 134)	B+ - Tree에서 키 값 15, 69, 110, 90, 20, 120, 40, 125 순으로 삽입시 삽입 과정을 기술하시오.
답)	
1.	B-Tree의 변형구조, B+ - Tree의 개요
가.	B-Tree의 순차 탐색 성능향상, B+ - Tree의 정의.
-	Index Set와 Sequence set로 구성, 단말 Node에 key값, Record 주소를 포함시킨 Tree 구조
나.	B+ - Tree의 특징

Index Set	Leaf 이외의 Node, Key 값만 존재
순차 Set	Leaf node, key 값들을 순차적으로 탐색 가능.

2.	B+ - Tree 에서의 주어진 key 값 삽입 과정
가.	(B+ - Tree 에서 key 삽입 방법)
-	분할시 중간 키 값(분할된 왼쪽 Node 에서 제일 큰 키 값) 값이 Copy(복사)되어 부모 Index Node로 이동
-	Index Node 분할은 B-Tree와 동일.
나.	주어진 key 값 삽입 과정

삽입 key	Node들의 변환과정	설명
15, 69, 110		15	69	110		순서대로 삽입.
90		- 분할시 중간 키 이동, - 69값 Copy 후 부모 Index로 이동

20, 120					순서대로 해당 Node에 삽입
40					-분할수행. (full 상태 에서)
125					-full 상태 분할수행.

"끝"

문	135)	B* - 트리에 대해 설명하고 Key 값 분리되는 과정을 설명하시오.

1) 차수가 5인 B* - 트리

- Key 값 4를 삽입 하시오

2) 차수가 5인 B* - 트리

- key 값 4를 삽입 하시오.

답)

1.		B-Tree의 문제점 보완, B*-Tree의 개요
	가.	B-Tree의 문제점 - 보조연산이 필요함
		· Node가 full 일때 새로운 Key 값을 삽입 할때 Node의 분리과정과 Key 값 삭제시 노드의 키 값 개수를 유지 하기 위해 두개의 Node 병합과정 필요.
	나.	B* Tree의 장점 - B-Tree의 삽입/삭제연산과정을 감소, Key 탐색 연산의 성능을 향상 시킴.
	다.	(B*-Tree 의 정의) - 각 Node의 최소 2/3가 차야 함

			- Height가 1 이상인 m-원 Search Tree.
			- 모든 단말 (Leaf) Node는 동일한 level에 놓임.
2.			주어진 1)문제의 경우 삽입과정
			- Key 4 삽입시 해당 Node가 full 상태임.

B-Tree	분리과정 (Node) 필요, 삭제시는 Merge 과정결요
B*-Tree	Move 동작만 수행 (주어진문제에서는 b→c로 key이동)

- Node full시 삽입 차이점

4삽입후

- Key 7개 (1,2,3,4,5,6,7), 키 절반 (1,2,3)은 node b에 남고 중간 키값 4는 Node e에 키 분리자(Key Separator)가 되며 나머지 키 (5,6,7)은 node c로 이동

3. 주어진 2) 문제의 경우 삽입과정
- Key 4를 삽입 하기 위 해서는 Node의 분리가 필요. Node b와 c가 full 상태 임으로 Move 할수 있는 조건이 아님 Node b와 Node c를 3개의 노드로 분리 시켜 각 Node의 약2/3가 차도록 만듬
- Node 값이 full 상태이면 Move(이동)이 안됨으로 Node는 분리하고 Key 값 삽입 필요함.

Key 4 삽입후의 결과

- node를 분리하고 key 4를 삽입

"끝"

문 136) 아래 차수가 5인　B*-Tree에서 재분배 키 값 24의 삽입 과정을 보이시오.

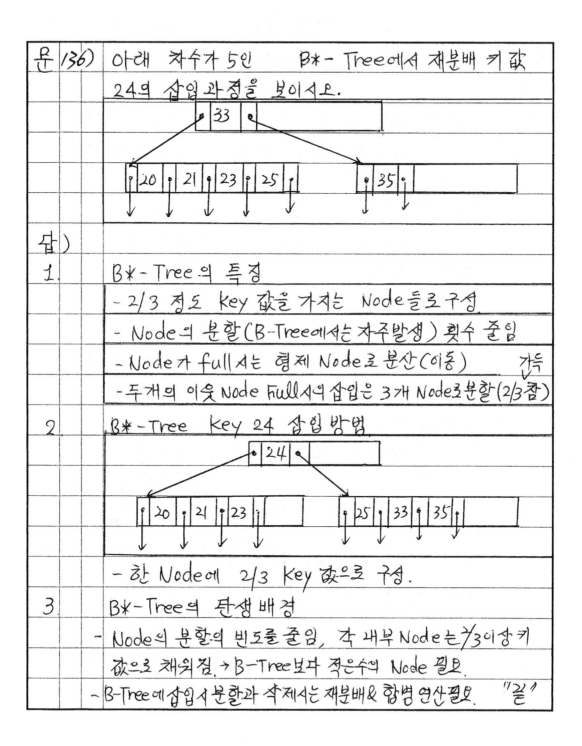

답)

1. B*-Tree의 특징

- 2/3 정도 key 값을 가지는 Node들로 구성
- Node의 분할(B-Tree에서는 자주발생) 횟수 줄임
- Node가 full시는 형제 Node로 분산(이동)　간득
- 두개의 이웃 Node full시의 삽입은 3개 Node로 분할(2/3참)

2. B*-Tree key 24 삽입 방법

- 한 Node에 2/3 key 값으로 구성.

3. B*-Tree의 탄생 배경

- Node의 분할의 빈도를 줄임, 각 내부 Node는 2/3 이상 키 값으로 채워짐. → B-Tree보다 작은수의 Node 필요.
- B-Tree에 삽입시 분할과 삭제시는 재분배 & 합병 연산 필요.　"끝"

최소사각형 (MBR: Minumum Bounding Rectangle)

문 137)	R-Tree에 대해 설명하시오
답)	
1.	공간정보 Indexing 기술, R-Tree의 정의와 특징
가.	(R-Tree의 정의)- 사각형 영역안에 객체가 완전히 포함되도록
	하는 최소 사각형에 기반한 Indexing 기법, MBR로 공간객체
	위치 정보 구성후 질의서조건을 만족하는 객체만 Return
	(리턴)시킬수 있도록 구성된 공간 정보 색인 기술
나.	R-Tree의 특징
	-사각형 영역안에 객체가 완전히 포함되도록 설계.
	-B-Tree와 비슷한 구조와 높이 균형트리(Height Balanced Tree)임
	-노드(Node)는 메모리내 색인(Indexing) 페이지와 연결됨
2.	R-Tree 구조 및 이동객체의 분류
가.	R-Tree의 구조

최소사각형으로 분할	Tree 형태
R1전체 MBR로 표현 R2전체	

	- MBR(R-Tree로 인덱싱 하기위한 분할단위)→Refinement
	(정제)→MMP(Min-Max Point)→남은것으로 실제객체보여줌
나.	이동객체의 분류

구분	종류	내용 설명
과거위치 및 체적을 다루는 Tree	STR- Tree	- Spatial-Temporal R-Tree 적용 - 2차원 평면에 시간 차원 추가한 3차원 MBR
	TB- Tree	- Trajectory Bundle Tree - 동일객체 시간에 따른 Linked-list로 연결
	CR- Tree	- Combined R-Tree (R-Tree와 TB-Tree 합침) - 검색시간 짧음, 트리의 크기가 너무 커짐.
현재 및 미래 위치를 다루는 Tree	TPR- Tree	- Time-Parameterized R-Tree - 시간에 대한 함수를 사용하여 간단한 미래 예측과 빈번한 Update를 줄임

3. R-Tree의 활용분야와 전망

　가. GPS를 활용한 차량관리 System, 항법 System에서 활용

　나. 여러 Domain에 따른 색인 구조 및 알고리즘 고려할 필요

"끝"

문	(38)	T-tree의 Search 과정에 대해 설명하시오.
답	)	
1.		AVL Tree와 B-Tree의 전화, T-tree의 개요.
	가.	B-Tree와 AVL Tree의 장단점

분류	B-Tree	AVL Tree
장점	-디스크 I/O 횟수 줄임, 디스크공간 효율적 사용, Tree Height 낮음	-삽입/삭제 연산시간 짧음 -검색시간 $O(\log N)$
단점	삽입/삭제시 Node들 간의 Data 교환 횟수 많음.	-저장공간의 효율성이 떨어짐.

	나.	(T-Tree의 정의) - 이진검색과 높이균형특성을 가진
		AVL 트리의 성질과 한 Node새 여러개의 Data (Key)를
		가지는 B-Tree의 성질을 동시에 가진 Tree.
2.		T-tree의 Node 구성과 삽입/삭제 과정.
	가.	T-tree의 Node 구성

Node의 최소 작은값 ↓

↑ 부모 point

해당 Node에 저재 될 큰값 ↑

data1	data2	data3	.....	datan

Control

Left child ptr.
(최소 작은값보다 작으면 왼쪽 자식 point)

Right child point
(최대값보다 크면 오른쪽 자식노드 point)

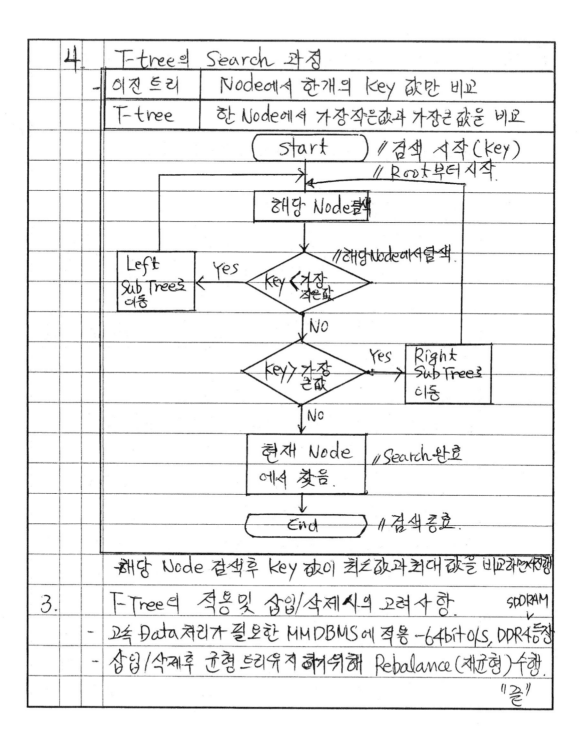

4.	T-tree의 Search 과정	
-	이진 트리	Node에서 한개의 Key 값만 비교
	T-tree	한 Node에서 가장작은값과 가장큰값을 비교

start // 검색 시작(key)
// Root부터 시작

해당 Node탐색

// 해당Node에서탐색

Key < 가장 작은값 → Yes → Left Sub Tree로 이동

NO

Key > 가장 큰값 → Yes → Right Sub Tree로 이동

NO

현재 Node 에서 찾음. // Search 완료

End // 검색 종료.

해당 Node 검색후 key 값이 최소값과 최대값을 비교하면서 진행

3.	T-Tree의 적용및 삽입/삭제시의 고려사항. SDRAM	
-	고속 Data 처리가 필요한 MMDBMS에 적용 -64bit OS, DDR4 등장	
-	삽입/삭제후 균형 트리유지 하기위해 Rebalance(재균형) 수행.	

"끝"

문 139)	B-Tree, B+-Tree, B*-Tree, R-Tree, T-Tree 의 개념을 설명하고 비교하세요				
답)					
1.	Memory의 효율적 사용 (낭비제거), 성능향상, 비용절감 Tree의 발전				
가.	Tree의 발전과정 (필요성)				

나.	각 Tree의 정의	
	분류	설명
	B-Tree	Data 정렬(Sorting)후 탐색, 삽입, 삭제, 순차접근이 항상 가능하도록 유지
	B+-Tree	B-Tree 변형, Index와 순차부분으로 이원화
	B*-Tree	각 노드가 최소한 2/3 이상시 분열(연산용이)
	R-Tree	공간(사각형)정보를 활용한 정보 Indexing 기법
	T-Tree	AVL트리 + B-Tree 장점 (고속연산및 Search)

2.	각 Tree의 비교				
	비교항목	B-Tree	B*-Tree	T-Tree	R-Tree
	특징	노드 1/2이상 시 분열	2/3 이상서 분열	휘발성 특징을 가짐	질의에 대한 필터링기능보유

목표	Data 저장구조의 최적화		Memory 구조최적	차차원 Data검사 최적화
장점	안정성, 신뢰성 Recovery 우수	B-Tree 대비 연산용이	Data 저장및 검색속도 빠름	차차원 Data 처리에 적합
단점	저장효율성 낮음	검색속도느림 (B-Tree 대비)	대용량 처리 어려움	구현복잡
적용	Indexing에 적용		MMDB 처리	ORDB/OODB 처리

"끝"

DB 감리, 보안, Service

DB 감리, DB 보안, 문서 중앙화, Data Masking, 서버 가상화, PaaS, 서비스 개인화
등에 대한 내용을 학습할 수 있도록 하였습니다. 자주 출제되는 토픽들입니다.

[관련 토픽 – 14개]

문140)	Database 보안에 대해 설명하시오
답)	

1. DB의 기밀성, 무결성, 가용성 확보, Database 보안의개요

가. 기업 정보 자산 보호, Database Security의 정의

Data의 불법적인 접근, 변조, 파괴 행위에 대해 무결성,
기밀성, 가용성을 보장하는 Database 정책 및 통제 활동

나. DB 보안의 주요 항목

구분	내용	Activity
기밀성	정보의 유출 방지, 노출/누설의 최소화	DB 암호화
무결성	내/외부 사용자에 의한 정보의 변경 &변조예방	Table 제약적용
가용성	사용자 요구에 대한 서비스 연속성 & 신뢰성보장	DoS/DDoS 차단

2. Database 보안의 아키텍처 및 통제 수단

가. 데이터베이스 보안의 아키텍처

인증, 접근 제어(통제), 허가규칙, 가상 Table, 암호화로 구성

나. Database 보안의 통제 수단

정보보호정책 수립 및 운영 & 관리 전략 수립 필요

구분	요소기술	설명
인증	ID/PW, 스마트카드, 인증서, BIO	Database Resource (자원)에 접근하는 사용자 식별/확인, 인가될 사용자의 권한을 부여
접근 통제	MAC DAC RBAC	-허가 받지 않은 사용자의 Database 자체에 대한 접근을 방지 (계정/암호사용) -DB에 대해 발생한 각종 조작에 대한 주체를 파악→트랜잭션 로그(log) 파일의 자료로 제공
허가 규칙	열람가능 Level설정	정상한 절차를 통해 DBMS에 접속한 사용자 라도 허가 되지 않은 Data에 접근하는 것을 방지
가상 Table	views	가상 Table을 사용하여 전체 DB중 자신이 허가 받은 사용자 관점만 볼수 있도록 제한
암호화	RSA, AES	Data에 접근하려해도 Masking 하여 노출 차단

3. Database의 접근통제 구성요소 및 유형

가. Database의 접근통제 구성요소

구분	내용	비고
주체	객체에 접근을 시도하는 사용자	사용자. App.
객체	사용자의 접근통제, 보호되어야 하는 대상	Data, DBMS, System
규칙	주체가 객체에 대해 접근 하는 행위의 유형	입력, 수정, 읽기, 삭제등

-주체 (Subject), 객체 (Object), 규칙 (Access Rule)

4. Database 보안을 위한 접근 통제 유형

구분			내용	사례
	강제적 접근 (MAC)		-Mandatory Access Control -비밀성을 갖는 객체에 대하여 주체가 갖는 권한에 근거하여 객체에 대한 접근을 제어	사용자유자 원간의 보안 레이블 확인
	임의적 접근		주체 / 객체의 소유자 통제 / 객체 홍길동, 홍동길, 기타 → 인사정보, 사내공지, 기타	Unix 에서 의 permi ssion 제어 (rwx-r-r)
	(DAC)		- Discretionary Access Control - 사용자 기반 (User-Based) & ID 기반 (ID-Based) 접근통제 임 - 주체사 주체가 속해 있는 Group의 신원 에 근거하여 객체에 대한 접근을 통제	-구현용이, 비용적음 OS 레벨 에서의 접근제어
	역할 기반 접근 (RBAC)		-Role Based Access Control -사용자의 신분이 아닌 직무/역할에 따라 접근통제 정책을 부여하는 메커니즘. -관리자가 주체/객체 상호관계 통제.	Logging한 사용자의 역할에 따라 기능&R/W제한

4.		Database 보안의 부각이유와 정책방향	
	가.	Database 보안의 부각 이유	

구분	내용
정보의 중요성	기업의 기밀 정보, 산업 정보, 개인정보 취급의 증가

		Data 관리	대용량의 정보/자료를 보관하는 DBMS는 Data의 무결성, 기밀성, 가용성의 보장 필요.
		내부사용자	외부자의 소행에서 내부자의 기밀 정보수설 사례증가
		컴플라이언스	외부 또는 법적 규제에 대한 재응
	4.	Database 보안 정책	
		흐름제어 정책	낮은 분류의 등급 객체로 정보흐름을 방지
		추론(Inference)제어 정책	보안등급이 없는 사용자(User)가 보안 분류되지 않은 정보에 접근하여 정보유추를 방지
		Aggregation 제어 정책	정보조각들을 수집하여 높은등급의 정보유추를 방지
		정보보호정책	최소권한의 부여, 직무의 분리등

"끝"

문141)	BigData 어플라이언스 (Appliance)에 대해 설명하시오.		
답)			
1.	통합 Computing 제공. BigData Appliance의 개요		
가.	Peta/Zeta Byte 처리. BigData 어플라이언스의 정의		

BigData 저장, 처리&분석등 업무 목적에 맞게 H/W, S/W등의 IT구성요소들을 일체형으로 결합, 최적화시킨 통합 Computing System.

나. BigData Appliance의 주요기능

- 병렬처리(최적화)
- 대용량 고속처리
- 비정형 질의지원
- 고가용성

병렬처리(최적화)	대용량 고속처리	비정형 질의지원	고가용성
-CPU/메모리 밸런싱, I/O 분산처리 -MPP기반 병렬처리	-비정형질의 -파티션&Data 압축지원, BTree 옵티마이저, Bitmap	-MapReduce 연동, 표준 SQL 언어로 정형& 비정형 Data처리	-이중화 환경구성 -DBMS와 관리 S/W구성

2. BigData 어플라이언스의 유형

구분	DW Appliance	하둡기반 BigData Appliance
구성 아키텍처	Master Master Data node DB DB ----- DB	NoSQL Database | Cloud 관리 | BigData 처리 R기법 | Linux &Java VM
구성방식	DW(Data추출, 변환, 적재, 분석)을위해 하나의 Device에 H/W DB, Storage를 통합(일체형)	대용량 Data 처리, 저장. HDFS와 MapReduce라는 OSS Frame Work 활용한 S/W, H/W 일체형
특징	분석을 위한 DB 필요	DB대신 Hadoop의 오픈소스사용
고려사항	고비용, Vendor 종속성 발생	OSS전문가부족, Hadoop 이해

HDFS: 분산파일 System

BMT : BenchMark Test

3.			BigData Appliance 도입과 활용을 위한 고려사항		
			시점	고려사항	설 명
				실질적인	-기존 Biz목적 활용을 위한 제품간의 기능&성능평가
				BMT 검증	-OSS 유지관리위한 형상관리 도구 평가
			도입시	도입및	-제품의 종속성에 대한 Risk고려
				증설비용	-초기 투자 비용과 Data량 증가에 따른
					Node 추가 비용에 대한 사전 Benefit고려
				하둡 전문가	Hadoop 기반의 OSS를 구성하는 제품의 동작
			활용시	양성	원리 이해와 운영/장애 관리하는 경험적 실무자 확보
				전략적	-Biz 상황을 정확히 예측하는 Simulation 분석지원
				Biz 활용	-수집정보의 일관성 확보와 적시 의사결정활용

"끝"

문 /42)	Database 구축 사업에 대한 정보시스템 감리
	Framework (프레임웍크)를 제시하고 감리 점검 사항
	에 대해 설명하시오.
답)	
1.	정보시스템 감리 점검 체계의 정의와 점검 Model
가.	정보 System 감리 점검 체계의 정의
-	정보화 사업에 대해 어떻게 점검 할 것인가에 대한 참조
	모델 제공. 즉, 체계적인 감리가 수행될수 있도록 Reference제공
나.	정보 System 감리의 영역별 점검 Model

사업유형/감리시점
정보시스템
점검 Frame Work
감리 영역
핵심 요소
감리관점/점검기준

| 점검항목/검토항목 | → | 감리 영역별지침 |
| 세부검토항목/검토방법 | → | 사업유형별점검가이드 |

	-	사업유형/감리시점, 감리영역, 감리관점/점검기준으로 분리
		하여 정보시스템의 효율적 사용방안 제시
2.	Database 구축사업에 대한 정보시스템 감리 Frame
	Work의 제시와 구성요소및 내용
가.	Database 정보시스템 감리 Framework

사업유형/감리시점 →

System 개발(SD) ----→ | Database 구축 (CDB) | ----→ 시스템운영 (OP)

| 준비 ① | 구축 ② |

감리 영역

데이터 수집 및 시범 구축 ③	데이터 구축 ④
	품질 검사 ⑤
사업관리 ----→ PMBOK 관리 항목 기준	

4. Database 구축 관련 구성요소와 개요

감리시점	감리영역	감리 개요
준비 ①	Data 수집 & 시범 구축 ③	현업 현황조사 - DB구축 자료유형 & 범위를 설정, 구축요건, 품질기준, 구축 공정, 작업 지침등을 마련 → 시범구축실시 목표일정새 사업달성 완료위한 준비
구축 ②	Data 구축 ④	Data 유형별 구축공정, 작업지침, 구축 계획등에 의거 → 품질목표 달성, 누락없이 정확하게 구축했는지 점검
	품질검사 ⑤	공정별 품질보증 계획에 따라 품질 보증 활동이 적정하게 수행되고, 전수검사 & 표본추출검사를 통하여 최종적인 Data의 목표품질이 달성되었는지 점검

3. 감리 점검 사항 (품질 보증 활동 & DB 품질 점검요소)

가. DB 품질 보증(위한) 단계별 Activity

DB 준비	DB 구축	DB 검증
표준 Data 준비	**표준화**	**품질활동**
·각 DB 구축 단계별 구축지침/검수지침	-각 DB 구축 단계별 품질 보증 활동	-구축된 DB의 검증 방법교육
·Checklist 작성	-표준 사항준수 여부확인	-품질 검토회
·DB 구축 단계별 표준 작성	**Data 관리**	-Checkpoint 점검
Data관리	·단계별 산출물	-오류 Data의 재검증 방법협의
·백업 방안	·작성문서	-오류 Data 기록
·N/W 구성 방안	·Backup 관리	유지 & 보완
·Master Data 관리	·표준문서	

나. DB 품질 점검 요소

구분	점검항목	세부 기준
데이터 품질	정확성	DB Data가 설계값과 비교
	완전성	객체들과 속성이 현실세계의 표현과동일
	일관성	Data 불일치 검증
	최소성	가장 최신 Data로 Update
서비스	검색성	신속한 검색이 수행되는지 여부

서비스 품질	사용	Interface를 통한 DB 접근과 산출 정보
	용이성	활용이 쉽고 편리한지 여부 (Easy of use)
	사용자 지원성	Documentation, Training, Help등 사용자 지원 (Support)적합성 판단

4. DB 구축 감리서의 Issue 사항및 해결방안

구분	Issue	해결책
감리 수행 방법	-감리인과 DB 점검요인의 역할구분 미흠	·R&R
	-특정 Data 에 대한 전문성 확보 미흠 (Metadata, 3D, 특수목적 Data등)	·사전교육 실시 ·전문가교육
	감리 기간과 인원 부족	전체일정단축수립
감리 실시 결과	-구축 DB의 품질 점검에 치우침	DB 제작 및
	·DB목표품질 (오류율), 적정성 검토등	품질검증 자동화
	-DB품질에 대한 판단기준 설명미흠	·checklist
	·발견된오류, DB품질의 주관적 판단	작성후 검증

"끝"

문	143)	Database에서 사용되는 래퍼(Wrapper)와 미지에이터 (Mediator)에 대해 설명하시오.
답)		「의 정의
1.		이질적인 (서로 다른) DB System 통합 기본요소, 래퍼와 미지에이터
	가.	래퍼(Wrapper)의 정의)- 다양한 종류의 이질적인 Data소스 의 정보를 접근하기 위해 Data 모델을 공통 Data 모델로 Query를 System 맞게 변환하는 기능을 수행.
	나.	미지에이터 (Mediator)의 정의)- Wrapper들을 통과한 하나 이상의 Data Source들을 통합하는 System으로 특정 타입 의 정보를 처리하는데 필요한 지식을 포함.
2.		Wapper와 Mediator의 구성과 주요특징
	가.	Wapper와 Mediator의 구성

		- Wrapper 각 이질적인 System의 Data를 공통 Data 모델로 변환하여 Mediator에게 넘겨주면 Mediator는 이를 통합 하여 사용자의 요구를 받을수 있게 준비.
	나.	Wapper와 Mediator의 주요특징

		- 정보 Source들의 변경없이 정보 통합을 가능		
		- 공통 Data (데이터) Model의 정의 필수		
		- Wrapper : 다양한 소스를 공통 Data Model로 Mapping		
		- Mediator : 사용자의 질의를 재작성하여 각 사이트의 Wrapper		
		에게 질의를 분산하여 수행 (사용자와 래퍼 사이의 중개역할)		
3.		Wrapper와 Mediator의 System 개발 단계		
		단계	내용	설명
		1	공통 Data모델 정의	- System간의 정보교환을 위해 사용
		2	Wrapper의 정의	- Data Source를 공통 Data 모델로 변환할 System 종속적인 Wrapper 생성
		3	Mediator의 정의	- 각 Source의 Wrapper 정보를 통합 - View를 기술할 언어, 소스질의어, 질의어 재작성 등

"끝"

문	144)	Database에서 CDC (Change Data Capture)에 대해 설명하시오.
답)		
1.		Database의 장애없이 지속 업무처리, CDC의 개요
	가.	CDC (Change Data Capture)의 정의
	-	Database Redo/Archive Log 파일에 직접접근하여 변경된 Data만 추출하여 Target 시스템의 Database에 Data를 등기화하는 Solution
	나.	Not Coding, Only Configuration으로 대응, CDC의 특징

성능	확장성 & 유연성	신뢰성	Easy성 & 연결	다양한 기능
-로그기반 -초당 수천트랜잭션 지연 없이 처리	-모듈단위구성 -실시간 Data통합	-손실없는 장애 재응력	-H/W간단 -다양한APP.	-양방향 동기화 -Biz대응

2.	CDC의 구성 및 구성에 따른 설명	

CDC의 구성	동작 절차
Source System / Target DB → DB Redo Archive Logfile / Internet ① Extract / TCP/IP ② Trail File ③ Pump / ④ Target Trail ⑤ 트랜잭션 CDC(소스 → Target 전송)	① 로그에서 Commit된 Data 추출 ② 추출된 변경 Data를 파일에 저장 ③ 복수의 Target에 Data 배포 ④ Route : Target Data 전송시 압축과 암호화 (TCP/IP) ⑤ Transaction 보장 하면서 Target에 Data(변환후) 적용

3.		CDC의 적용사례 - 변경 Data를 실시간으로 Target DB에 반영		
		적용	설 명	적용예
		Realtime Data 통합	Source System의 변경점을 실시간으로 Target DB에 반영, 기업 RTE 구현	DW, CRM SCM, BI
		지속적 가용성	-서비스 연속성 강화, 실시간 대응 온라인 상태의 DB DR System으로 사용	-기업 BCP적용 Online시스템
		Query Offloading	-항공사 - 조회업무가 90% 이상서 부하 발생, 실시간 조회 업무를 분리	-운영시스템과 조회시스템분리

"끝"

문145)	Data 마스킹 (Masking)에 대해 설명하시오
답)	
1.	실시간 Database Data 난독화, Data 마스킹의 개요
가.	민감한 정보 실시간 보호, Data Masking의 정의
	- 특수문자를 이용하여 Data 필드를 분리하거나 변경시키는 것으로 내부관리자라 하더라도 고객 개인정보를 함부로 보지 못하도록 하는 기술.(일부정보를 *로 치환)→정보보호
나.	Data Masking의 적용 기술의 예

조회 허용직원   신용카드 번호: 5005-5100   조회 불가 직원
원 Data 표시 5005-5100   (알아볼수 없는문자 5***-5*** 가상 Data 표시 : 1234-5678

| 2. | Data Masking의 개념과 특징 |
| 가. | Data Masking의 개념도 |

개발자 ─ *** → Data Masking 기술적용 ← 접근제어 Solution ←→ 접속이력 DB (DB)
관리자 ─ 원래값 →
접근가능자에게만 원래값 표시

| 나. | Data masking의 특징 |

성능보장	DB내 기능구현	실시간 Data보호	Dynamic 권한조정
-변경 조작없음	-APP.이아닌 DB내 구현	-승인자도 일부Data만 확인	-상황과 권한에 따라 동적으로 운영

3.		Data masking의 활용사례와 적용시 고려할 사항

가. Data 마스킹 활용사례

구분	활용 사례
Test System 보안	Test system에 실제고객 Data를 반영하여, 업무 담당자별로 고객의 정보가 보이지 않도록 가리는 기술 활용
외부로 노출된 환경 보안	Call 센터나 홈페이지등 외부로 빈번하게 노출되는 곳에서 가상고객 정보로 보여주도록 하여 Data유출방지

나. Data Masking 적용시 고려사항

구분	고려사항	설 명
적용대상	적용 대상자분류	누구에게 어느정도 수준의 정보를 보여줄 것인지의 정책 결정
적용범위	Data Masking 대상	민감 고객 정보 (주민번호, Card 번호 연락처, 성명등)에 대한 보호 수준
	Print 출력여부	조회된 정보 출력 제한 여부 및 출력 지원시의 Masking 허용수준
예외사항	보안 책임자 승인	보안 책임자 (Security Manager) 승인 처리시 원 Data 조회 가능 지원

"끝"

문	146)	중복 제거 (De-Duplication)에 대해 설명하시오.
답	)	
1.		Data 중복 제거 기술, 최소 비용, 에너지 절약, 중복 제거의 개요
	가.	Data 전송 시간 단축, 중복 제거(De-Duplication)의 정의
		- 서로 다른 Data의 중복 부분을 검출 후 제거, 스토리지
		(Storage) 저장 용량 절감 및 비용 절감 Solution
	나.	De-Duplication의 원리

- 중복 Data는 Count 값을 증가시키고 신규 Data는 저장

2.		중복 제거 (De-Duplication) 분류 및 구현 방법
	가.	De-Duplication의 분류

구분	분류	설 명
중복 제거 수준	SIS	파일 수준, Single Instance Storage
	Block 단위	Block/Bit/Chunk 단위, 고정 & 가변식
중복 제거 시점	In-Line	Data 수신 후 바로 중복 제거, 송수신 오버헤드 있음
	Post Process	임시 스토리지에 저장, 추후 시점 중복 제거, 송수신 오버헤드 없음
중복 제거 방식	Hash	Hash값 충돌 가능, 충돌 처리 메커니즘 필요
	델타 인코딩	기본 복제본 대비 변경에 대해서만 기록

	4.	De-Duplication 구현 방식			
		- Application, Storage, Hybrid 방식이 존재			

구분	Application	Storage	Hybrid
개념도			
장점	Host 컴퓨터의 오버헤드	Host 무영향, 확장성	두 방식의 장점
단점	M/W Traffic 감소	N/W 트래픽, 정사간섭	도입비용, 확장성

	3.	향후 발전 방향
	가.	중복 제거의 Overhead로 주로 2차 Storage에 활용되었으나 1차 Storage에 본격 적용 잔체.
	나.	System 상호 호환성 유지를 위한 표준화 필요.

"끝"

문 147)		서버 가상화 (Server Virtualization)에서 하이퍼 바이저(Hypervisor)에 대하여 설명하시오. 또한 전 가상화 (Full-Virtualization)와 반 가상화 (Para-Virtualization)에 대하여 설명하고 비교하시오.
답)		
1.		물리적 자원을 논리적 통합, 서버 가상화의 개요.
	가.	서버 가상화 (Server Virtualization)의 정의.
		- 물리적인 한개의 Server 자원을 분할해 효율적으로 사용하거나 물리적으로 다른 여러개의 서버자원을 논리적으로 통합 하는 것 (IT 자원의 효율적 사용 - IT투자금대화)
	나.	Server 가상화의 기술, 등장배경

```
┌──────────────────────────────────────────────────────────┐
│  (서버        (ROI         (서버         (잉여           │
│   성능    ─    효과    ─    활용율)  ─    자원           │
│   향상)        미비)                       증가)          │
│                                                          │
│  -멀티(Multi)  -IT투자비용    -고성능서버의   -Server수 및 │
│  Core 기술발전의 에 비해 효과   질적/양적     CPU 잉여율   │
│  고성능 서버개발  도출 미비      사용률 저조    높음        │
└──────────────────────────────────────────────────────────┘
```

2.		하이퍼 바이저 (Hypervisor)의 설명
	가.	(하이퍼 바이저의 정의) - Host Computer에서 다수의 운영체제 (operating system)를 동시에 실행 하기 위한 가상 플랫폼 (platform), 가상 머신 모니터

(Virtual Machine Monitor)라고도 함.

사. Hypervisor를 이용한 서버가상화의 개념도

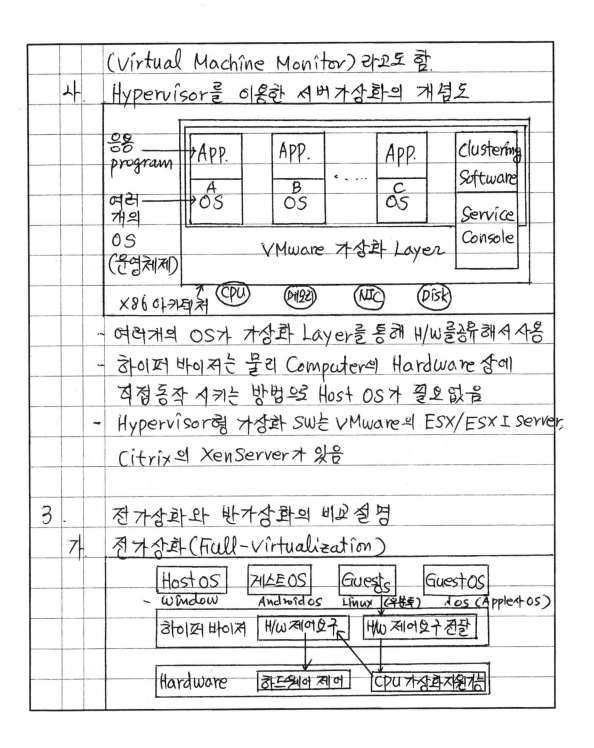

- 여러개의 OS가 가상화 Layer를 통해 H/W를 공유해서 사용
- 하이퍼 바이저는 물리 Computer의 Hardware 상에 직접동작 시키는 방법으로 Host OS가 필요없음
- Hypervisor형 가상화 SW는 VMware의 ESX/ESX I server, Citrix의 XenServer가 있음

3. 전 가상화와 반가상화의 비교 설명

가. 전가상화(Full-Virtualization)

		특징	Hardware를 완전히 가상화하는 방식
		장점	Guest OS 수정없이 Windows에서 Linux까지 다양한 OS 이용
		단점	CPU의 가상화가 필요하여 System 성능 저하 발생

4　반가상화 (Para-virtualization)

Host OS		Guest OS		Guest OS		Guest OS

하이퍼 바이저 　　　　　↓ Hardware 제어요구

Hardware 　　　　↓ Hardware 제어

		특징	전가상화와는 달리 H/W를 완전히 가상화 하지 않고 Guest OS가 직접 H/W를 제어하는 것이 아니라 Hypervisor에게 명령을 의뢰, 하이퍼 바이저가 H/W제어
		장점	하이퍼 바이저가 H/W 제어함으로 성능 향상됨
		단점	반가상화를 실현하기 위해서는 Guest OS의 커널의 일부분 수정필요, Guest OS는 open source에 한정

4.		가상화 기술의 적용분야 및 도입시 고려사항
가.		가상화 기술의 적용 분야

적용분야	설 명
S/W test	- S/W 제작시 다양한 OS 환경에서 검증시 활용
S/W 검증	- 하나의 platform에서 여러 OS조건 검증가능

		Cloud Computing	잉여 자원을 연동 & Data 공유(Share)를 위한 기반 Infra로 활용 가능
	4.	가상화 기술 도입시 고려사항	
		고려 사항	설 명
		관리자의 성숙성	운영(Operating)하는 관리자가 상호기술에 대한 이해가 성숙(Maturity)되었는지 확인
		기술의 성숙성	가상화 제품의 기술적 안정성 & 보안 안정성확인필요

"끝"

문	148)	SAN (Storage Area Network)과 NAS (Network Attached Storage)를 비교설명 하시오
답)		
1.		Computing 환경에서의 Storage 시스템 구축
	가.	Computing 환경에서 Storage 시스템의 정의
		- Server의 증가에 따른 Disk (Storage) 관리의 어려움 및 효율성 저하 등을 해결하기 위해 여러개의 관일 Disk를 연결하여 논리적 대용량 Disk로 사용하는 기술
	나.	Storage System 구축의 필요성
		대형 System의 증가 : DW, ERP, ISP, EA, KMS등 대용량 Storage 요구 정보 System 도입 확산됨.
		Disk의 효율적 관리필요 : 대용량 통합 Storage 관리의 일관성, Backup 체계구축및 Recovery (복구) 필요
		Disk 접속및 사용 편리 : 서버 (Server) 접속, 고속 및 신뢰성 있는 Data 처리능력등 사용상 편리성 추구
	다.	Storage System 구축 종류

종류	내용
DAS	- Direct Attached Storage - 전통적인 Storage (Disk) 접속 방법
NAS	- Network Attached Storage - LAN을 통한 독립적 전용서버와 Disk 구성 방법
SAN	Storage Area Network

| | | | SAN | Fiber channel을 통한 Disk 접근 & 망구성 방법 |

2. Network 기술이 접목된 IP·SAN의 정의와 유형별 구조및 특징 (iFCP, FCIP, iSCSI)

가. IP-SAN(IP·Storage Area Network)의 정의

- SAN에 IP기술을 접목시켜 기존 SAN의 거리 제약을 극복한술

나. iFCP(internet Fiber channel Protocol)의 구조와 설명

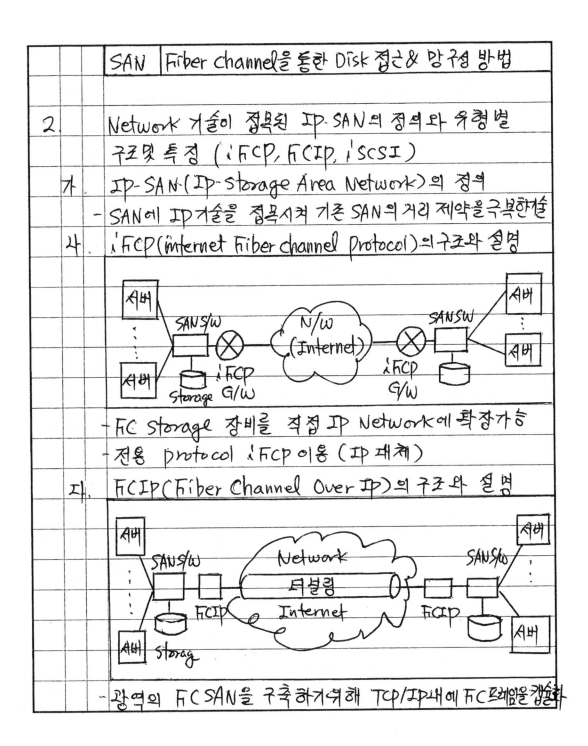

- FC storage 장비를 직접 IP Network에 확장가능
- 전용 protocol iFCP 이용 (IP 대체)

자. FCIP(Fiber Channel Over IP)의 구조와 설명

- 광역의 FC SAN을 구축하기위해 TCP/IP내에 FC 프레임을 캡슐화

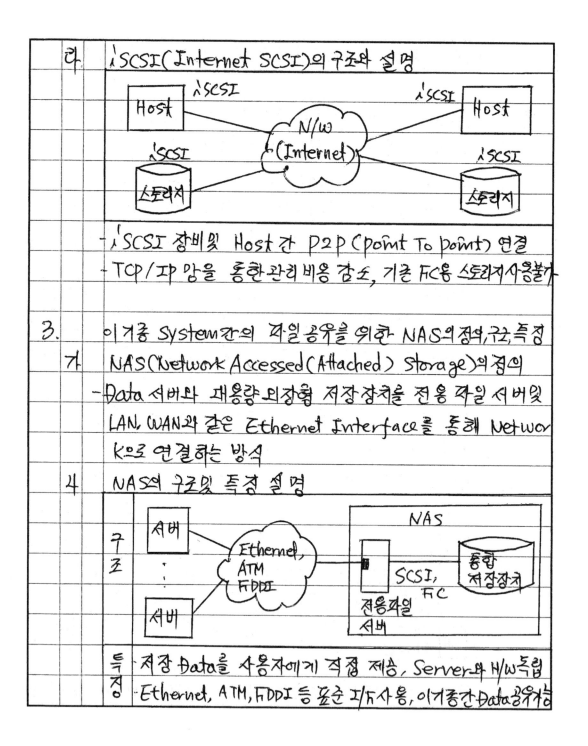

	라	iSCSI (Internet SCSI)의 구조와 설명
		- iSCSI 장비및 Host 간 P2P (point To point) 연결
		- TCP/IP 망을 통한관리 비용 감소, 기존 FC용 스토리지사용불가
3.		이기종 System간의 파일공유를 위한 NAS의정의,구조,특징
	가	NAS (Network Accessed (Attached) Storage)의 정의
		- Data 서버와 대용량 의장형 저장장치를 전용 파일 서버및 LAN, WAN과 같은 Ethernet Interface를 통해 Network으로 연결하는 방식
	나	NAS의 구조및 특징 설명

구
조

특
징
- 저장 Data를 사용자에게 직접 제공, Server와 H/W독립
- Ethernet, ATM, FDDI 등 표준 I/F사용, 이기종간 Data공유가능

		특징	LAN의 대역폭한계에 따라 Traffic 용량저하

4. NAS와 SAN의 장단점 비교, 현황 및 발전방향

가. NAS의 장/단점

구분	설 명
장점	이기종 System간 파일공유(file share) 전송가능, 확장성 좋음, 강력한 Data 보호 및 Backup, 설치 & 관리(Management) 용이
단점	표준화 부족, LAN 대역폭(Bandwidth) 한계 OLTP성능저하, 접속관계(Session Connect)복잡 장애(Fault시) 복구능력이 SAN 보다 미흡, Storage Type의 다양성부족

나. SAN의 장/단점

구분	설 명
장점	무정지(Always operation), 확장성/가용성/유연성, 고성능(High performance), 재난복구 솔루션, TCO 절감으로 IT 중복투자 제거(단일 저장장치 구성으로 중복투자 불필요)
단점	여러 서버(Server)간 파일공유 불가, 이기종 환경에서의 호환(Compatibility)의 어려움, 고가(Fiber Channel Software 사용) Fiber channel 거리 제약성

	각.	NAS와 SAN의 현황및 발전방향
		- 금융권 중심으로 고속 전송 가능한 DWDM을 이용한
		SAN 구축 추세임. - 대용량 고속 전송에 유리한 SAN
		과 정보 공유가능및 Networking 기능이 앞선 NAS
		가 비용절감 & 보안, 성능 (performance)등을 목적으로
		통합 발전될 전망임.
		"끝"

문 149) Cloud Computing 에서 개인 사용자와 기업사용자는 보안 요구사항이 다르다. 개인 사용자와 기업 사용자 관점에서 우려되는 보안 문제를 각각 열거하고 대책을 설명하시오.

답)

1. Cloud Computing 보안(Security)문제의 개요

가. (Cloud Computing 의 정의) - Internet 기술을 활용하여 IT 자원을 서비스로 제공하는 Computing, IT자원 (S/W, H/W, Server, N/W, Storage)을 필요한 만큼 빌려서 사용, 서비스 부하에 따라 실시간 확장성을 지원 받고 사용한 만큼 비용 지불(과금)하는 System 체제

나. Cloud Computing 보안의 중요성

(외부 자원 ("아웃소싱)) - IT 자원을 소유하지않고 일부또는 전부를 outsourcing 하는 형태이므로 보안문제 해결이 필수

2. Cloud Computing 보안문제

가. 개인 사용자 관점에서의 보안문제

보안 Issue	발생 원인
개인정보노출	NW침입, Hacking, 악의적 개인정보 유통등
개인에 대한 감시	행정기관, 기업, 악의적 관체&개인에 의한 감시
개인Data에 대한 상업적 목적의 가공	-개인정보 & 구매 정보를 활용한 기업 경영 및 마케팅(Marketing)에 활용증가- -피싱, 파밍에 의한 개인 정보 노출

- 개인 사용자는 e-mail, Blog, 동료회, 사진 및 파일 저장과 공유(Share) Service를 주로 이용.

4. 사업자 관점의 보안 문제

보안 Issue	발생 원인
Service 중단	DRS System의 부제, DDOS 공격 등
기업정보 훼손	전산조직 & 전산망의 결함에 의한 정보 훼손
기업정보 유출	Network 침입, Hacking 등에 의해 기업정보 유출
고객 정보 유출	Hacking, 악의적 개인 정보 유통 등
법/규제 준수	법/규제의 변화에 따른 적응 필요
e-Discovery 재응	보안 감사 및 전자적 증거 제시를 위한 사이버 포렌식

- 기업 사용자는 타인과 IT 자산을 공유하지 않으며,
  웹(Web) 기반 서비스를 제외한 자른 서비스를 주로 이용

3. Cloud Computing 보안 대책

구성요소	보안대책	적용된 보안기술
plat-form	접근 제어	DAC, MAC, RBAC 에 의한 접근제어
	사용자 인증	ID/password, PKI, SSO, I-PIN, Multi-factor 인증
Storage (스토리지)	검색 가능 암호 System	재청키 기반 검색 가능 암호 System, 공개키 기반 검색 가능 암호 시스템
스토리지 (Storage)	PPDM (개인 preserving Data Mining)	연관규칙, 분류, 순차패턴, 군집화 등 Data Mining 기법 사용

			기밀성 보장	SSL, IPsec
		Network	Network	Application Firewall,
			공격 차단	DDos 방지 (packet filtering)
		단말	단말인식&인증	안전성 보장, TCG의 TPM등

"끝"

문	150)	Crowd Sourcing 에 대해설명하시오
답	)	
1.		집관지성을 활용→문제해결 접근, Crowd Sourcing의 개요
	가.	크라우드 소싱 (Crowd Sourcing)의 정의
	-	대중 또는 군중 이라는 뜻의 'Crowd'와 외부 자원활용, 즉 'out-Sourcing'의 합성어, 기업의 생산, 서비스및 문제해결과정등에 특정 Community & 불특정 다수의 대중들을 참여토록하여 개선효과를 공감하고 효율성을 높이고자 하는 접근 방법
	나.	Crowd Sourcing 의 부각이유 (등장배경)
		On-Line 기술 — 참여 유도 잠재고객 — 콘텐츠 공유 — 실시간 공유 — 관심 Web3.0, 유튜브 2~3억개 이상 Prosumer (producer+consumer) 관심자
2.		Crowd Souŕcing 의 유형과 장점
	가.	크라우드 소싱의 유형
		통합형	OSS 개념을 SW이외의 분야에 접목. ex) Image판매 (판매자, 제공자) 수익분배
		선택형	기업의 Idea공모, R&D문제 개선 ex)기업자체문제 (crowd가 개선
	-	대부분 Crowd는 해당분야의 Know-How 경험자, 과학자등
	나.	In-Sourcing, Out-Sourcing, Crowd-Sourcing의 장점
		비용측면	비용절감, 고객(대중)에 이익증가
		시간측면	인소싱 →아웃소싱 →크라우드 소싱순으로 단축
		솔류션측면	대규모 크라우드를 통해 솔류션 제시
		고객측면	일반 대중들의 다양한 생각 참조

OSS: Open Source S/W

3.	성공적인 Crowd Sourcing을 위한 필수 요소	
	필수요소	설 명
	명확한 목적의식	광고, 프로모션, 마케팅, 상품개발, 서비스등 목적 명확
	Crowd의 선정	다양성과 전문성의 적절한 조화 필요
	체계적인 스크리닝	대중의 참여를 통해 스크리닝(Screening) 수행
	적절한 사후보상체계확립	참여자들에게 동기유발위한 인센티브가 필요

"끝"

문 /51)	PaaS(platform as a Service)에 재해 설명하시오

답)

1. PaaS(platform as a Service)의 정의

- SaaS(software as a Service)의 개념을 platform 에도 확장한 방식으로 개발을 위한 platform 구축을 할 필요 없이 필요한 개발요소들을 Web에서 쉽게 빌려 쓸수있는 Model

2. PaaS의 구성도와 구성요소의 설명

가. PaaS의 구성도

나. PaaS의 구성요소의 설명

구성요소	설 명
Compute	-서비스를 운영하고 계산하는 Server, WebServer, - OS & Virtual Machine 지원, Runtime 환경지원
Storage (저장소)	-Data나 파일이 저장되는 공간, Blob/Table/ Queue/Linked List/Bit map 형태로 저장,복제
Controll- er(제어기)	- Service Release/관리/모니터링, SW Update, Server/Storage/Network 자원관리
Connect	-로컬망(Local망)과 PaaS망을 연결해주는

			Connect	VPN 서비스, 개발자 작업& 관리용도
			CDN	- 대용량 Data의 원활한 서비스(Service)위해 지역별로 Node(Cache)를 설치해 접속분산
			Security (보안)	자원(Resource)및 서비스에 대한 보안 제공, SSL/ 접근제어(Access Control)/DB보안/NW보안

- 확장성, 서비스중심, SelfService, 자동화된 프로비저닝, 가상화, 사용한 만큼 과금 등의 특징. 통합된 platform 제공

"끝"

문	(52)	문서 중앙화에 대해 설명하시오.
답	)	
1.		문서관리의 혁신, 문서 중앙화의 개요
	가.	문서의 중앙 집중 관리, 문서 중앙화의 정의
	-	cloud Computing, Desktop 가상화 및 Storage 통합 기술을 사용하여 기업에서 생산되는 모든 문서를 Local PC가 아닌 중앙 저장소에 저장/관리하는 문서관리 방안.
	나	문서 중앙화의 대두(출현) 배경.

<문서 생산>

현 문서관리의 문제
- Data(문서)손실/분실, TCO증가
- PC교체, 재택근무, App/OS Up version, 모빌리티요구
- 보안문제, 자원/운용 비용증대

→ 문서 중앙화 →

- 업무의 유연성 제공
- Data의 원천적 보안
- 관리 효율성 증대
- 보안, 협업의 효율성
- 공유 (기업 자산 활용)

2.		문서 중앙화의 개념도 및 요소 기술
	가	문서 중앙화의 개념도

<문서 생산>
회사문서 → 기업분류체계 문서(보안, 책임) →(process화)→ 기업문서
문서관리 System
RACI 역할 → 정책 → 기업문서
보안정책

개인문서 → 개인폴더체계 →(process화)→ 개인문서
공유 → 공유등급

	-	문서관리 process, 분류체계, RACI, 검색기능의 연계가 핵심 기능
	나	문서 중앙화의 요소기술

구분	요소기술	설 명
공유 (Share)	RACI	Responsible, Accountable, Consulted, Informed (수행책임) (소명책임) (의견개진) (정보파악)
	Hooking	문서 생산과 동시에 문서관리시스템에 자동저장
보안	Locking	개인 PC에 업무 Data 저장금지
	접근 제어	문서관리 System 접근제어 (RBAC, ACL)
협업	VDI	Server Delivered PC에 의한 문서 사용 & 공유
	통합스토리지	확장, Backup, 가용성 향상, 중앙통합스토리지

- 구성요소 : EDMS 서버, EDMS Host, 문서 보안 모듈 (DRH, 암호화)

3. 문서 중앙화의 도입 효과 (거재 효과)

데이터 중앙 집중관리	중앙서버에 문서관리 → 업무공백 최소화, 생산성↑ (향상)
사용자 보안 강화	정보유출의 원천적 방지, 보안 모듈 설치
사용자 환경 표준화	TCO 절감, 사용자 증가시에도 유연한 확장성
모바일 업무 환경	Desktop, Mobile 거기에서도 사용, 생산성 향상

"끝"

문 153)	서비스 제공 측면에서의 개인화(Personalization)에		
	대해 설명하시오.		
답)			
1.	Internet을 활용한 개인 맞춤서비스, 개인화의 정의		
-	Web, 홈쇼핑, 판매 방법등 사용자의 관심 정보를 기초로		
	하여 가장 적합한 정보를 제공(서비스)하는 기술 & 방법		
2.	Personalization 의 특성과 기술		
가	개인화의 특성		
	고객화	Potal 방문시 스포츠결과, 주가 정보등 고객흥미분야 제시	
	개별화	특정고객에게 특별한 컨텐츠를 제공하기위해	
	(Individualization)	이용 형태를 Pattern화 하고 설정하는 것	
	그룹특성화	비슷한 선호를 보이는 사람들의 기호에 근거하여	
		추천하는 형태, 협업 필터링, 사례기반 추론	
나	Personalization 의 기술		

개인화기술	항목	주요 내용
규칙기반 필터링 (Rule-Based Filtering)	특징	-If x THEN Y와 같은 이미 생성된 규칙
		-사람에 의해 추천 매커니즘 결정
	위험	-Data에 기반한 객관적인 고객분석이 어려움
	요소	-유능한 마케터가 없을 경우의 추천은 역효과
협업 필터링 (Collabrative Filtering)	특징	-유사성향 Group의 구매 형태를 기반으로 제품추천
	위험	-전혀 엉뚱한 제품을 추천할 가능성
	요소	-신제품의 경우 추천하기가 어려움

		학습	-고객의 구매형태를 학습하여 개인화을 처리함.
		에이전트	-장기간 학습기간 필요, 고객 정보를 요구하지않음
3.		개인화 (Personalization)의 효과	
	-	사용자 & 고객 충성도(Loyalty)을 향상, 가치있는 고객 발견.	
	-	개인화를 통해 상품과 서비스의 지속적인 개선, 고객&사용자에 가치부여	
	-	Marketing 비용의 절감효과	
			"끝"

정규화, 논리모델링, 데이터 품질

현업에서 사용되는 정보요구사항 관리 프로세스, 논리 데이터 모델링에서 식별자 관계와 비식별자 관계, 정규화, M : M 관계 해소 방법, 논리모델링 실제 사례 그리고 데이터품질관리에 대해 학습할 수 있도록 하였습니다. [관련 토픽 – 30개]

문 154) 전사아키텍쳐 (EA, Enterprise Architecture)의
정의, 전사개념과 아키텍쳐의 개념에대해 설명하시오

답)

1. 건축물(설계도), SW공학(UML), EA의 개념

　가. 컴퓨터 5대 구성요소, 정보체계 구축&활용 EA의 정의
기업의 목표와 요구를 잘 지원하기 위한 IT인프라
(정보시스템)을 효율적으로 구성하기위한 체계및 방법

　나. EA 구성방법(IT Infra)및 목적

	비즈니스 BA	애플리케이션 AA	데이터 DA	기술 TA	EA 목적
계획자/책임자	전사사업	전사	개괄 데이터	전사기술	-IT투자 대비
책임자	조직	App.	개념 데이터	표준 프로파일	효과 최대화
설계자	프로세스	컴포넌트 Class	논리 데이터	기술 아키텍쳐	-중복투자 제거
개발자	업무매뉴얼	프로그램 목록	물리 데이터	기술 자원 제품 목록	-운영/평가 →통합 관리

2. 전사 개념 및 아키텍쳐 개념의 설명

　가. 전사 (Enterprise)의 정의

공동목표를 추구하기 위한
조직, 자원, 기술을 보유하며,
필요한 업무 프로세스를
수행하는 조직의 집합체

- 전사는 고객과 상품&서비스가 존재함

　나. 아키텍쳐 (Architecture)의 개념(정의)
- 구성요소의 구조, 관계, 설계, 시간 경과에 따른 구성요소

번호		
	의 발전을 위한 원리와 지침, 향후 목표 아키텍쳐 달성계획	

라. Architecture 구성요소와 설명

·전략	참조모델	규칙: 상호운용 & 일관성 준수
·현재지점	- BA, DA	모델: 아키텍쳐 담당자간 의사소통
·표준 규칙모델 AA, TA		계획: 목표 아키텍쳐 정의 & 이행전략
계획 Model		(plan): EA의 이행계획 & 구축계획
Rule - 이행계획 - 구축계획		

3. EA 관련 데이터 아키텍쳐(DA) 전문가로서 역할

- 아키텍쳐 도메인 중 데이터 아키텍쳐 영역 직접수행 & 간접적 관여, EA 이해, 소속기업의 EA 추진 내역 관심,

- 구축된 EA 정보를 적극 활용

"끝"

문	(55)	정보요구사항에 대한 생명주기모형(Life Cycle)과 정보
		요구사항 유형들에 대해 설명하시오.
답)		
1.		프로젝트(project)성공, 정보요구사항의 개요.
	가.	제안요청서(RFP), 사업수행계획서, 정보요구사항의 정의
		사용자가 일상적으로 수행하는 업무의 개선사항이나 신규
		개발사항으로 시스템을 통해 기능상의 목적을 달성위한 항목
	나.	정보시스템의 정보요구사항의 유형

시스템 장비구성	기능&비기능	성능&인터페이스	피이저,보안	품질,제약사항	프로젝트 관리	프로젝트 지원	Test,구축,설치
H/W, S/W, N/W 장비들	사용자 기능& 비기능	동시사용 자,외부 인터페이스	DB설계 기밀성, 무결성	품질평가 필요한 제약&요건	조직,일정, 추진계획 요구사항추적	표준화, 교육, 기술지원	BMT 기획, 분석

2.		정보요구사항 생명주기 모형의 도식과 설명
	가	정보요구사항(Requirement)의 생명주기 모형

정보요구사항수집 〉	분석&정의 〉	상세화 〉	검증 〉
정보 요구사항(Requirement)관리			

- 생명주기 모형을 반복적으로 수행하여 사용자 정보 요구사항 반영

	나.	정보요구사항 생명주기(Life Cycle) 모형의 설명

수집	정보시스템사용자 정보요구사항수집,인터뷰,설문,워크숍.
분석&정의	요구사항에 대한 다양한 기법으로 분석 & 정의 단계
상세화	세밀하게 분석하고 기록, 정보시스템에 정확하게 반영
검증	비즈니스관점, 조직관점, App관점등 상관분석등한 검증

3. 정보요구사항 유형의 설명 (외부인터페이스, 기능개선, 성능개선, 보안개선 요건 위주)

유형	구분	설 명	
외부	정의		대외기관과 송신 & 수신 (제도 & 기준 변경시)
인터페이스	관리	중복성	기존에 동일 인터페이스 존재 체크
요건	기준	표준준수도	국제표준, 국가표준 존재시 준수
기능	정의		입력에 대한 출력을 생성하는 활동 & 프로세스
개선	관리	불가변성	향후에 재변경되지않도록 개선요청
요건	기준	범용성	많은 사용자가 편리하게 사용가능
성능	정의		동시사용자수, 처리정보양, 트랜잭션시간등
개선	관리	실현가능성	현행기술수준고려 구현가능 여부
요건	기준	측정가능성	측정이 불가능한 모호한 형태 안됨
보안	정의		정보 훼손, 변조, 도난등 물리적 & 사용통제
개선	관리	불가변성	향후에 변경되지 않도록 개선요청
요건	기준	실현가능성	현행기술수준고려 구현 가능여부

"끝"

문 156) 정보요구사항 관리 프로세스에 대해 설명하시오.

답)

1. 고객 만족도 향상, 정보요구사항 관리 프로세스의 개념
   가. 요구사항 발송부터 반영작업 계획수립, 관리 프로세스의 정의
      사용자로부터 정보요구사항을 접수하고, 반영여부를 결정
      하여 통보하고 최종적으로 시스템 개발로 완료되는 과정
   나. 정보요구사항에 관련된 산출물

제안요청서	독소조항이 제거된 발주기관의 최종제안요청서
요구사항정의서	수행사가 작성, 제안요청서의 세부항목나열
요구사항추적표	요구사항의 변경(삭제,추가,일부변경) 관리
과업대비표	요구사항에 대한 수행사가 할 Activity
현행시스템분석서	현행시스템이 갖고 있는 모든 기능분석내용

2. 정보요구사항 관리 프로세스와 설명
   가. 정보요구사항의 업무흐름(flow) 프로세스

   사용자 요구사항 발송부터 요구사항 반영작업까지의 업무흐름
   나. 정보요구사항 업무흐름도에 대한 설명

단계	구분	설명

번호				
		1	요구사항 발송	사용자가 불편사항을 담당자에게 발송
		2	요구사항 수렴	접수한 내용을 검토할 처리 담당자 지정→이송
		3	요구사항 검토	요청된 정보 요구사항과 관련 자료 검토
		4	반영 여부	반영 여부 판단, 반영불가시 사유 통보
		5	영향도 분석	신규 개발& 변경에 따른 영향도 분석
		6	공식화	담당자 의견 공유, 반영유형(신규, 기존)결정
		7	반영 작업 계획 수립	영향분석근거로 관련 담당자 미팅→반영계획
				"끝"

문 (5) 사용자로부터 수집된 정보요구사항에 대해 우선순위를 부여하고, 부여된 우선순위에 맞게 절차적으로 진행할수 있는 방법으로는 화폐가치 산출방법과 상대적 중요도 산정방법이 있다. 각 방법에 대해 설명하시오.

답)

1. 화폐가치 산출방법과 상대적 중요도 산정방법의 정의

화폐가치 산출	상대적 중요도 산정 방법
최종적으로 구해진	정보요구사항이 무엇을 지원하느냐에 따라
가치가 높을수록	점수를 부여하고 이를 가중치에 따라 계산
우선순위가 높음	하여 중요도를 산정하는 방식

2. 화폐가치 산출 방법의 예와 설명

가. 화폐가치 산출 방법의 예 (단위:천원)

정보요구	기업차원 중요성	시스템 중요성	상호 관련성	점수	비율	가치	우선순위
1①	3②	3③	1④	9⑤	0.9%⑥	900⑦	1⑧
2	2	3	5	30	3.0%	3,000	2
…N	--	--	---	--	---	---	-
계				1,000	100%	100,000	-

나. 화폐가치 산출 방법의 단계별 설명

단계	설명
①	정보요구사항을 전부 나열.
②	기업 차원의 중요성을 평가후 1점~3점까지 부여
③	시스템 차원의 중요성을 평가후 1점~3점까지 부여

번호			
		④	정보요구사항간 상호관련성 평가후 1점~5점까지부여
		⑤	② × ③ × ④ (3가지 점수를 모두 곱함) ┌환산
		⑥	점수 합계를 100으로 하여 각각의 요구사항 가치를 백분율로 (%)
		⑦	점수에서 백분율을 곱하여 요구사항 가치를 금액으로 환산
		⑧	가치가 높은 요구사항순으로 우선순위 부여

- 최종순위는 산출된 수치에 의존하지 않고 고육의 상황에 따름.

3. 상대적 중요도 산정방법의 예와 설명

  가. 상대적 중요도 산정방법의 예

정보 요구	업무기여 (50%)	상호관련 성(20%)	충족성(30%)	가중평균			합계	중요도
				업무기여	상호관련성	충족성		
1 ①	5 ②	9 ③	3 ④	20 ⑤	12 ⑥	15 ⑦	37 ⑧	1 ⑨
2	4	5	2	16	6	10	32	2
3	3	1	1	12	1	5	18	3
·N	··	···	··	··	··	··		
합계	12	15	6	28	19	30	-	-

- 업무기여 (가중평균) 20 = 5×50% / (5+4+3)

- 업무기여: 목적 달성(5점), 목표 지원(4점), 전략지원(3점)

- 상호관련성: 큼(9점), 보통(5점), 없음(1)

- 충족성(현재 정보시스템이 각각의 정보요구사항을 얼마나
  충족하느냐의 여부): 만족(3점), 보통(2), 미지원(1)

4. 상대적 중요도 산정 방법의 단계별 설명

단계	설 명
①	정보요구사항을 전부나열

번호			
		②	업무 기여 수준에 따라 1점 ~5점 부여
		③	정보요구 사항간 상호관련성 평가후 1~9점 부여
		④	요구사항 충족여부에 따라 1~3점 부여
		⑤	업무기여 (지원) 정도 : 50% 가중치
		⑥	타 요구사항과의 관련 정도 : 20% 가중치
		⑦	현행시스템 지원정도(충족성) : 30% 가중치
		⑧	합계 : 업무기여 + 상호관련성 + 충족성
		⑨	각 가중평균의 합계에 따른 중요도 부여
			- 기업 업무특성을 감안하여 결정가능
			"끝"

문 (58) 데이터 표준을 위해 사용되는 표준단어, 표준도메인,
표준코드, 표준용어에 대해 각각 설명하시오.

답)

1. 고품질의 데이터 확보, 데이터 표준화의 개념

　가. 전사 데이터 표준화위한 데이터 표준화의 정의

　　시스템별로 산재해 있는 데이터 정보요소에 대한 명칭,
　　정의, 형식, 규칙에 대한 원칙을 수립하여 적용하는것

　나. 데이터 표준화의 의미

데이터 명칭	데이터 정의	데이터 형식	데이터 규칙	→ 전사적 표준 적용
· 유일성 · 업무관점의 보편성 · 의미전달성	· 의미하는 범위 · 자격요소 규정	· 데이터 타입 · 데이터 길이 · 소수점 자리 · 도메인정의 · 최대/최소값	· 기본값 · 허용값 · 허용 범위	· 한글명, 영문명, 영문약어명, 데이터 타입, 데이터길이, 소수점이하 길이

2. 표준단어, 표준도메인, 표준코드, 표준용어의 설명

　가. 표준단어 정보시스템별로 혼재되어 사용되고 있는 모든 용어를
　　단어 단위로 분할하여 도출, 단어 정련후 표준단어로 도출 하는
　　일련의 과정을 거쳐 정의됨

　　표준단어 생성 예 현행용어수집 → 단어분할 → 단어정련 → 표준단어

현행용어수집	단어분할	단어정련	표준단어 사전도출
수신 System 고객정주소 여신 시스템 손님주소	고객 집주소 손님 주소	고객 손님 정주소 주소	고객 주소

번호	4.	표준도메인	정보시스템별로 혼재되어 사용되고 있는 컬럼의

컬럼명, 데이터 타입, 길이등을 표준 도메인 (속성에 정의된

조건을 만족시키는 값의 범위)으로 생성하는 과정

표준도메인 생성 예

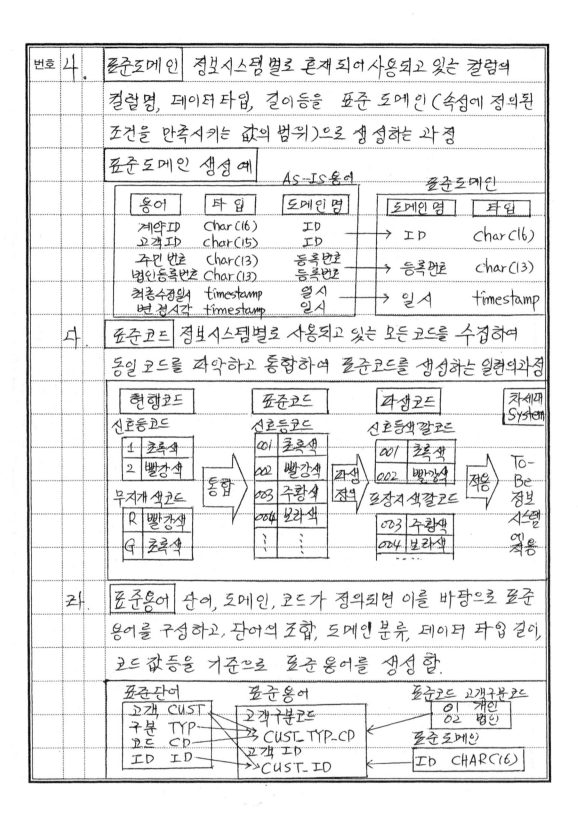

AS-IS용어

용어	타입	도메인명
계약ID	Char(16)	ID
고객ID	char(15)	ID
주민번호	Char(13)	등록번호
법인등록번호	Char(13)	등록번호
최종수정일시	timestamp	일시
변경시각	timestamp	일시

표준도메인

도메인명	타입
ID	char(16)
등록번호	char(13)
일시	timestamp

	다.	표준코드	정보시스템별로 사용되고 있는 모든 코드를 수집하여

동일 코드를 파악하고 통합하여 표준코드를 생성하는 일련의과정

현행코드
신호등코드

1	초록색
2	빨강색

무지개색코드

R	빨강색
G	초록색

통합 →

표준코드
신호등코드

001	초록색
002	빨강색
003	주황색
004	보라색
:	:

파생전이 →

파생코드
신호등색깔코드

001	초록색
002	빨강색

포장지색깔코드

003	주황색
024	보라색
	:

적용 →

차세대 System

To-Be 정보 시스템 적용

	라.	표준용어	단어, 도메인, 코드가 정의되면 이를 바탕으로 표준

용어를 구성하고, 단어의조합, 도메인분류, 데이터 타입 길이,

코드값 등을 기준으로 표준용어를 생성함.

표준단어

고객	CUST
구분	TYP
코드	CD
ID	ID

표준용어

고객구분코드
→ CUST_TYP_CD
고객 ID
→ CUST_ID

표준코드 고객구분코드

01	개인
02	법인

표준도메인

ID	CHAR(16)

번호.	데이터 표준화에 따른 기대 효과	
	기대효과	내용
	명칭의 동일로 인한 명확한 의사소통의 증대	개발자-현업, 운영자-현업, 운영자-운영자등 신속한 의사소통가능
	필요한 데이터의 소재 파악에 소요되는 시간 및 노력 감소	새로운 정보 요건사항 발생시 데이터 의미, 데이터의 위치 신속 파악
	일관된 데이터 형식 및 규칙의 적용으로 인한 데이터 품질향상	데이터 형식 및 규칙이 표준사양 적용으로 입력 오류 방지 등한 품질향상
	정보시스템 간 데이터 인터페이스시 데이터 변환, 정제 비용감소	별도의 변환이나 정제작업 없이 그대로 활용 → 별도 비용 없음

"끝"

문 159) 다음 학과와 학생 Table에서 기본키, 외래키, 대체키, 슈퍼키, 후보키를 식별하시오.

학생 Table = Relation

학번	주민번호	이름	학년	학과코드
0001	1234	권○석	3	A
0002	5678	박○기	1	B

학과 Table = Relation

학과코드	학과
A	컴퓨터공학과
B	사회복지학과

답)

1. Database에서 사용되는 Key(키)의 정의와 특성

가. | 키(Key)의 정의 | 튜플(Tuple)(Rows = 인스턴스 = 어커런스)을 유일하게 식별할 수 있는 단일 속성 또는 그룹속성, 식별자

나. | Key의 특성 |

-유일성, 최소성, 대표성으로 기본 Key 선정

← 유일성 ─ 해당 릴레이션에서 모든 튜플을 유일하게 식별가능성

최소성 ─ 유일성을 가진 최소한의 속성을 만들 포함

대표성 ─ 해당 릴레이션을 대표함.

2. 주어진 Table에서 키 식별

학번 이나 주민번호로 유일성을 확보할 수 있는데

이름과 학년을 포함해 PK구성 최소성 위배

키	설 명	식별속성
슈퍼키 (Super)	유일성은 존재하나 최소성을 만족시키지 못하는 한개 이상 속성으로 (두성)	학번 + 이름, 주민번호 + 학년
후보키 (Candidate Key)	유일성과 최소성을 만족시키는 키 단일 속성(Attribute)로 구성	학번, 주민번호
기본키 (Primary key)	후보키 중에서 대표로 선정된 키, Not NULL (값이 존재해야 됨)	학번
대체키 (보조키)	기본키를 제외한 후보키들 (Alternate)	주민번호

번호		외래 키 (Foreign)	다른 Relation 의 기본키(PK) 로 선정된 Key	학과코드

3. Key 도출 (Extraction) 과정

스키마 속성 → 유일성 만족 → 슈퍼키 선정 → 최소성 만족 → 후보키 선정 → NotNull 재평 만족 → 기본키 선정

슈퍼키 선정 :
- 슈퍼키
- 후보키
- 기본키
- 대체키

후보키 선정 :
- 후보키
- 기본키
- 대체키

기본키 선정 : Primary Key (PK)

Primary Key는 Entity Type 내에 모든 Entity들이 유일하게 구분 가능 (불변성유지, 존재성…Data값이 존재)

"끝"

문 160) 엔터티(Entity) 타입의 주식별자인 기본키(primary)는 유일성, 최소성, 불변성, 존재성, 대표성을 가지고있야한다. 각각 설명하시오. 또한 기본키 선정기준에 대해서도 설명하시오.

답)

1. 데이터베이스에서 기본키(primary)의 정의
   여러개의 집합체(Entity Instance)를 담고 있는 하나의 엔터티 타입에서 각각의 엔터티를 구분할수 있는 결정자

2. 기본키(primary)의 특징 5가지 설명및 사례비교

특징	설명	사례비교
유일성	기본키에의해 엔터티 타입 내에 모든 엔터티를 유일하게 구분 가능(엔터티=속성들)	예)주민번호 주식별자(기본키)가 모든 사람을 고윽하게 식별(Identifying)할수 있음
최소성	최소한의 속성(Attribute)으로 식별자 구성 할수 있어야 함.	예)주민번호 하나만으로 유일성을 확보할수 있는데 주민번호+부서코드 구성은 최소성을 위배
불변성	식별자가 한번 특정 엔터티에 지정되면 그 식별자는 변하지 않아야 함	예)주민번호가 변한다는 의미는 이전기록이 말소가 되고 새로운 기록이 발생되었다는 개념
존재성	식별자가 지정되면 반드시 데이터 값이 존재	예)주민번호가 없는 대한민국 국민은 존재 할수 없음.
대표성	해당 Entity을 대표함	주민번호가 대표할수 있음

번3 주식별자(PK) 선정기준(도출기준)

선정기준	설명(내용)	비고
자주 사용 되는 속성을 주식별자로	직원 사원번호 → 주식별자 주민번호 → 보조식별자 전화번호	사원번호가 직원 엔터티에 서 더 많이 사용
명칭, 내역 등의 이름 속성은 제외	부서이름 주식별자 선정시 Read시 부서명이 Where 조건절에 기술, 부서명이 길면 Where절에 입력 하기 어려운 → 보통 일련번호 & 코드로 새로운 식별자 생성 	부서명은 부서코드 & 부서일련번호 새로운 식별자 생성
주식별자 수가 많은때 (7~8개 이상) 인조식별자 생성	주식별자수가 7~8개이상시 모델 단 순화를 위해 새로운 식별자를 생성 예) 접수정보가 7개이상으로 복잡 	인조식별자 생성

"끝"

문 161) 아래 사원 엔터티(Entity) 타입과 부서 엔터티 타입간의 관계 도현을 식별자 및 비식별자 관계를 고려하여 작성하고 설명하시오. (바커표기법과 정보공학표기법 각각 설명하시오)

```
┌─────────┐   ┌─────────┐        ┌─────────┐          ┌─────────┐
│ 사원     │   │ 부서     │        │ 사원     │          │ 부서     │
│#사원번호 │   │#부서번호 │        ├─────────┤          ├─────────┤
│*사원명   │   │*부서명   │        │사원번호  │          │부서번호  │
│○연락처   │   │         │        │사원명    │          │부서명    │
└─────────┘   └─────────┘        │연락처    │          └─────────┘
                                  └─────────┘
     (바커표기법)                      (정보공학표기법)
```

답)

1. 관계(Relationship), 식별자 관계(Identifying 관계), 비식별자 관계(Non-Identifying 관계)의 정의

관계	엔터티 타입과 엔터티 타입간의 직접 종속(부모

엔터티 Type과 관계가 1촌)인 관계, 업무와 관련된 관계

식별자 관계	부모로부터 받은 식별자(기본키=PK)를 자식

엔터티의 주식별자로 이용되는 경우, 즉 자식 Entity의 주식별자로 부모의 주식별자가 상속이 되는 경우

비식별자 관계	부모엔터티로 부터 속성을 받았지만 자식

엔터티의 주식별자로 사용하지 않고 일반적인 속성으로만 사용

2. 정보공학표기법에서의 관계(Relationship)의 예

식별관계	비식별관계	의미
┼─────⦀<	⊸┤─ ─ ─<	0, 1 또는 2 이상의 개체 허용
┼─────⦀<	⊸┤─ ─ ─<	1 또는 2 이상의 개체 허용

엔터티 Type = 엔터티의 집합, 사원, 부서, 고객, 상품등

엔터티 = 엔터티 인스턴스 A,B,C, 1,2,3 기타 이름

本 책에서는 엔터티 Type과 엔터티를 동일개념으로 보고 작성

번호		─┼─────○┤	─┼○┄┄┄┄┄┄○┤	O 또는 1 개체 허용
		─┼─────┼─	─┼┄┄┄┄┄┄	정확히 1 개체 허용

3. 사원과 부서 엔터티 타입간의 관계 표현

가. 정보공학 표기법에 따른 관계 표현

식별자 관계	사원 사원번호 부서번호(FK) 사원명 연락처	① 현소속 → / ← ②	부서 부서번호 부서명

비식별자 관계	사원 사원번호 부서번호(FK) 사원명 연락처	① 현소속 → / ← ②	부서 부서번호 부서명

설명	주어부	관계 비	목적부	선택 사양(필수,선택)
①	각 사원은	단 하나의	부서를	반드시 가져야 함(필수)
②	각 부서는	한명이상의 (0, 1, 다수)	사원을	가질수도 있다 (선택)

4. 바커 (Barker Notation) 표기법

식별자 관계	사원 #사원번호 #부서번호(FK) *사원명 o 연락처	① 현소속 → / ← ②	부서 #부서번호 *부서명

비식별자 관계	사원 #사원번호 *부서번호(FK) *사원명 o 연락처	① 현소속 → / ← ②	부서 #부서번호 *부서명

설명은 정보공학표기법과 동일함

"끝"

문 162) 식별자(Identifier)의 유형과 아래 보기법에서 각 엔터티 타입에서의 식별자 식별하시오. 식별자 관계로만 설정할 경우의 문제점과 비식별자 관계로만 설정할 경우의 문제점을 논하고 식별자와 비식별자관계를 비교 설명하시오.

(바커표기)

```
┌─────────┐          ┌──────────────┐          ┌────────────┐
│ 부서     │          │ 사원         │          │ 교육이력    │
│ #부서번호 │----------< #사번        │-------K   │ #사번(FK)   │
│         │          │ *주민등록번호  │          │ #수강일자   │
│ *부서명  │          │ *부서번호(FK) │          └────────────┘
└─────────┘          └──────────────┘
                            │
                            │
                     ┌────────────┐
                     │ 구매신청    │
                     │ #주문번호   │
                     │ *사번(FK)   │
                     │ *주문일자   │
                     └────────────┘
```

답)

1. 개체(Entity)를 지칭하거나 식별해주는 속성 식별자의 개요

   가. 식별자(Identifier)의 정의

   하나의 엔터티내에서 각각의 인스턴스를 유일(Unique)하게 식별해 낼수 있는 속성 & 속성그룹, 하나의 Entity는 하나 이상의 식별자를 보유하고 있어야 함

   나. 식별자의 유형

분류	식별자	설 명
대표성 여부	주식별자	엔터티 내에서 각 어커런스를 구분할수 있는 구분자. 타엔터티와 참조관계를

번호			주식별자	연결할 수 있는 식별자 (PK)
		대표성 여부	보조 식별자	엔터티 내에서 각 어커런스를 구분 할수 있는 구분자이나 대표성을 가지지 못해 참조관계 연결을 못함
		스스로 생성 여부	내부식별자	내부에서 스스로 만들어지는 식별자
			외부식별자	다른 엔터티로부터 관계에 의해 주식별 자 속성을 상속 받아 자신의 속성에 포함, (식별자에포함)
		속성의 수	단일식별자	하나의 속성으로 구성된 식별자
			복합식별자	둘이상의 속성으로 구성된 식별자
			본질식별자	업무에 의해 만들어지는 식별자
			인조식별자	업무적으로 만들어지지는 않지만 원조 식별자가 복잡한 구성을 가지고 있기 때문에 인위적으로 만든 식별자

2. 주어진 데이터 모델에서의 식별자의 식별

```
┌─────────┐          ┌─────────────┐          ┌──────────────┐
│ 부서    │          │ 사원        │          │ 교육이력     │
│#부서번호│ ‹------<│#사번         │ -------<│#사번(FK)     │
│*부서명  │          │*주민등록번호 │          │#수강일자     │
└─────────┘          │↓부서번호(FK) │          └──────────────┘
                     └──────┬──────┘
                            △
                     ┌──────┴──────┐
                     │ 구매신청    │
                     │#주문번호     │
                     │*사번 (FK)    │
                     │○주문일자     │
                     └─────────────┘
```

주식별자	#부서번호 #사번, #주문번호, (#사번(FK) + #수강일자)
보조식별자	*주민등록번호
내부식별자	#부서번호, #사번, #주문번호

번호			
		외부 식별자	✻ 부서번호(FK), ✻사번(FK), #사번(FK)
		단일 식별자	#부서번호, #사번, #주문번호,
		복합 식별자	(#사번(FK) + #수강일자)
		본질 식별자	#부서번호, #사번, #수강일자
		인조 식별자	#주문번호

3. 식별자 & 비식별자 관계로만 설정할 경우의 문제점.

   가. 식별자   관계로만 설정할 경우의 문제점

예	A #B ── C #B(FK) #D ── E #D(FK) #B(FK) (바커표기)
문제점	-주식별자 속성이 지속적으로 증가하는 구조 -개발자 복잡성, 오류가능성을 유발

   나. 비식별자 관계로만 설정할 경우의 문제점.

예	A #B ── C D ✻B ── E #F ✻D, ✻B (바커표기)
문제점	-자식 엔터티로 속성이 상속되지 않아 자식엔터티 에서 데이터를 처리할때 쓸데없이 부모엔터티 검색필요

4. 비식별자 선택 프로세스와 식별자&비식별자관계 비교

   가. 비식별자 선택 프로세스의 설명

```
[관계    ]→[관계의  ]→[자식 테이블]→[SQL복잡도증가]
[분석    ]  [강/약분석]  [독립PK필요 ]  [개발생산성저하]
             약한관계      독립 PK지정    PK속성 단순화
```

비식별자 관계 설정 고려

번호		

- 기본적으로 식별자관계로 모든 관계가 연결되면서 위의 해당조건일 경우 비식별자관계로 조정
- 자식엔터티에 독립적으로 주식별자를 구성한다는 의미는 업무적 필요성과 성능상 필요여부를 모두 포함하는 의미임.

4. 식별자와 비식별자관계 비교

항목	식별자관계	비식별자관계
목적	강한연결관계표현	약한 연결관계 표현
자식주식별자 영향	자식 주식별자구성에포함될	자식 일반 속성에 포함될
표기법	실선표현	점선표현
연결 고려 사항	- 반드시 부모엔터티에종속 - 자식 주식별자구성에 부모주식별자포함필요 - 상속받은 주식별자 속성을 타 엔터티에 이전 필요	- 약한 종속관계 - 자식주식별자구성을독립적으로구성 - 자식주식별자구성에 부모 주식별자 부분필요 - 상속받은 주식별자 속성을 타 엔터티에 차단필요 - 부모쪽의 관계 참여가 선택관계

"끝"

문 (63) 아래 사원엔터티(Entity) 타입과 부서엔터티 타입간의 관계를 관계 차수 (Cardinality)와 필수 & 선택 사양을 표현하여 설명 하시오.

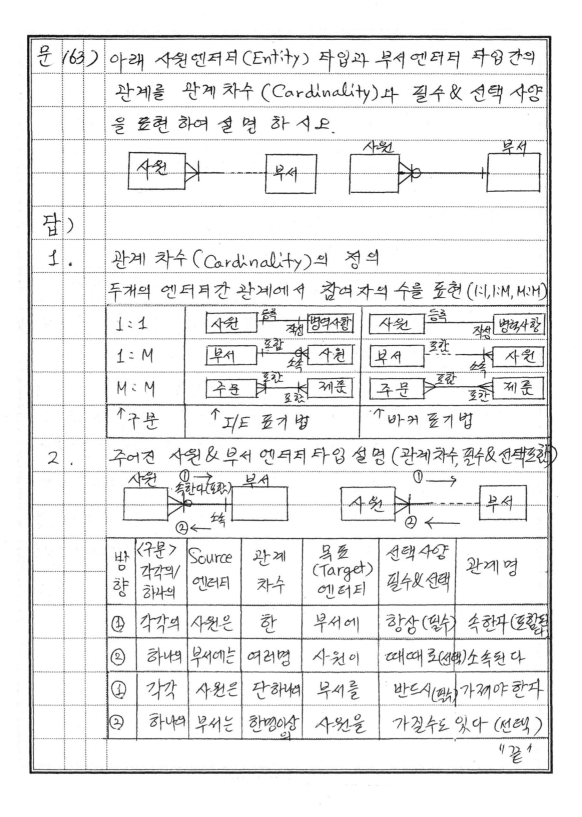

답)

1. 관계 차수 (Cardinality)의 정의

두개의 엔터티간 관계에서 참여자의 수를 표현 (1:1, 1:M, M:M)

	I/E 표기법	바커 표기법
1 : 1	사원 ─등록→ 작성 병역사항	사원 ─등록→ 작성 병역사항
1 : M	부서 ─포함→ 소속 사원	부서 ─포함→ 소속 사원
M : M	주문 ─포함→ 제품	주문 ─포함→ 제품

↑구분   ↑I/E 표기법   ↑바커 표기법

2. 주어진 사원 & 부서 엔터티 타입 설명 (관계차수, 필수 & 선택포함)

방향	<구분> 각각의/ 하나의	Source 엔터티	관계 차수	목표 (Target) 엔터티	선택사양 필수 & 선택	관계명
①	각각의	사원은	한	부서에	항상(필수)	속한다(포함됨)
②	하나의	부서에는	여러명	사원이	때때로(선택)	소속된다
①	각각	사원은	단하나의	부서를	반드시(필수)	가져야 한다
②	하나의	부서는	한명이상	사원을	가질수도 있다 (선택)

"끝"

문 164) Entity(엔터티) 타입의 특징을 사례를 들어 설명하고
Entity Type 분류는 유무형에 따른 분류와 발생 시점에
따른 분류로 구분될수있다. 각각 설명하시오.

답)

1. 엔터티(Entity)와 Entity Type의 정의

| 엔터티(Entity) | 조직이 관리하고자 하는 데이터와 관련된 사용자 속의 사람, 장소, 객체, 이벤트 또는 개념

| 엔터티 Type | 업무에 필요하고 유용한 정보를 저장하고 관리하기 위한 것으로 영속적으로 존재하는 단위. 엔터티의 집합

2. 엔터티 타입(Entity Type)의 특징 & 사례 설명

구분	설명	사례 (O:가능 X:불가능)
업무 연관성 (우리가관리)	반드시 시스템을 구축하고자 하는 업무에서 필요로 하고 관리하고자 하는 정보 (관리 재상 정보)	병원 환자 부서 병원주소 O 환자번호 X 부서코드 환자명 부서명 환자는 병원과 업무연관
식별 가능성	유일한 식별자(Unique Identifier)에 의해 식별이 가능. 인스턴스 각각을 구분하기 위한 유일한 식별자가 존재해야함	식별자 → 고객 주민등록번호 성명 주소 전화번호 … 유일한 식별자에 의해 식별
2개 이상의 인스턴스 집합	영속적으로 존재하는 인스턴스의 집합. 엔터티의 특징 중 한개가 아니라 "두개 이상"이라는 집합개념 (가로와 세로=면적)	회사 → 엔터티타입 엔터티 X 회사 삼당초1개사 협력회사 → 엔터티타입 엔터티 O 협력회사 A출판사 B출판사 한개가 아닌 2개 이상의 집합으로 구성되어야 할

Create, Read, Update, Delete

번호				
	업무프로세스에 의해 사용 (프로세스연관성)	업무 프로세스가 그 엔터티을 반드시 사용, 업무프로세스에 의해 C, R, U, D 등이 발생하지 않는 고립된 엔터티는 제거 필요	프로세스→엔터티→엔터티→ 엔터티 미사용 미사용 엔터티는 업무누락
	2개 이상의 속성포함	엔터티 타입은 반드시 2개 이상의 속성이 포함	제품 제품이름 발생지역종속 ○ / 날씨 날씨이름 ✕
	관계 존재	엔터티 타입은 다른 엔터티 타입과 최소한 한개이상의 관계	[IE 툴기] 주문 제품 M : M

3. 엔터티 타입의 분류

가. 유무(有無)형에 따른 분류

종류	설 명	예
유형 (Tangible)	물리적인 형태가 있고 안정적이며 지속적으로 활용되는 엔터티 타입. -구분용이(업무상), 원척적으로 존재	사원, 물품, 고객, 강사
개념 (Conceptual)	-물리적인 형태는 존재 하지 않고 관리 해야 할 개념적 정보 -현업에서 관리를 용이하게 하기 위함	조직, 상품, 장소
사건 (Event)	-업무수행 중 발생하는 엔터티타입 -비교적 발생량이 많으며 각종 통계자료에 이용되는 자료	주문, 청구, 수납, 미납

나. 발생시점에 따른 분류

- 키 엔터티 타입, 중심(Main) 엔터티 타입, 행위 타입

번호		종 류	설 명	예
		키 (기본) (Key)	-자신의 부모를 가지지 않음, 업무에 원래 부터 존재 하는정보, 독립적으로 태초부터 존재, 부모역할, 이후 발생되는 모든엔터티타 입은 키엔터티간의 업무관계서작	사원, 부서, 고객, 상품, 자재 등
		중심(메인) (Main)	- 키엔터티 간의 업무적인 관계로부터 발생 - 해당업무에서 중심역할, 데이터 발생량이 많고 타 엔터티와 관계통해 행위엔터티 생성	주문, 접수, 계약, 사고, 청구, 구매역화, 예금원장등
		행위 (Action)	-두개이상의 부모 엔터티 타입에서 발생 - 내용이 자주 바뀌거나 데이터양이 증가 -분석 초기단계에서는 잘 나타나지않고 상세 설계 단계나 프로세스와 상관 모델링을 진행하면서 도출될수 있음	상세주문내역, 계약진행, 이력관리, 차량수리내역 상세이력 등
				″끝″

문 (65) 아래 개인고객 엔터티와 법인고객 엔터티, 두개의
엔터티 (Entity)를 통합하는 개념에서 슈퍼타입
(Super-type)과 서브타입 (Sub-type)화 하여
ERD (Entity Relation Diagram)으로 표시하시오
(I/E표기법이나 바커표기법중 하나)

[개인고객] 엔터티

고객번호	고객명	주민번호	생년월일	성별	결혼여부	취미	주소	전화번호

[법인고객] 엔터티

고객번호	고객명	법인번호	재무자명	설립일자	제품번호	총판매액	주소	전화번호

답)

1. 슈퍼 (Super) 타입과 서브 (Sub) 타입의 정의

Super Type - 유사한 엔터티에서 유사한 속성을 분리해서
새로운 엔터티 (슈퍼타입)를 생성 하는 것

예) 개인고객과 법인고객 엔터티는 유사한 엔터티이고
고객번호와 고객명 속성이 유사한 속성이어서, 유사한 속성을
분리해 고객이라는 슈퍼타입으로 생성 가능.

Sub Type | Super Type 생성시 제외된 고유한 속성들

예) 개인/법인고객 엔터티에 고유한 속성은 남아서 서브타입이됨

2. 주어진 엔터티들에서 Super/Sub-Type 분리

- 취미, 주요제품, 연락처는 (답)
  제 1정규형위반으로 1차 정제

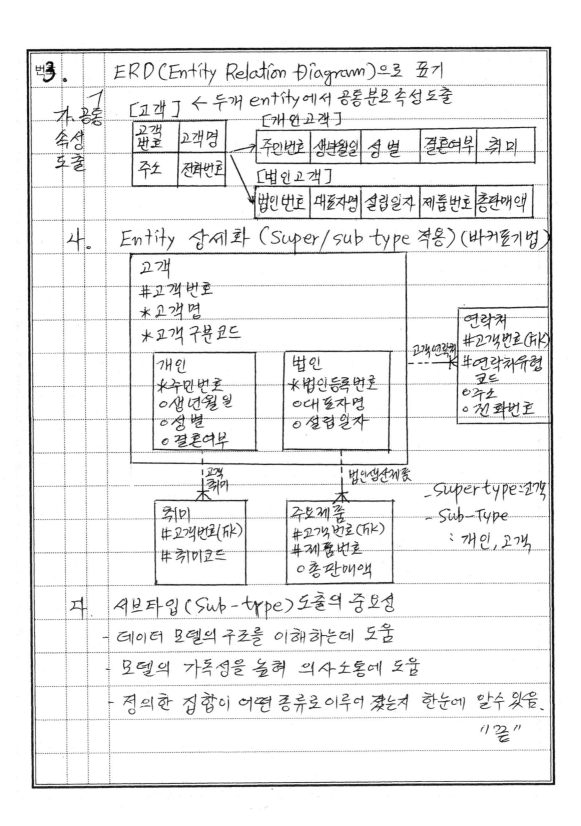

번3. ERD (Entity Relation Diagram)으로 표기

가. 공통 속성 도출

[고객] ← 두개 entity에서 공통분모 속성도출

고객번호	고객명
주소	전화번호

[개인고객]

주민번호	생년월일	성별	결혼여부	취미

[법인고객]

법인번호	대표자명	설립일자	제품번호	총판매액

4. Entity 상세화 (Super/sub type 적용) (바커표기법)

고객
#고객번호
*고객명
*고객구분코드

개인
*주민번호
ㅇ생년월일
ㅇ성별
ㅇ결혼여부

법인
*법인등록번호
ㅇ대표자명
ㅇ설립일자

고객연락처

연락처
#고객번호(FK)
#연락처유형코드
ㅇ주소
ㅇ전화번호

고객취미

취미
#고객번호(FK)
#취미코드

법인생산제품

주요제품
#고객번호(FK)
#제품번호
ㅇ총판매액

- Supertype:고객
- Sub-Type
  : 개인, 고객

자. 서브타입(Sub-type) 도출의 중요성

- 데이터 모델의 구조을 이해하는데 도움

- 모델의 가독성을 높혀 의사소통에 도움

- 정의한 집합이 어떤 종류로 이루어 졌는지 한눈에 알수 있음.

"끝"

Entity type = Entity ← 동일개념으로 생각하고 접근하세요

문 166)	엔터티 타입중 약(Weak) 엔터티 타입, 슈퍼-서브 (Super-Sub) 엔터티 타입, 행위 엔터티 (Action) 타입에 대해 각각 설명하시오.
답)	
1.	물리모델링에서 Table로 변환, 엔터티의 개요
가.	순수한 개체(독립성), 행위집합도 가능, 엔터티의 정의 업무 활동상 지속적인 관심을 가지고 잇어야 하는 대상으로서 그 대상에 대한 데이터를 저장할수잇고 대상간의 동질성을 지닌 개체 또는 행위의 집합
나.	엔터티 정의시 필요한 사항

구분	설 명	사례
관리 대상확인	업무에서 필요로하고 관리하고자 하는 것인지 확인	환자 병원 □ □환경
면적(집합) (가로×세로) 존재 확인	가로(속성,컬럼), 세로(Row, 튜플, 어커런스,인스턴스) 2개이상 존재 예) 고객 ──→ 가로 세로↓ 사번 이름 주민번호 111 홍길동 123-456 222 박문수 234-567 333 관술사 345-678	집합 = 면적 가로 × 세로는 서로 다른 독립 적인 두개이상 의 속성필요
동질성 여부	대상 개체간의 동질성이 잇넌확인 즉, 개체의 동일한 성질을 어디까지로 한정할것인가를 결정 하는것 -외국사원, 협력사직원도 화면을 사용	사원구분을 외주 사원, 협력사 직원까지 상세 히 설계

번호		엔터티 독립성	다른 개체와 확연히 구분되는 독립성을 가지는지를 확인	자신만이 유일해 야함(비슷한엔터티 중복불가)
		순수한개체 이거나 행위집합	순수한개체이거나 개체가 행위를 하는 행위 집합인지를 확인 - 집합순수성 = 개체 또는 행위, 둘중하나 ex) 집합순수성 예외 : ① 피보험자(관계 의 엔터티화) ② 금융기관 (일부집합 정의 : 수납+출납) ③ 배송처(배타적관계)	ex) 피험자= 피보험(행위)+ 자(객체)→집합 순수성위배, 이것 은관계. 수납기 관도 동일

2. 약 엔터티 타입 (Weak Entity Type) 설명

D/E 듣기 (정보 공학)	사원 사원번호 이름 주소 전화번호 부서번호(FK)	1 필수	:	M 옵션	부양가족 부양가족이름 사원번호(FK) 관계 국민번호
바커 듣기	사원 # 사원번호 * 이름 * 주소 ㅇ 전화번호 * 부서번호(FK) 옵션	1 :		M 필수	부양가족 # 부양가족이름 # 사원번호(FK) * 관계 * 주민번호
설명	- 부양가족 Entity는 사원엔터티가 없이 존재불가 - 자기 자신이 스스로 존재하지 못하고 항상 상위 엔터티가 존재해야만 존재 하는 약(Weak) 엔터티 - 상위 엔터티 주식별자속성이 주식별자속성 + 자기부식별자속성				

3. 슈퍼(Super) - 서브(Sub) 타입 설명

번호			
	IE 표기	사원 **사원번호** 이름 직책 주소 급여 … 1 : 1 필수 / 옵션	기술직 사원 **사원번호(FK)** 기술등급 기술급여 기술자격번호…
	바커 표기	사원 # 사원번호 * 이름 * 직책 o 주소 o 급여 --- 1 / 옵션 : 1 / 필수	기술직 사원 #사원번호(FK) *기술등급 * 기술급여 * 기술자격번호…
	설명	기술직 사원의 주식별자 속성은 사원 엔터티의 주식별자 속성을 상속 받아서 생성됨. 기술직 사원의 속성은 사원 엔터티 속성 + 기술직 사원 엔터티 속성 전부	

4. 행위 엔터티 타입 (Action Entity Type) 설명

번호			
	특징 설명	도식 (관계)	
	I/E	주문 **주문번호** 주문금액 주문일자 결제방법 배송지주소… 포함	주문 상품 **상품번호(FK)** **주문번호(FK)** 주문수량 주문단가 포함	상품 **상품번호** 상품명 단가 세부설명
	바커 표기	주문 #주문번호 *주문금액 *주문일자 *결제방법 *배송지주소…	주문 상품 #상품번호(FK) #주문번호(FK) *주문수량 *주문단가	상품 #상품번호 *상품명 *단가 o 세부설명

번호		설명	

주문　M :　　　M 상품(제픔)

주문상품 　（I/E 풀기）

접수　　접수

주문 >----- 주문 상품 -----< 상품(제품)

M 옵션　　　M 옵션

〈M:M 식별〉

- 한 주문에 대해서 하나의 제픔만 주문 합니까? 여러개도 가능

- 한 제픔은 하나의 주문에 대해서만 주문을 접수 받을수 있습니까? → 여러개도 가능

〈행위 Entity 설명〉

보통 M:M 상태 해소위해 행위 Entity 사용, 행위 Entity의 주식별자는 상위 엔터티의 주식별자 속성을 상속받아 외부 식별자 속성이면서 주식별자 속성이 됨

"끝"

문 167) 아래 엔터티 (Entity)에서 정규화 위배사항을 식별하고 각각 정규화 (Normalization)을 수행하시오 (바커표기법이나 정보공학 표기법중 하나를 선택하여 작성)

1)

고객	고객
#고객번호	고객번호
○고객명	고객명
○계약일	계약일
(바커)	(정보공학)

2)

학과등록	학과등록
#학번 #코스코드 ＊평가코드 ＊평가내역 ＊코스명 ＊기간	학반 코스코드 평가코드 평가내역 코스명 기간
(바커)	(정보공학)

3)

코스	학과등록
#코스코드	#학번 #코스코드
＊코스명	＊평가코드
＊기간	＊평가내역
	(바커)

코스	학과등록
코스코드	학반 코스코드(FK)
코스명	평가코드
기간	평가내역
	(정보공학)

답)

1. 1차정규형 ~ BCNF ~ 5차 정규형, 정규화의 개념

가. 변경이상(Modification Anomaly) 제거, 정규화의 정의
   논리적 데이터 모델을 일관성이 있고 중복을 최소화하여
   보다 안정성을 갖는 바람직한 자료구조로 만드는 작업

나. 정규화 과정과 정규화 모델의 장점.

변경이상 Entity → 정규화된 엔터티	장점	- 중복 정보 최소화

삭제이상 / 삽입이상 / 갱신이상

정규화되지 않은 모델	정규화 →	정규화 모델	- NULL감소, 일관성&무결성
일관성, 무결성이슈			- 복잡한 코드로 모델보완불필요
			- 업무규칙 체계화 & 규칙화

2. 1) 2) 3) Entity에서 정규화 위배사항 식별과 정규화 수행

가. 1차 정규형 위배 및 1차 정규화

┌ 1차 정규형 정의 ┐
- 모든 속성은 반드시 하나의 값
  즉, 반복형태 불가
- 각 속성들은 유일한 이름
- 레코드들은 서로간에 식별가능

┌ 1차 정규형 위배 ┐
- 고객 엔터티의 계약일
  속성값이 여러건 발생시

고객
#고객번호
o 고객명
o 계약일 ← 여러번 계약시?

┌ 1차 정규화 수행 ┐

고객
#고객번호
o 고객명

계약하여
주체가 되어

계약
#계약번호
*고객번호(FK)
o 장소
o 계약일
o 계약상태

번호 4. 2차 정규형 위배에 따른 2차 정규화 수행

| 2차 정규형정의 | - 식별자가 아닌 모든 속성은 식별자

전체 속성에 완전 종속되어야 함 (물리모델링:기본키에종속)

| 2차 정규형위배 | - 식별자가 학번+코스코드인 학과등록 엔터티

에서 학번속성어 평가코드, 평가내역이 종속적이며 코스코드 속성

에 코스명과 기간속성이 종속적임 (완전 종속 위배)

다. 3차 정규형 위배에 따른 3차 정규화 수행

| 3차 정규형 정의 | 2차 정규형을 만족하고 식별자를 제외한

나머지 속성들 간의 종속이 존재하면 안됨.

| 3차 정규형위배 | · 학과등록엔터티 (Entity)에서 평가코드,

평가내역 속성들이 서로 간에 종속적임.

- 평가내역속성
은 평가코드
종속 속성에 종속적
이다.

"끝"

문 168) 아래 제품과 공급자, 고객과 상품 엔터티에서 M(Many) : M 관계를 해소하시오.

```
┌─────────┐              ┌─────────┐
│ 제품    │   제품공급   │ 공급자  │
│ #제품코드 │>─ ─ ─ ─ ─ ─│ #공급자코드│
│ *제품명  │              │ *공급자명 │
│ o제품내역 │              │         │
└─────────┘              └─────────┘   (바커 표기)
```

```
   제품                      공급자
┌─────────┐              ┌─────────┐
│ 제품코드 │              │ 공급자코드│
├─────────┤   제품공급   ├─────────┤
│ 제품명  │>─────────────<│ 공급자명 │
│ 제품내역 │              │         │
└─────────┘              └─────────┘   (I/E 표기)
```

```
┌─────────┐   주문    ┌─────────┐
│ 고객    │          │ 상품    │
│ #고객번호 │>────────<│ #상품코드 │
│ *고객명  │          │ *상품명  │
└─────────┘          │ o계측단위 │
                     └─────────┘   (바커 표기)
   고객                   상품
┌─────────┐          ┌─────────┐
│ 고객번호 │          │ 상품코드 │
├─────────┤          ├─────────┤
│ 고객명  │>────────<│ 상품명   │
└─────────┘          │ 계측단위 │
                     └─────────┘   (I/E 표기)
```

답)

1. M : M 관계 (Relationship)의 정의

- 관계를 가진 양쪽 당사자(Entity) 모두에서 1 : M 관계가 존재할때 M : M 관계 라고 함.

- M : M 관계는 바커표기법에서는 점선으로 I/E표기법에서는 실선이 기본형. M : M 관계를 해소하면 새로운 엔터티 (Relation 또는 행위, 교차엔터티)가 생성됨. - M : M 관계는 완전히 해소될 때 까지 분해 필요.

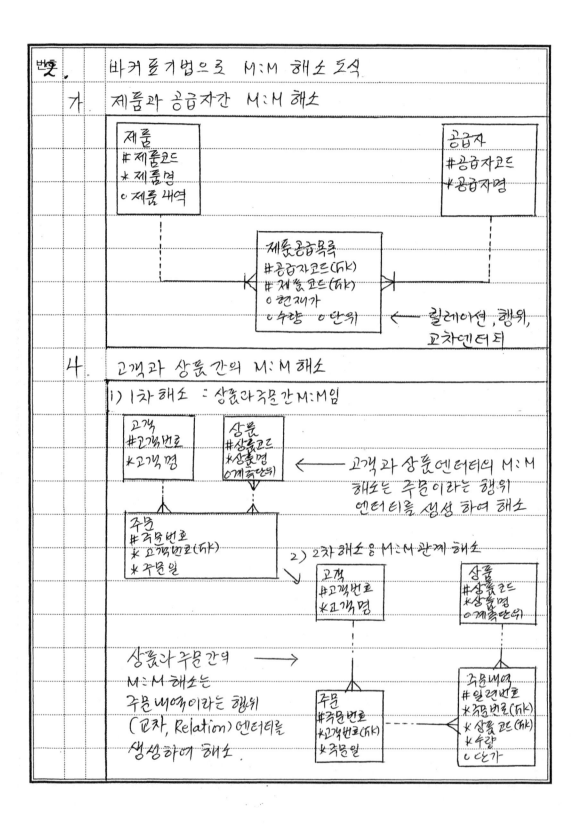

번호 .	바커표기법으로 M:M 해소 도식
가	제품과 공급자간 M:M 해소

제품
#제품코드
*제품명
o제품내역

공급자
#공급자코드
*공급자명

제품공급목록
#공급자코드(FK)
#제품코드(FK)
o현재가
o수량 o단위 ← 릴레이션, 행위, 교차엔터티

| 나 | 고객과 상품 간의 M:M 해소 |

1) 1차 해소 : 상품과 주문간 M:M임

고객
#고객번호
*고객명

상품
#상품코드
*상품명
o계측단위

← 고객과 상품엔터티의 M:M 해소는 주문이라는 행위 엔터티를 생성하여 해소

주문
#주문번호
*고객번호(FK)
*주문일

2) 2차 해소 : M:M 관계 해소

고객
#고객번호
*고객명

상품
#상품코드
*상품명
o계측단위

상품과 주문 간의 →
M:M 해소는
주문내역이라는 행위
(교차, Relation) 엔터티를
생성하여 해소.

주문
#주문번호
*고객번호(FK)
*주문일

주문내역
#일련번호
*주문번호(FK)
*상품코드(FK)
*수량
o단가

문3. 정보공학적 표기로 M:M 해소 도식

가. 제품과 공급자간 M:M 해소

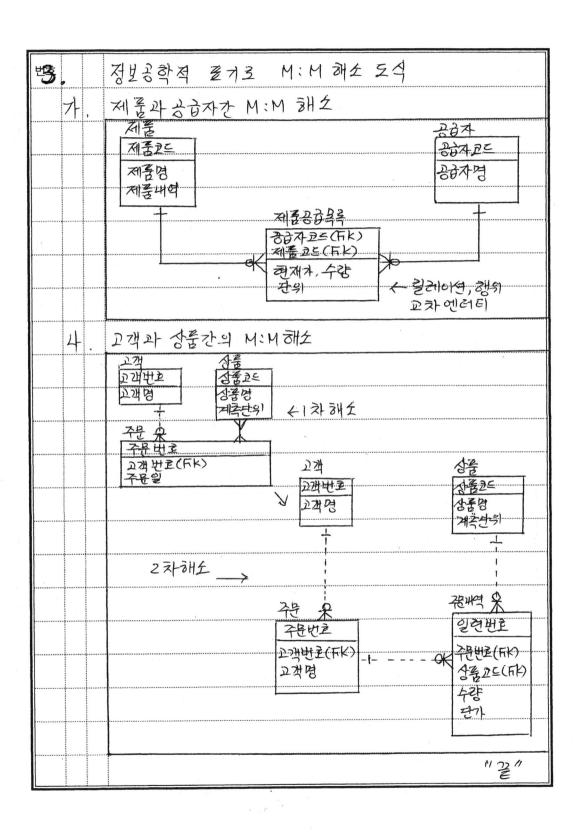

나. 고객과 상품간의 M:M 해소

"끝"

문 169) 데이터 모델링의 필요성과 모델링 단계와 기본원칙 그리고 좋은 데이터 모델의 요소에 대해 설명하시오.

답)

1. 데이터 모델링 (Data Modeling)의 개요

가. 데이터 모델 (Model)과 모델링 (Modeling)의 정의

데이터모델	현실세계에 대해 우리가 관심있어 하는 대상을 데이터 베이스화 하기위한 개념적 도구	가시화 / 구체화
데이터모델링	사용자의 요구사항으로부터 데이터의 실체를 나타내는 일과 모형화 하는 것	명세화 / 문서화 (제공)
현업 데이터모델링	As-Is (문제점인식) → (개선) To-Be를 이끌어내기 위해 인간이 해야할 대부분의 결정들을 내리는 단계까지를 모두 포함하는 것	자양화 / 상세화

나. 프로세스 → 데이터 중심의 설계, 데이터 모델링의 필요성

구분	As-Is (기존)	To-Be (모델링의 필요성)
시스템구축방법	프로세스 중심	데이터 중심의 설계
정보공유	정보의 고립화	정보(Data)의 공유
데이터	데이터 중복	데이터 중복 최소화
품질	데이터 무결성 문제	데이터 무결성문제 해소
요구사항 반영	데이터 구조의 Biz& 요구사항정의의 불충분	복잡한 정보요구사항의 간결한 표현
통합	어플리케이션 차원	데이터 기반의 통합
개발자 시스템이해	데이터 상호작용 이해 어려움	CRUD 매트릭스 내용통한 Easy 이해

C: Create
R: Read
U: Update
D: Delete

번호.		데이터 모델링 단계와 모델링의 기본원칙	
가.		개념, 논리, 물리 데이터 모델링 단계의 설명	

구분	설명	할 일
개념 데이터 모델링	주제별로 분류 가능한 업무를 분석한후 핵심 Entity를 추출 하고 그들 간의 관계를 정의하여 전체 데이터 모델의 골격을 생성	-주제 영역 정의 -후보 엔터티 선정 -핵심 엔터티 정의 -관계 정의
논리 데이터 모델링	데이터 베이스 설계 프로세스의 입력으로써 비즈니스 정보의 논리 적인 구조와 규칙을 명확하게 표현 논리 데이터 모델링의 목적 (Biz 이해) (통합) (일관성·전략성) (안정적 DB) (의사소통) -데이터 관점 이해 -전사 Data 통합 -구체적 데이터 실체 -DB 안정 체계 -Biz 규칙 이해	-속성 정의 -엔터티 상세화 (논리적, 근세이터모델, 상세화) ⅴ식별자 확정 ⅴ정규화 ⅴ M:M 관계 해소 ⅴ참조무결성 정의 -이력관리 정의
물리 데이터 모델링	논리 데이터 모델이 데이터 저 장소로 어떻게 컴퓨터 하드웨어 에 표현될 것인가를 다룸.	-논리 → 물리 데이터 모델로 변환 -반 정규화

나.		데이터 모델링의 기본원칙 (3대 원칙)	

구분	원칙 설명	비고
커뮤니케 이션원칙	요구사항은 모든 사람이 이해할수 있도 록 명확하게 공표됨은 물론 최종사용자 지 향적으로 분명하게 파악되어야 함	이해당사자들 간 ERD를 보고 상호의견

ERD = Entity Relation Diagram

번호		모델링	데이터의 상세화 정도를 제시	사원 구분을 위주
		상세화	하고 조직이 사용하는 정보구조의	사원, 협력사직원
		원칙	최소공통분모를 제시	으로 상세 구분
		논리적	특정 아키텍처, 기술 또는 제품과	물리적 제약 조건
		표현	독립적. 조직의 데이터에 대한	없이 비즈니스를
		원칙	논리적측면을 최대한 표현	그대로 반영
3.		좋은 데이터 모델의 요소와 설명		
		구분	설 명	
		완전성	업무에 필요한 모든 데이터가 데이터 모델에 정의	
		중복배제	하나의 DB내에 동일한 사실은 반드시 한번만 기록	
		Biz룰(Rule)	업무규칙을 모델에 표현 → 모든 사용자가 규칙을 공유	
		데이터 재사용	데이터 통합성과 독립성 충분히고려 (회사전체적용)	
		안정성&확장성	외부의 업무환경 변화에 유연하게 대응	
		간결성	데이터 통합 → 집합정의 → 데이터 모델로 활용	
		의사소통	업무 규칙이 데이터 모델에 표현 → 의사소통도구	
		통합성	고객, 상품등 Master 성격의 Data는 통합 관리	

"끝"

문 (70) 아래 지문에 대해 논리 데이터 모델을 작성하시오
(바커 표기법이나 정보공학 표기법 중 하나 선택)

> **지문** 우리회사는 초인류 보험회사이며, 보험판매 시스템을 만들고자 한다. 판매 상품은 자동차보험, 운전자보험 등 다양한 상품을 판매한다. 상품은 상품코드, 상품명을 관리한다. 또한 우리회사는 많은 고객을 관리하고 있다. 고객은 고객번호, 고객명, 연락처를 관리한다. 고객은 다양한 상품을 가입할수 있으며, 계약일자, 보험 시작일자, 보험종료일자, 매월 납입보험료, 총납입회차를 관리한다. 보험계약시 계약자와 피보험자는 동일하다. 보험계약시 계약번호는 자동으로 채번된다.

답)

1. Biz를 ERD에 다 담은 상태, 논리 데이터 모델링의 개요

가. 소대까지 인원배치완료, 논리 데이터 모델링의 정의

데이터베이스 설계 프로세스의 입력으로써 비즈니스 정보의 구조와 규칙을 명확하게 ERD에 표현하는 기법

나. 데이터 모델링 (개념/논리/물리)의 정의

시스템 구축을 위해 가장 먼저 기초적인 현행 업무 조사를 하는 초기 단계부터 인간이 결정해야 할 대부분의 사항을 모두 정의하는 시스템 설계의 전 과정을 지원하는과정의 도구

다. 데이터 모델링 (Modeling)에서 논리 데이터 모델링의 위치
- 개념 데이터 / 논리 데이터 / 물리 데이터 모델링으로 구분

사단 → 연대 → 중대 → 소대
'장   '' 장   ~ 장   ~ 장

번호		추상화 / 단순화 ←				
		요구사항분석	개념모델링	논리모델링	물리모델링	데이터베이스
		데이터 요구사항 정의 & 분석 (RFP)	-주제영역정의 -엔터티후보 식별 -핵심엔터티① -관계정의②	③속성정의 -엔터티상세화 ✓식별자확정④ ✓정규화⑤ ✓M:M관계⑥ 　해소 ✓참조무결성⑦ -이력관리정의⑧	-논리→물리 데이터 모델변환 -반정규화	-물리적 모델을 특정DB에 구현
		구체화 / 세분화 →				

2. 논리 데이터 모델링 작성

가. 논리 데이터 모델링 순서

엔터티 도출 → 관계정의(Arc 순환) → 속성정의(중복수배제) → [식별자 확정 | 정규화 수행 | M:M 관계 해소 | 참조 무결성 고려] 엔터티 상세화 → 이력 관리 → 물리 모델링

개념모델링 ←→ | 논리 모델링 ←→

나. 주어진 지문에서 논리 데이터 모델링 순서 적용

엔터티 도출(랜)	관계	Arc 영역	순환 관계	서브 타입	속성	옵션	식별자 확정	정규화	M:M 해소	참조 무결성	이력 관리
판매상품					○ 자동차보험, 운전자보험						
상품	↓ (1:1)				상품코드, 상품명		○		○		
고객	(M:M)				고객번호, 고객명 연락처	○	○		○		
보험계약	＊상품 과 고객은 계약을 통해 M:M해소				계약번호, 계약일자 보험시작일자, 보험 종료일자, 매월납입 보험료, 총납입회 차		○			○	

- 식별자관계인지 비식별자관계도 설정여부

번호	자.	모델링 순서 설명
		① 지문에서 후보 엔터티를 식별한다. (상품, 고객, 계약)
		② 관계를 정의한다. (고객과 상품은 M:M 관계)
		③ Arc와 순환관계가 존재하는지 확인 (본 지문에서는 없음)
		④ 서브타입 존재여부 (판매상품의 자동차&운전자보험)
		⑤ 속성을 나열하면서 식별자를 확정, 이때 option & 필수구분 속성
		⑥ 정규화 필요 엔터티 존재여부 점검
		⑦ M:M 해소 (1:M으로 신규 Entity 생성)
		⑧ PK, FK 참조 무결성 점검
		⑨ 이력 관리 여부 → Entity 생성
	차.	M:M 관계 확인 방법
	②	고객 - - - - - - - - < 상품
		임의의 고객은 하나 또는 하나이상의 상품을 주문할수있다
		상품 - - - - - - - - < 고객
		임의의 상품은 한명 또는 한명이상의 고객을 가질수도 있다
		④ 서브타입 존재 (판매상품) → 상품엔터티에서 풀기
		⑤ 연락처 속성은 option으로 풀기
		- 연락처는 개인정보보호 차원에서 옵션으로 풀기
		⑦ M:M 해소 : 신규 Entity인 행위(교차,릴레이션) 엔터티 생성하여 M:M → 1:M 관계로 해소

고객
#고객식별번호
*고객명
o연락처
M : M
option   option

상품
#상품코드
*상품명

번호	마.	Entity간의 관계 (Relationship) Matrix 작성 방법

	상품	고객	계약
상품	⧸	─	V
고객	⧸	⧸	V
계약	⧸	⧸	⧸

→ 상품은 계약을 통해 고객에게
전달되며 고객은 계약을 통해
= 구입관점)
상품을 구입가능.

V표기 : 관계 있음

↑ 관계 검토 제외 영역

3. 논리 모델링의 결과 (ERD) - 바커 표기법

고객
#고객번호
＊고객명
○연락처

← 키엔터티 →

상품
#상품코드
＊상품명
＊상품종류구분

자동차 보험	운전자 보험

계약고객코드

계약상품코드

행위엔터티
↓

계약
#계약번호   ＊계약일자
＊계약고객번호(FK) ＊보험시작일자
＊계약상품코드(FK) ＊보험종료일자

- 고객을 좌측 상단에 배치 (제일 중요 엔터티)

" 끝 "

문 1기) 아래 지문에 대해 논리 데이터 모델을 작성하시오

(바커 표기법이나 정보공학 표기법 중 하나 선택)

지문 | 우리는 강좌 시스템을 만들고자 한다 우리는 과목을 가르치고 있다. 과목은 과목코드와 과목명을 관리한다. 과목은 강좌로 개설되며, 각 강좌는 과목코드, 강좌명, 수업료, 수업일수를 가지고 있으며, 강좌 번호는 자동적으로 채번된다. UNIX 기초와 C 프로그래밍은 우리의 인기과목중의 하나이다. 각 강사는 여러개의 강좌를 가르킨다.
홍길동와 이순선은 우리의 최고 강사중의 하나이다. 우리는 각 강사의 이름과 전화번호를 관리한다. 우리는 강좌를 개설시 강사를 배정 한다. 각 강좌는 단 한명의 강사에 의해 진행되며 어떤 강좌는 아직 강사가 배정되지 않을수도 있다. 한 학생이 동시에 여러강좌를 수강 할수 있으며 많은 학생이 그렇게한다. 예를 들어 ABC전자의 홍길동은 우리가 제공한 모든 강좌를 수강했다. 우리는 누가, 어느 강좌를 수강했는지 관리해야 한다. 우리는 각 학생의 성명과 전화 번호를 관리 하고자 하며, 때로는 학생과 강사가 그들의 전화 번호를 알려 주지 않을 수도 있다. 대부분의 강좌는 여러번 평가를 실시하되 평가된 종합결과만 관리 하고자 한다

답)

1. 데이터 모델링 (Modeling)의 정의

가. 데이터 모델링의 정의 현실 세계에 대해 우리가 관심 있어 하는 대상을 DataBase 화 하기 위한 개념적 도구.

나. 논리 데이터 모델의 정의

번호		- DB 설계 프로세스의 입력으로써 비즈니스 정보의 논리적인 구조와 규칙을 명확하게 표현하는 기법.
2.		논리 데이터 모델링 작업 방법
	가	논리 데이터 모델링 순서

개념모델링 / 엔터티 도출 → 관계정의 → 속성정의 → (식)식별자 확정 (정)정규화 수행 (엔)M:N 관계 해소 (참)참조 무결성 → 이력관리 → 물리 모델링

- Arc / 순환 / Subtype
- 필수/선택
- 엔터티 상세화
- 논리 모델링의 범위

	나	주어진 지문에서 논리 모델링 순서 적용										
엔터티 도출(핵)	관계	Arc	순환	식별	속성	필수	식	정	M:N	참	이력
과목					과목코드, 과목명		O				
강좌	(1:M)				과목코드(FK), 강좌명, 수업료, 수업일수, 강좌번호		O			O	
과목종류				O	Unix 기초, C프로그래밍 기타.						
강사					이름, 전화번호		O	?			
학생					성명, 전화번호		O	?			
수강					평가결과 (점수)			?			

- 강사, 학생, 수강에는 식별자가 없는 상태로 논리적 모델링시 식별자확정이 필요.
- 과목 엔터티에 과목종류에 대한 Subtype이 도출됨. 필요
- 강사와 학생 엔터티는 동일 속성명으로 하나의 엔터티로 통합

번3. 주어진 지문에서 Entity 도출과 엔터지간의 관계 도출

가. 주어진 지문에서의 Entity 도출

엔터티	설 명	식별자여부
과목	과목 종류를 서브타입으로 가집	O (있음)
강좌	식별자, 필수속성 보유	O
관계자	(강사+학생)로 속성이 동일 함으로 통일	X (없음)
수강선청	학생만 여러 강좌 수강 신청 가능	X

나. 도출된 Entity 관계 식별

	과목	강좌	관계차	수강신청
과목₁		V,:M	-	-
강좌₁			-	V:M
관계자₁				V:M
수강선청				

- 1:M 관계 3개 도출 (식별됨)

V 표기: 관계 있음

관계 검토 제거 [적용]

다. ERD 도출시 주의사항 (주어진 지문의 논리 모델링 순서)

1) 과목과 강좌 엔터지의 과목코드 속성 정리필요

2) 이때 참조무결성 (FK) 설정필요

3) 과목 종류는 과목 Entity에 Subtype으로

4) 강사와 학생은 하나의 Entity로 통합필요

    이때 인조 식별자 (# 관계자ID) 선언.

5) "어떤 강좌는 아직 강사가 배정되지 않을수 있다"

    option으로 처리필요.

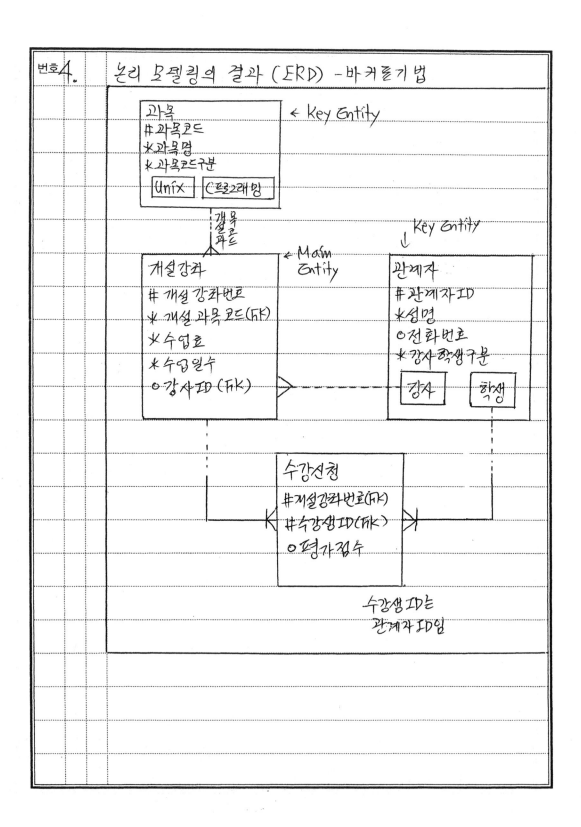

번호 4. 논리 모델링의 결과 (ERD) - 바커표기법

과목
#과목코드
*과목명
*과목코드구분
Unix | C프로그래밍

← Key Entity

개설과목코드

개설강좌
#개설강좌번호
*개설과목코드(FK)
*수업료
*수업일수
o강사ID(FK)

← Main Entity

Key Entity

관계자
#관계자ID
*성명
o전화번호
*강사학생구분
강사 | 학생

수강신청
#개설강좌번호(FK)
#수강생ID(FK)
o평가점수

수강생ID는
관계자 ID임

문	172)	아래 지문에 대해 논리 데이터 모델을 작성하시오
		지문 : 나는 우리회사의 컴퓨터 관리를 담당한다. 지금 내가 관리하고 있는 제품들을 관리 시스템을 만들어 관리하고자한다. 내가 관리하는 제품의 종류는 데스크탑, 프린터, 노트북, 모니터이다. 모든 제품은 제품일련번호, 모델번호, 모델명, 제조사명, 제품종류, 납품일자, 납품가격을 관리 한다. 제품중 데스크탑은 모니터 본체 일체형이 존재하며 일체형 여부를 관리해야 한다. 노트북은 고장이 자주 발생하여, 제품 수리이력을 관리 해야 한다. 제품 수리이력은 수리요청일자, 수리완료일자, 수리회사를 관리 한다. 제품은 지급이력을 관리해야 하며, 지급처는 사원일지도, 부서 일수 있다. 지급처, 지급일자, 회수하였을 경우 회수일자를 관리한다. 부서는 부서코드, 부서명을 관리한다. 사원은 사원번호, 사원명, 부서코드를 관리한다.

답)

1. 데이터 모델링의 정의

현실 세계에 대해 우리가 관심 있어 하는 대상을 DataBase화 하기 위한 개념적 도구

2. 모델링에 논리모델링의 위치

번호		주어진 지문에서의 논리 모델링 순서 적용						
가	1	엔터티 도출	관계	관계구분	속성	옵	Entity 상세화	이력
후보 엔터티 호출		제품	차 ∨ 3정규형 ∥ 3정규화 필요		데스크탑, 프린터, 노트북, 모니터, 제품일련번호 모델번호, 모델명, 제조사명~납품가격		- 정규화필요 - 식별자확인 ('2개 = 제품일련번호, 모델번호)	
		수리 이력	 1:M	노트북일때 만	수리요청일자, 수리완료 일자, 수리횟수		식별자비 확인	○
		지급이력		전체	(제품전체)			○
		지급처	부서 사원	Arc관계	사원, 부서, 지급처, 지급일자, 회수일자			
		부서			부서코드, 부서명		식별자확인	
		사원	 1:M		사원번호, 사원명		식별자확인	
나		ERD 도출시 주의사항(주어진 지문)						

1) 제품 Entity에 속성간의 3차 정규형 위배 (식별자를 제외한 나머지 속성들간의 종속 존재) → 3차 정규화필요. 즉, 제품과 제품모델로 Entity 분리

2) 수리이력은 노트북에만 해당, 지급이력은 전체제품

3) 지급처는 사원 또는 부서로 Arc 관계

4) 부서와 사원 엔터티는 식별자 존재

5) 부서와 사원 간의 관계는 1:M

- M:M 관계는 식별되지않음. Arc와이력 엔터티필요.

번호 4. 도출된 Entity의 관계 식별

	제품모델	제품	수리이력	제품지급처	지급이력
제품모델		M	-	-	-
제품			1:M	1:M	-
수리이력				-	-
제품지급처					1:M
지급이력					

- 1:M 관계 - 4개
- Arc 관계 = 1개
  지급처 = 사원, 부서

→ 관계 검토제의

5. 논리 모델링의 결과(ERD) - 바커틀기법

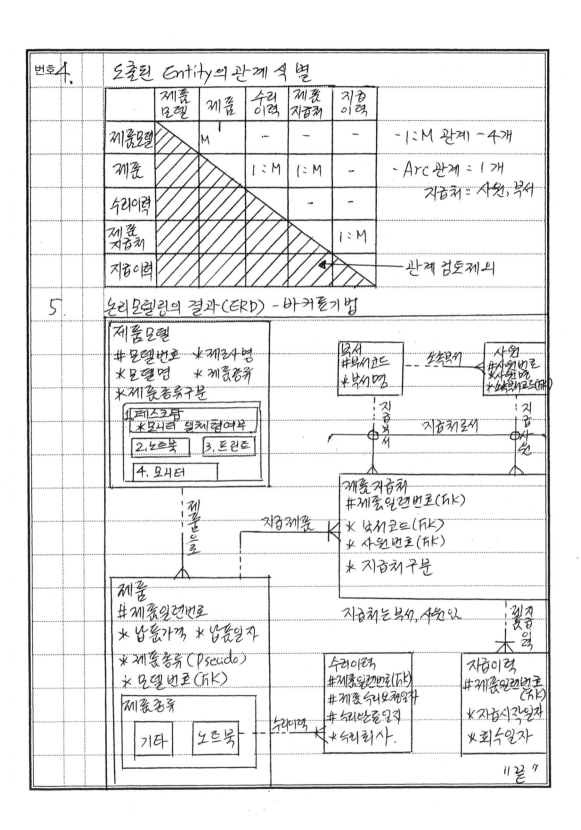

제품모델
#모델번호 *제조사명
*모델명 *제품종류
*제품종류구분
  1.데스크탑
    *모니터 일체형여부
  2.노트북 3.프린트
  4.모니터

부서
#부서코드
*부서명

사원
#사원번호
*사원명
*소속부서코드(FK)

제품지급처
#제품일련번호(FK)
*부서코드(FK)
*사원번호(FK)
*지급처구분

제품
#제품일련번호
*납품가격 *납품일자
*제품종류(Pseudo)
*모델번호(FK)

제품종류
  기타 노트북

수리이력
#제품일련번호(FK)
#제품수리요청일자
#수리반납요청
*수리회사

지급이력
#제품일련번호(FK)
*지급시각일자
*회수일자

지급처는 부서, 사원 있

끝

문 173) 아래 지문에 대해 논리 데이터 모델을 작성하시오

지문 | 고객은 각기 다른 배송처 정보를 설정하여 두고 주문시에 선택할수 있다. 단, 최초의 기본 배송처는 가입시에 등록했던 주소지로 설정하며, 기본 배송처는 변경할수 있다.
고객은 여러 상품을 하나의 주문으로 묶어 처리할수 있으며, 하나의 주문은 신용카드, 포인트 등과 같은 여러개의 결재수단을 사용하여 결재할수 있다.

답)

1. 논리 데이터 모델링의 정의.
   - 데이터 모델링이 최종적으로 완료된 상태를 말하며, 물리적인 스키마 설계를 하기 전 관계의 데이터 모델 상태

2. 주어진 지문에서의 엔터티 도출 및 관계 식별

가. 엔터티 도출

엔터티 도출	관계	속성
고객	고객 ──< 배송처	?
배송처	주문	주소지, 기본배송처여부
주문		?
상품	고객 >───< 상품	?
결재수단	주문 >───< 결재수단	신용카드 포인트 등

- 식별자는 각 엔터티별로 인조식별자를 도출 해야함
- 두개의 M:M 관계도 해소해야함

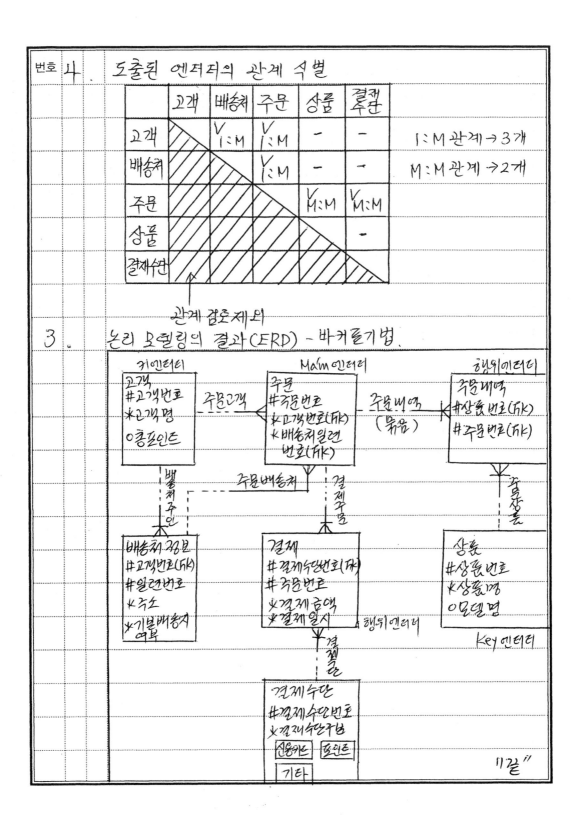

번호 4.   도출된 엔터티의 관계 식별

	고객	배송처	주문	상품	결제
고객		V 1:M	V 1:M	-	-
배송처			V 1:M	-	-
주문				V M:M	V M:M
상품					-
결제수단					

1:M 관계 → 3개

M:M 관계 → 2개

관계 검토제외

3.   논리 모델링의 결과 (ERD) - 바커들기법.

문 174) 반정규화 방법중에는 수평분할과 수직분할도 존재한다.

각 분할방식에 대해 설명하고 아래 엔터티(Entity)를

수직분할 방법들을 적용하여 설명하시오.

회원			
#회원번호	○생년월일	○직책	○최종접속시작시간
○실명	○능력구분	○회원구분	○최종접속종료일시
○패스워드	○직업	○회사전화번호	○사진이미지
○주민번호	○근무처	○휴대전화번호	
○메일	○부서이름	○홈페이지 주소	
		○등록일자	

회원 엔터티 (바커표기)

답)

1. 수평(Horizontal)/수직(Vertical)분할의 개요

　가. 수평(테이블 레코드기준) 분할(Partitioning)의 정의

정의	레코드(Record)를 기준으로 테이블을 분할하는 것	
도식, 설명	해당 Table명 / TableID 10~30 (표) TableID 40~ (표)	①하나의 테이블에 데이터가 너무 많을경우 ②레코드중 특정 범위만 주로 액세스하는경우 ③범위분할, 해쉬분할, 목록분할, 복합분할등

（해당 Table명: ID 이름 — 10 가, 20 나, 30 다, 40 라, 50 마; TableID 10~30: ID 이름 — 10 가, 20 나, 30 다; TableID 40~: ID 이름 — 40 라, 50 마）

　나. 수직(테이블내 컬럼기준) 분할의 정의

정의	하나의 테이블이 가지는 컬럼 개수가 많을때 분할	
도식, 설명	Table 컬럼1 → 컬럼1 / 컬럼A → 컬럼A / 컬럼a → 컬럼a / 컬럼가 → 컬럼가	①하나의 테이블이 가지는 컬럼의 개수가 많을때 분할 ②조회&갱신 다수 발생시 ③특정 컬럼크기가 아주큰경우 ④특정컬럼 보안적용시

번호 .		수직분할 방법들을 적용한 사례 설명
	가.	갱신위주의 컬럼 수직분할
		방법
		설명 : 갱신이 자주 발생되는 컬럼에서 몇개의 갱신위주 컬럼에 대한 작업이 나머지 조회위주의 컬럼이동에 방해될 시
	나	자주 조회되는 컬럼의 수직분할
		방법
		설명 : 특정 컬럼들이 자주 조회될때 분리, 회원인증을 위해 사이트에 접속할때마다 반복해서 액세스되는 경우
	다.	특정 컬럼의 크기가 아주 큰 경우분할
		방법
		설명 : 테이블의 컬럼에 텍스트 및 이미지 데이터가 포함될때 성능 가능성이 있음, 큰 이미지 파일이나 동영상 컬럼은 분리
		* 특정 컬럼의 크기가 크다는 것보다는 특정한 데이터 형식에 기인하는 경우가 대부분임. 텍스트 및 이미지와 같은 LOB (Large objects) 데이터 형식을 지원하는 방법은 DBMS마다 상이

가. 방법

회원
#회원 번호
○성명

회원 접속
#회원 번호
○최종접속시작시간
○최종접속종료일시

나. 방법

회원
#회원 번호
○주민번호
○메일

회원인증
#회원 번호
○성명
○패스워드

다. 방법

회원
#회원번호
○주민 번호
○메일

회원사진
#회원 번호
○사진이미지

번호	라.	특정 컬럼에 보안을 적용해야 하는 경우의 분할
	방법	**회원** ＃회원번호 ○ 주민번호 ○ 메일 : ────┤─ **회원 등급** ＃회원 번호 ○ 회원등급
	설명	해당 컬럼에 대해 권한제어 위한 보안을 적용하고자 하는 컬럼을 분리해 이를 별도의 테이블로 분리

3. 해당 엔터티(Entity)의 최종 분할된 형태

회원

＃회원번호
○주민번호
○메일
○성별
○생년월일
○음력구분
○직업
○근무처
○부서이름
○직책
○회사전화번호
○휴대전화번호
○홈페이지주소
○등록일자

회원접속
＃회원번호
○최종접속시작시간
○최종접속종료일시

회원인증
＃회원번호
○성명
○패스워드

회원사진
＃회원번호
○ 사진이미지

회원등급
＃회원번호
○회원등급

- 하나의 컬럼에서 갱신위주 컬럼, 자주 조회되는 컬럼, 특정컬럼 크기큰 경우, 보안 적용등을 위해 수직 분할 함

"끝"

문 175) 데이터관리를 위한 업무규칙 (Business Rule)에 대한 다음 요건을 논술하시오.

1) 데이터관리를 위한 업무규칙검증에 대해 설명하고 귀하가 수행한 업무규칙검증 사례를 설명하시오

2) 위에서 설명한 업무규칙검증중 발생한 문제점에 대해 논술 하시오   「논술하시오.

3) 위의 문제점을 해결 하거나 개선한 방안에 대해서

답)

1. 업무규칙 (Business Rule)과 업무규칙검증의 정의

가.

분류	내 용
업무규칙 의 정의	데이터 값이 자연, 사회 또는 조직이 정한 규칙에 부합함을 검증하기 위한 논리식. 예)출금일자는 입금일자보다 반드시 크거나 최소한 같아야 함
업무규칙 검증의 이해	업무규칙에 의해 데이터의 논리적인 오류를 검증하는 것으로 대부분의 경우 업무 규칙의 내용을 글로 정의 (Text Description)하고 이를 SQL문 등의 Script 언어 (프로그램 언어)로 구현, 데이터 검증함

업무규칙과 업무규칙검증의 정의

나. 업무규칙 검증의 성숙수준별 주요활동과 심사기준

레벨	성숙수준별 주요활동	심사자료
1 (시작)	데이터품질관리 수행 없음	-
2 (도입)	업무규칙에 의해 오류를 검증	업무규칙정의서, 오류데이터 개선
3 (정형화)	업무규칙 관리를 정형화	품질관리지침, 연간실행계획

번호		4	업무규칙에 의한 활동결과를 품질	성과관리 체계, 업무규칙
		(정량화)	자료, 성과관리체계, 부서&개인 「반영 KPI」	도출, 부서별 가&개인KPI
		5	정착성 위한 지속 프로세스 개선,	개선 전/후 자료,
		(최적화)	지식을 축적하고 공유	개선 관련 회의록

2. 업무규칙 검증을 수행한 사례

　가. 수행개요

분류	내용
수행 프로젝트	OO년 OO공공기관 통합관리 체계 구축
과업 내용	OO 정보 DB (DataBase) 구축
DB품질관리업무	수집 정보를 DB에 자동갱신후 무결성 확보
준수사항	"행정 DB 표준화" 지침 준수
적용기술	DB보안, DB암호화, 접근 통제, 이중화, 품질관리

　나. 수행 내용

단계	내용
(1) 업무규칙 절차수립	- 주요데이터 목록작성 (발생년도, 재발현황, 업무규칙 검증 대상, 제외항목 등)
	- 업무규칙 도출 방안 (방법) 정의
	- 업무규칙에 의한 데이터검증 및 원인분석, 개선 방안 수립 (정의 → 실사 → 분석 → 개선 계획 수립 → 수행 → 품질통제) 「관리」
	- 검증절차, 담당부서 R&R, 입력&출력 산출물

번호		(2)업무규칙 도출	컬럼 특성 유효성 업무 규칙	여부도메인, 수량도메인, 금액도메인, 율도메인, 날짜도메인, 번호도메인, 명칭&코드&번호 정확성
			데이터 관계 정합성 검증	관계도메인, 키도메인, 컬럼간 논리 관계 일관성, 계산및 집계 간
			업무규칙	일관성, 시간순서 일관성, 필수값 완전성, 정합성(무모순성)
			업무규정, 법령, 지침기반 업무규칙	-업무규정, 법령, 지침 기반 업무규칙 -고도의 해당 업무 지식 담당자 참여 필수 (해당 업무 전문가)
		(3)업무규칙 검증활동		-업무 규칙 관련 요구사항의 식별 -업무규칙 (B.R)도출 & 생성, 변경, 삭제, 추가 -업무 규칙에 의한 데이터 정확성 검증 -정확성 오류에 대한 원인 추적 -오류 데이터 담당자 식별및 추적 오류데이터 개선
		(4)업무규칙 결과&관리		-검증& 개선 결과를 관리자에게 보고 -검증& 개선 결과를 요구사항 담당자에게 통보
3.		업무규칙중 발생한 문제점과 해결 방안(경험)		
	가	업무규칙중 발생한 문제점들		
		·컬럼 특성 유효성 검증, 데이터 관계 정합성, 법령&지침등		

번호		분류	도메인	문제점	사례
			여부(Y, N)	Y, N 이외값 존재	장비(입고)여부 불명확
			수량(개수)	NULL & Space 값	보유장비 있으나 NULL
		컬럼	금액(Total)	유효범위 벗어남	$\phi\phi\phi$인 경우
		특성	발생율(%)	발생율이 NULL값	%로 관산불가
		유효성	날짜(Date)	YYYY, YYYYMMDD등	유효한 형식이 아님
		검증	번호(No)	보유중인 장비 일련성 없음	번호 오류
			명칭	전화번호가 11111 값	번호 오류
			코드	Code컬럼에 NULL 값	정의된 코드값 없음
			번호 정확성	생성규칙(패턴) 어긋남	1 다음에 5가 나타남
			범위	유효 범위 판단안됨	1월이 30일, 2월이 28일로 [조정됨]
			관계	부모-자식간의 정합성	ERD (Entity - Relation
			(Relation)	(부모없는 자식 존재)	Diagram) 식별관계
			Key 컬럼간	ERD상 식별관계	예) 전화 철거 이력서
		데이터	논리관계	정석은 되었으나 DB	담수지 정보와 Link가
		관계		상 물리제약(PK)으로	안되어 있는 경우
		정합성		설정하지 않는 경우,	SMS 발송시 해당
		검증		참조 무결성오류	DB가 NULL인 경우
			계산및 집계간	발생(사고등)된지	제산/집계오류
			일관성	역이 아닌 타지역에 들어서	
			시간순서	날씨정보와 Link	비가 오는데 날씨는
			일관성	오류, 기상청연계오류	맑음으로 들서

번호			필수값 완전성	업무상 필수 입력 항목이나 누락된 경우 발생	특정지역 코드값 오류
		법령, 지침 기반 BR.	규정, 법령, 지침	해당업무 고도의 전문 가부족으로 개발지연	전문가 퇴사후해당 업무에 미숙자투입

4. B.R 검증중 발생한 문제점 해결 경험

분류	도메인	해결 방안 (경험)
컬럼 특성 유효성 검증	여부(Y,N)	여부값에 대한 표준화, 기준값 정제, Default값 설정
	수량(개수)	단위 표준화 수행, 데이터 입력시 범위값 설정
	금액 (Total)	단위 표준화 수행, 수량, 금액 단위 표준
	발생율(%)	중복으로 검증후 동일한 경우에만 표시
	날짜(Date)	응용프로그램 내 입력시 날짜 형식 표준
	번호(No)	데이터 생성규칙 정의후 응용프로그램에 적용
	명칭	데이터 값의 구분자 통일등 생성규칙 표준화
	코드	신규코드 변경시 공통코드에 현행화관리 & 배포^{통제}
	번호정확성	데이터 값의 구분자 통일등 생성규칙 표준화
	범위(Scope)	APP. 콤보(Combo) Box 입력시 이상치 범위값 Check
데이터 관계 정합성 검증	관계 (Relation)	ERD 현행화, 변경 관리 수행, PK(기본키)/FK(외래키) 설정
	Key 칼럼간	데이터 무결성 보장
	논리 관계	(삽입/변경/삭제 이상 현상 제거)
	계산및집계 값 일관성	Code 값 확인. 해당 지역 정보 검색후 표현 (사고 발생지역 정확히 표출)

번호			시간,순서	-응용프로그램내에 입력시 날짜 형식도준
			일관성	-중복 데이터 관리
			필수값	-APP.에서 필수입력값에 대한 누락 검증
			완전성	-개인정보는 인증을 통해 입력되도록 개선
		법령,지침	규정,법령,	-해당 업무 전문가 투입
		기반 B.R.	지침	-반복 교육 및 일정 레벨이상 숙련가투입

4. 업무규칙(B.R)도출 방법의 비교

구분	Inside-out 방법	Outside-In 방법
정의	기관이 보유한 DB의 실제 내용, 구조,분포도등 데이터의 현상분석	업무관점의 이슈와 현업 담당자의 인터뷰등을 통해 업무수행의 핵심분석
선택 방안	데이터분석으로 부터 품질 이슈 접근, 품질이슈가 불명 확하거나 여러곳에서 발생시 선택	외부 Biz, 서비스 품질이슈로부터 접근, 핵심품질 이슈를 발생시 키는 영역이 명확히 인지 될때 선택
장점	도구활용으로 한사람의 분석 가가 짧은시간내에 많은 데이터 분석가능, 잠재적품질이슈파악가능	데이터 영역과 Biz 영역의 문제접까지 파악 가능
단점	실력있는 분석가가 필요함	많은 시간이 소요됨

"끝"

문 176) 데이터관리를 위한 요구사항관리에 재한 다음 요건으로

논술하시오.   1) 데이터관리를 위한 요구사항관리에 재해

설명하고 귀하가 수행한 요구사항관리 사례를 설명하시오

2) 위에서 설명한 요구사항관리 중 발생한 문제점에 재해서

논술하시오. 3) 위의 문제점을 해결하거나 개선한 방안에

재해 논술하시오.

답)

1. 요구사항관리의 정의 (구체적인 관리절차 필요)

정의	데이터와 관련된 요구사항을 도출하거나 수집하여

관리 하는것 (실무자, 관리자, 경영자 혹은 국가 표준, 국제표준)

2. 요구사항관리에 재한 수행사례

　　가. 수행 개요

분류	내용
수행프로젝트	OO년 OO공공기관 통합관리 체계 구축
과업내용	OO 정보 DB구축
DB품질관리	수집정보를 DB에 자동갱신후 무결성 확보
준수사항	행정 DB 표준화 지침 준수
적용기술	DB보안/암호화/접근통제/이중화/품질관리등

　　나. 수행 내용 (요구사항 수집과정)

단계	내용
수집자료 선정	과거 Data 정보, 관련 System 담당자 의견 수렴.

번호		요구사항 종류 및 목록화	각 OO기관의 DB정보, 정책/기준/원칙, 보안 등
		수집계획	수집자료선정, 수집방안 & 수집유형, 수집기관, 지자체 업무담당자의 의견수렴
		수집기관 & 방법	- 인터뷰, 집중워크숍, 설문조사 & 문서분석 - 지자체 업무담당자의 의견수렴
		자료수집	방문 & 이메일 (자료제공신청서 첨부), 자료요청

다. 수행 내용 (처리과정)

과 정	내 용
영향도 분석	- System Data 구조에 영향도 (용량산정, 속도, Table 간의 관계 (Relation), Index, View 등 - 업무대상 담당자 회의 진행 후 CRUD Matrix 이행파악
수집 자료 통합	- 자료수집유형분석, 수집 자료별 현황관리 - 표준화 / 일관성 확보를 위한 작업자교육 & 훈련 - 자료 보안 & Backup

라. 수행 내용 (산출물 관리)

산출물	내 용
요구사항정의서	비기능/기능 분류, 요구사항ID & 명칭, RFP ID, 우선순위 등
요구사항추적표	요구사항추적, 변경/추가/삭제 이력, 담당자
인터뷰 결과서	요구사항 내용 / 담당자 / 관련문서
Data사전	필요 용어 사전 「누락 & 중복 여부)
CRUD Matrix	생성, 조회, 수정, 삭제 업무기능의 중복성 파악
요구사항 처리 통보서	수용여부통보, Data 품질관련 요구사항목록 결과 통보

번호		영향분석 결과서	Data 및 Application 측면의 영향도 분석 (예 APP. 콤보박스 수정결과/처리일자/처리자기입)

3. 오감사항 관리중 발생한 문제점.

문제점	내용
	- 표준용어 미사용 (예 지역불명확, 담당자누락, 코드 및 도메인 표준 관리 안됨)
수집과정	- 중복 데이터 발생, 유연성 없는 DB 구조관리
(지자체 별 DB 관리)	- 사용자 view 관리 안됨, 동음이의어/이음 동의어 발생 (예 타는배, 먹는 배)
	- 무효성 (일자/시간 표현)
	- 보안 / 접근제어 안됨
처리과정	- 불필요한 자료가 많음, 중복 데이터 매칭 테이블 커짐, - 사용불가 정보 발생
	- 표준용어 처리 어려움, 연계코드 수락
	- 오감사항 변경 & 추가
관리과정	- 갱신주기 변화, 자료용량 차이
	- 관계기관 연계 표준 변화 대응 미숙
	- 표준용어 관리 안됨, 데이터 흐름제어안됨 (묵구)

4. 오감사항관리중 문제점 개선 사례

문 제 점	개 선 사 례 (해 결)

번호			
		요구사항 변경/추가	Workshop(발주자, 수행사 참여) 통한
			요구사항별 각 항목씩 점검하여 최종결정
		요구사항이해 부족	업무별 담당자 지정, 업무이해 전문가 참여
		표준용어 사용	공공데이터 표준용어 지침 준수
		중복 데이터 관리	중복 데이터 매칭 Table로 관리
		용어간 참조의	지역이 광주이면 전라도 광주인지
		불명확성	경기도 광주인지 구분
		동일 문구	그림이나 사례 (예시)를 기록, 그림은 문자
		해석 차이	보다 의미를 전달하는 효과가 좋음
		업무전문가 투입	해당업무 수행 거 경험자 투입
		open mind	요구사항은 기본적으로 변경이 가능하다는 전제필요
			"끝"

문 177) 데이터 품질관리 성숙모형에서 품질특성에 관련하여 다음을 기술하시오. 1) 품질 특성의 종류와 그 내용을 요약하여 논하시오. 2) 현 품질 특성에 의해 데이터 품질을 규정시 그 문제점 혹은 한계성에 대해 논하시오. 3) 문제점 혹은 한계성의 개선방안에 대하여 논하시오.

답)

1. 데이터 품질 특성의 정의 (정합성, 충분성, 접근성등)
- 데이터의 품질에 대한 요구 사항을 만족시키는 데이터의 능력을 말함. 즉 데이터 품질에 대하여 개별 데이터의 정확성, 데이터간의 정합성, 또 데이터가 충분한 정보를 제공하는지의 충분성, 데이터의 접근이 쉽고 즉시적이어야 하는 접근성, 정당한 사용자에게만 제공되는 보안성등 다양한 요구가 있으며, 이러한 요구를 만족시키는 데이터의 능력을 데이터 품질 특성이라고 함.

2. 데이터 품질특성의 종류

종류	세부특성	사례	설명
정확성	사실성	객체를별 Data값 동일	데이터 값에 오류가 없고 필수정보의 누락이 없으며 사전에 정의한 규칙과 형태대로 저장되는것 - (뒷면 참조)
	적합성	유효값 충족	
	필수성	필수 Data 수락 안됨	
	연관성	출금일자 => 입금일자	
일관성	정합성	계정계 = 정보계 = DW	

은행 → 계정계 타 점보계, DW 서로이 동일 해야함.

번호					
		일관성	일치성	동일용어나 단어 (남녀구분 = 성별)	중복 데이터들의 값이
			무결성	2객→판매→반품같은 선후관계	일치하는 것
		유용성	충분성	사용자 요구사항충족	
			유연성	요구사항 추가시에도 쉽게 적용가능한 구조	데이터가 사용자에게 어느정도의 만족을
			사용성	실 환경 사용 정도	주는 정도
			추적성	오류(변경)추적 가능	
		접근성	-	사용/검색등의 용이성	사용자가 원하는 데이터를 얼마나 손쉽게 이용할 수 있지에 대한 정도
		적시성	-	적시에 사용	사용자가 원하는 적시에 원하는 형태의 데이터를 제공하는 정도 (성능 개선, 최적 구조 유지등 지속수행)
		보안성	보호성	훼손/변조 유출로부터 보호	내/외부로부터 데이터를
			안전성	무중단 서비스	안전하게 보호하고
			책임성	책임주체 명확화(R&R)	있는 정도.

3. 현 품질특성의 한계성

분류	내용
비정형	기술발전에 따라 빅데이터, 인공지능, SNS, IoT, Smart phone, 각종센서로부터 발생되는 비정형
데이터의 품질특성 미도함	데이터(일명 빅데이터)에 의해 그동안 인간이 알 수 없었던 숨겨진 각종 정보가 개발되고

번호			
		비정형 데이터의 품질특성 미포함	있으나, 이와같은 비정형 데이터의 품질을 규정하는 특성이 현재는 포함되어 있지 않아, 현재의 품질특성으로는 비정형 데이터의 품질에 대한 요구를 만족시키는데 한계가 있음.

〈데이터 유형분류 및 품질관리 대상〉

←──────── 정형 데이터 ────────＊← 비정형 데이터→

구조화 (Structured)	반구조화 (semi-Structured)	비구조화 (Unstructured)
·기준정보 ·거래정보 ·접계정보 등	·HTML ·XML ·GIS 등	·동영상 ·이미지 ·사운드 ·문서 등

──────────────────────────→
품질관리대상　　품질관리 대상확대(향후)

번호			
		세부 품질특성의 한계	6대 품질특성 (정확성, 일관성, 유용성, 접근성, 적시성, 보안성) 밑에 각 품질특성별로 세부특성이 있으나 세부품질 특성에 대한 의미정의만 정의되어 있을 뿐 실제로 품질을 관리하는 process가 정의되어 있지 않아 세부품질 특성은 선언적 정의일 뿐이지 품질관리에 실제적이지 못함.
		시한적 한계	현재의 품질특성을 시계열적으로 보면 현재의 품질특성만 있고 미래나 과거의 품질특성은 없다고 할수 있음. 따라서 현재의 품질특성으로는 미래를 예측하거나 과거의 추적을 규정하는데에는 한계가 있음

| 번호 | | 연계 시 이터 간의 정합성 | 서로 다른 코드 체계를 갖고 있는 ∞기관 간의 인터페이스서 정합성 오류 발생될 소지가 있음 (Batch 처리 실시간 정보가 갱신 안되는 경우 발생 가능성 존재) |

4. 한계성의 개선방안

분류	내용
비정형 제어 품질특성포함	비정형 Data 인증기관 (K-Data, NIA 등) 협의, 품질특성에 포함하는 방안 필요
세부품질특성 에 대한 process 구축	세부품질특성 Process에 대한 프로세스를 구축. process는 더 준비되거나 발전되는 방향으로 진행 (Data 품질위해) 되어야 함
시한적 한계 극복	예측 등을 비롯해서 시계열적으로 걸쳐 수학적, 몬테카를로 기법 등으로 품질 특성상 분류/미분류 항목으로 분류하여 품질특성에 포함
통합관리 체계로 운영	DQC-M, DQC-V, 품질 관리수준평가 품질 심사원 등 통합 체계로 운영 필요. 즉 품질인증, 관리인증 등을 하나의 공통 프레임 워크로 통합하여 품질 특성의 한계 극복 필요
품질특성의 세분화	Data 표준관리 프로세스에서 중복되어 있는 특성은 향후 세부항목으로 분리 (세분화) 할 필요가 있어 보임. 표준관리, 오서십관리, 활용 관리 방안도 세분화 필요

NIA : 한국정보화 진흥원 - 품질관리수준 평가 품질심사원
K-data : 한국데이터 산업진흥원
DQC-M : 데이터 관리 인증 심사원
DQC-V : 데이터 품질 인증 심사원

번호		연계	연계 데이터(Data)의 정합성을 위해
		데이터 정합성	배치(Batch) 처리보다 실시간 처리가 요구되는 Data는 실시간(Real time)으로 처리
		정량화 (수치화)	정성적 항목을 정량화(수치화, 그래픽화) 항목으로 성과지표 관리 필요

"끝"

문 178) 빅데이터 (BigData) 큐레이션 (Curation)에 대해 설명하시오

답)

1. 빅데이터 큐레이션 (BigData Curation) 정의

| 정의 | BigData 전략을 제시하고 빅데이터 구축에서 분석 및 결과 활용까지 전과정 (Life·Cycle)을 지휘하는 활동 |

구성		전략가	활용전략수립 & 조직 구성
		운영자	Data Center 구축, 통합분석 DB 설계및관리, 접근제어
		데이터 과학자	과제별 최적 방법론을 동원해 분석 실무적업무수행

- 운영자, 전략가, 과학자등 직능간 유기적 협업 조율 필요

2. 빅데이터 큐레이션의 역할과 분야

가. BigData Curation의 역할

빅 데이터		BigData Curation
-Real time 프로세싱 -구체적, 풍부한 정보량 -현실 그대로의 정보	실시간 분석 → Real time 선별/발굴	-실시간 변화 정보 -노이즈 제거한 핵심 정보 -현실통찰

- 실시간 경영상 기회와 위기요인을 정확하게 파악 (실시간 분석)하여 즉시 대응 체계 구축 목표

나. 빅데이터 큐레이션의 활용분야

활용 분야	상 세 설 명
미래 예측	BigData 에서 발견된 인과관계가 일시적&

번호			(상황 대처)	우연에 의한 것인지 반복 지속될 패턴인지 구분
			숨은 Needs 발견	무의식적으로 표출되는 고객 Needs 까지 파악
			리스크 (Risks) 경감	상황과 이슈(Issue) 별로 분류한 고객 불만을 분석하여 Trend 변화 및 특정 이슈를 관찰하여 근원적 불만요소를 식별하고 재처(대응)
			맞춤형 서비스 (Service)	개별 상황에 대한 정확한 이해를 바탕으로 가장 적합한 방식과 내용으로 효과적인 메시지를 전달하여 서비스 효율 극대화
			실시간 대응	경영환경 실시간 모니터링, 실시간 대응

"끝"

문 179)	빅데이터 (BigData) 거버넌스 (Governance)에 대해 설명하시오
답)	

1. 지속가능한 빅데이터 활용, BigData 거버넌스

BigDat 위험요인	거재 효과
·낮은품질 → 잘못된 의사결정	기업 경쟁력 강화
·정보보호부족 → 프라이버시 침해	- 기업 평판, 이미지 향상
·수명관리 소홀 → IT관리비용증가	- IT 비용 절감
·조직 인력부재 → 일회용 관리	- 지속 활용/관리 능력향상

(거버넌스 도입 →)

- BigData의 최적화, Privacy, 가치 창출을 위해 관리, 정책, 지침, 표준, 법령, 전략수립, 조직및 서비스 구축 체계

2. 빅데이터 거버넌스의 Framework & 구성요소

가. BigData 거버넌스의 Framework

산업유형 ↑ (국방, 금융, 물류...) / BigData 유형 ↗ (거척, 조직, 프로세스, 인프라...) → 거버넌스요소

빅데이터 유형	Web, SNS, M2M, Big Transaction, 생체 정보, 사람이 생성한 Data, 전략적 기업 정보등
산업유형	IT, 고객서비스, 보험, 통신, 국방, 금융, 헬스케어, AI등

- 산업유형(분야)별, Data 유형별 거버넌스 구성요소를 명확화

4. BigData Governance의 구성요소

구성요소	핵심사항	설명
전담조직	데이터 과학자	유형별 관리 & 책임자, 책임 할당
Metadata	Biz. 사전	Data flow (흐름) & 영향도 분석

번호		Privacy	개인정보보호법	민감정보식별, 활용 정책수립
		Data 품질	Filtering	프로파일링, 무결성, 일관성 보장
		Biz. Process	BIA	핵심 Biz. Process 거버넌스 지원
		Master Data	자산인식	국제, 판례 참고후 통합 지침서작성
		수명주기	TCO / ROI	종류 분류후 폐기 / 통합 정책

ㄴ 빅데이터 거버넌스를 통한 고품질, 지속적 Data 활용

3. Big Data 거버넌스의 성공사례

스마트 계량기	: M2M → Privacy, 정보수명주기관리의 성공
SNS 분석	SNS & Web → Master Data 통합, privacy 보호
국가 기준데이터 구축	: 공공기관 국가 기준 Data 구축후 활용
의료분야 BigData	: 의료 Data 분석플랫폼 통한 진료
산업 전분야	: 해당 분야의 빅데이터 활용한 의사결정

"끝"

문180)	디지털 큐레이션 (Digital Curation)에 재해 설명하시오
답)	
1.	제한된 시간내에 가치 있는 정보찾기, 디지털 큐레이션의 정의
	Digital 자원의 제공, 보존, 유지, 수집, Archiving을 지칭,
	현재와 미래에 신뢰성있는 정보를 보관, 가치부여 활동

2.	Digital Curation Process와 서비스동향
가.	디지털 큐레이션의 프로세스 및 활용

정보 사용자에게 필요한 정보를 선별하여 가공, 유통, 공유

나.	디지털 Curation 서비스 동향	

서비스	서비스 내용
Pinterest	이미지 기반 Social Curation 서비스
Evernote	이미지 + text Clipping, 분류, Tagging
Memothis	이미지 + text + Word + PPT Clipping, 분류
interest.me	SNS 계정 연동, 관심사 Curation, 추천 기능

번호				
		Editoy	SNS 계정연계, 이미지 + text + 영상
		Imaday	뉴스, SNS, URL, 동영상 Curation
		FlipBoard	모바일 News, Syndication (연합) 서비스
3.		Digital Curation 활성화 위한 조건
	가.	객관적, 신뢰성 있는 정보 Source (원천지) 확보가 중요
	나.	저작권 이슈 해결 필요 - 저작권 침해확인, 분쟁 예방.
			"끝"

문 181)	차세대 분석(Next Generation Analysis)에 대해 설명하시오
답)	
1.	실시간 예측을 통한 Biz. 의사결정 지원, 차세대분석의 개요
가.	기업 경쟁력 강화 (실시간 의사결정), 차세대 분석의 정의
	실시간(Real time) 대용량 Data 분석과 미래 Simula
	tion을 통해 기업의 의사결정지원을 위한 실시간 분석 기술
나.	Next Generation Analysis의 등장배경

실시간/대용량분석	- 실시간/대용량 Data분석 → 기업 Needs충족
연결성 향상	- 통신기술과 휴대단말의 언제, 어디서든 연결가능
컴퓨팅 파워증대	- Cloud, AI, 양자정보통신, In Memory DB등

- Mobile 단말을 포함한 Computing 능력 증대와

연결성(Connectivity) 향상 → Biz 의사결정(실시간)

2.	차세대 분석의 3가지 핵심 차원 및 분야 기술
가.	차세대 분석의 3가지 핵심 차원

- 차세대 분석의 패러다임은 In-Line분석(실시간

분석), 실시간분석, Cloud 기반의 3가지 핵심차원으로 성장

| 나. | 차세대 분석의 주요 분석 기법 |

번호		구분	기법	설 명
		소셜	Neighbor	NW 각 Node들 간의 연결상태 파악
		N/W	Centrality	NW node가 얼마나 중심에 위치하는지 정도분석
		분석	Clique	NW Node들 간 결합력을 바탕으로 군집구조 파악
			데이터 수집	안정된 패턴 인식을 위해 표본 데이터 수집
			특징선택 단계	사전지식을 통해 최상의 분류를 위한 특징 선택
		패턴	모델선택 단계	패턴(Pattern)인식을 위해 어느 모델을
		기반	(Model)	어떠한 알고리즘에 적용할 것인지를 결정
		정보	학습(Learn	수집된 데이터(Data)로부터 선택된
		분석	ing) 단계	모델의 학습을 통해 완전한 모델 구성
			인식 단계	Class 혹은 카테고리를 결정하는 단계

다. 차세대 분석을 위한 처리 기술

번호		구분	기법	설 명
		컴퓨팅	Cloud	가상화(Virtualization) 컴퓨팅 자원을 통한 On-Demand 기술 제공
		power	Grid	Network을 통한 이기종 기기연결, 가상의 대용량 분산 병렬 컴퓨팅
		실시간	Stream	사전 정의된 규칙에 맞는 데이터(Data)
		Data	DBMS	만 걸러내는 DBMS
		처리	CEP	Complex Event Processing; 이벤트들 간 영향과 관계분석 및 의미 Data 추출

- 실시간 예측을 통한 Biz. 의사결정 지원

3	.	차세대 분석기술의 도입 및 활용방안
	가.	기업 (Enterprise)의 경영 이슈(Issue)파악 및
		도입 process를 수립한 후 기술도입
	나.	신 상품 (New product) 개발 /관리 및 마케팅계획
		도착을 위해 차세대 분석 기술도입
	다.	인공지능 (AI)의 모형(로보어드바이저등)통한 분석
		"끝"

문 182) 중복 제거 (De-Duplication)에 대해 기술하시오.

답)

1. 최소비용, Storage 절감효과, 에너지 절약, 중복 제거의 개요

  가. Data 전송 시간 단축, 중복제거 (De-Duplication)의 정의

    - 서로 다른 데이터(Data)의 중복부분을 검출후 제거,
    Storage 저장용량절감 및 Data 압축 기술

  나. 중복 제거의 원리

2. 중복 제거의 분류및 구현 방법

  가. De-Duplication (중복 제거)의 분류 (D.D - 중복제거)

구분	분류	설명
D.D 수준	SIS	파일수준, Single Instance Storage
	Block 단위	Block/Bit/chunk 단위, 고정 & 가변식
D.D 시점	In-Line	Data 수신후 바로 중복제거, 송수신 오버헤드 존재
	Post process	임시저장, 추후시점 중복 제거, 송수신오버헤드 없음
D.D 방식	Hash	Hash값 충돌가능, 충돌 메커니즘 필요
	델타 인코딩	기존 복제본 대비 변경에 대해서만 기록

  나. 중복제거 구현 방식

  - Application, Storage, Hybrid 방식이 존재

번호		개념도			
			APP. 응용 ↓ D.D 중복제거 Data 스토리지	APP. 원본 Data ↓ 스토리지 D.D 중복제거	APP. 원본 Data → D.D 중복제거 ↓
		장점	Host 컴퓨터의 오버헤드	Host 무영향, 확장성	두 방식의 장점 활용
		단점	NW Traffic 감소	NW 트래픽, IO 시간 ↑	도입 비용, 확장성

- 범례 : D.D (중복제거)

3. De-Duplication (중복제거)의 향후 발전방향

가. 중복제거의 Overhead로 주로 2차 Storage에 활용
되었으나 최근 1차 스토리지에 적용하기 위한 연구 및 적용중

4. Application 및 구성(인프라) 변경에 따른 변동없이 바로
사용 가능토록 표준화된 Interface를 제공해야 함.

"끝"

문 183) 아래 순환관계(Recursive Relationship) 엔터티와 Arc(Mutually Exclusive) 관계 엔터티를 Table로 (물리) 변환해 보시오.

〈순환관계〉　　　　　　　　　〈Arc. 배타적 관계〉

답)

1. 순환관계와 Arc(배타적)관계의 정의

　[순환관계] 하나의 엔터티가 다른 엔터티가 아닌 자기자신과

　관계를 맺는 관계(Recursive Relationship), 무한 Loop

　발생 구조, 반드시 선택사항관계, 조직의 변경(추가/삭제) 대응

　[배타적관계] 어떤 엔터티가 두개 이상의 다른 엔터티의

　합집합과 관계를 가지는 관계(배타적-Exclusive 관계)

2. 순환관계의 물리 Table 변환 예

　테이블명: 사원

컬럼명	사번	성명	입사일	직책	관리자사번
키형태	PK	-	-	-	FK
견본 데이터	1234	권 ○○	190206	대표이사	
	4567	박 ○○	190205	전무이사	1234
	6789	김 ○○	181221	부장	4567

번호	배타적 관계의 물리 Table 변환 예
가.	외래키 (Foreign Key) 분리 방법

컬럼명	계좌번호	계약일	개인주민번호	관체코드	법인 사업자번호
키형태	PK	·	FK	FK	FK
견본 데이터	1234	190206	1234…-10…		
	2345	181012		298-02-11	
	3465	180909	3456…-20…		
	4568	190206			123456

- 외래키 제약조건을 생성할수 있음 (장점)

나.	외래키 결합방법

컬럼명	계좌번호	계약일	번호	구분코드
키형태	PK		FK	
견본 데이터	1234	190206	1234…-10…	J (개인)
	2345	181012	298-02-11	P (단체)
	4568	190206	123456	B (법인)

- 외래키 제약조건을 생성할 수 없음 (단접)
- 각각의 관계를 선택적으로 구문할수 있는 <u>구분코드 추가 필오</u>
  (컬럼추가)

"끝"